FALLEN IDOLS:

TWELVE STATUES THAT MADE HISTORY

被推倒的銅像

作者 艾莉克斯・馮・藤佐曼
Alex von Tunzelmann
譯者 楊芩雯

我遇見一位來自古老大地的旅者，
那人說——「兩條缺了身軀的巨大石腿
直立於沙漠……在它們附近的沙地，
半埋橫陳破碎臉龐，他的皺眉，
紋路深刻的嘴唇，還有冷冷下達命令的輕蔑神情
透露雕刻師深諳解讀種種情感
依然保存下來，烙印進無生命的石材
有隻手形塑它們，有顆心般般滋養；
基座之上，字句顯現：
我的名是萬王之王奧茲曼迪亞斯；
看看我的功績，如斯宏偉，以至絕望！
四周無一物留存。越過腐朽
盛大殘骸，徒留無盡的空蕪
唯見平沙蔓延遠方。」

——睡鼠的情人（Glirastes）[①]，
〈奧茲曼迪亞斯〉（Ozymandias），一八一八年

---

① 睡鼠的情人是詩人雪萊（Percy Bysshe Shelley）的筆名，睡鼠是雪萊妻子瑪麗的暱稱。本書隨頁注皆為中文版編注或譯注。原書作者注則置於全書末。

目次

導讀★雕像移除爭議背後的記憶與歷史　楊孟軒　009

導論★塑造歷史　017

第一章★革命的開端——英國／國王喬治三世　043

第二章★從王子到社會棄兒——英國／坎伯蘭公爵威廉王子　053

第三章★深受崇拜的領袖——蘇聯／約瑟夫．史達林　069

第四章★雄偉勃發——多明尼加／拉斐爾．特魯希佑　087

第五章★大白象——英國／國王喬治五世　107

第六章★「恐怖！恐怖！」——比利時／國王利奧波德二世　127

第七章★瞻仰遺容——蘇聯／弗拉基米爾．伊里奇．列寧　145

第八章★「現實的沙漠」——伊拉克／薩達姆・海珊 165
第九章★巨人——南非／塞西爾・羅茲 183
第十章★獻給未竟的志業——美國／羅柏特・E・李 207
第十一章★遇水則發——英國／愛德華・柯爾斯頓 233
第十二章★美國偶像——美國／喬治・華盛頓 257
結語★塑造我們自己的歷史 279
★謝辭 293
★注釋 297

獻給我的教子與下一代人：

你們即是未來，所以要塑造你們自己的歷史。

導讀

雕像移除爭議背後的記憶與歷史

楊孟軒（Dominic Meng-Hsuan Yang）／密蘇里大學歷史系副教授

艾莉克斯・馮・藤佐曼在英美的文化界是一位十分活躍且頗受歡迎的大眾專欄作家、播客、影視劇本作家和歷史學公知。她畢業於牛津大學，除了在英國《衛報》撰寫專欄，不時地評論、吐槽影視傳媒作品的歷史真實性之外，也常常在《紐約時報》、《華盛頓郵報》、《金融時報》、《洛杉磯時報》等知名報章雜誌，發表歷史知識性的文章，以及對特定時事的點評。作為一位知名作家與史學公知，馮・藤佐曼博覽群籍，知識豐富，文化底蘊十足。她刻畫人、事、時、地、物的手法鮮明，生動有趣，觀察英美社會脈動則眼光獨到。她的時事評論深入淺出，條理分明，筆鋒犀利且詼諧幽默，常令人忍俊不禁，回味無窮。

二〇二一年出版的《被推倒的偶像》是她針對一般大眾讀者所寫的第五本書，訴說了世界各地十二座被推翻雕像的故事。書的內容探討這些雕像當初為何被建立，它們當時所代表的意義，它們為何後來被移除，以及移除的方式及其後果。故事中的十二座偉大白人男性塑像的事蹟，橫跨三百五十年歷史，遍及歐洲、北美、加勒比亞海、拉丁美洲、非洲、中東、印度。本書的中文版問世，對國內讀者是一大福音。誠然，書中的十二座雕像沒有一座在台灣，《被推倒的偶像》對亞洲較深入的討論也只限於英殖民印度（第五章新德里的英王喬治五世雕像）。馮・藤佐曼在書的導論中曾提及台北市立動物園的河馬塑像和共產中國毛澤東的銅像，但都只是一筆輕輕掠過。即使如此，作者對偉人雕像移除與歷史記憶衝突等一系列鞭辟入裡的論證，對今日的台灣，或是其他深受記憶分歧困擾的國家而言，有許多重要的啟發。

馮・藤佐曼創作此書的原動力，很明顯地來自於歐美社會在二〇二〇年新冠疫情期間所萌發的大規模「推倒紀念碑與銅像運動」（toppling monuments movement）。突如其來的疫情對當時的美國造成了沉重的打擊，民生經濟崩潰，全國因醫療資源匱乏與嚴格封控而人心惶惶，處在一個鼎沸的壓力鍋狀態。這時明尼蘇達州警察暴力執法，造成非裔美人喬治・佩里・佛洛依德不幸身亡。鑒於此類事件層出不窮，佛洛依德的死點燃了群眾積壓已久的怒火。人們用社交媒體串聯，蜂擁上街抗議，以推倒、破壞或塗鴉公共場域中紀念美國歷史知名領袖塑像的方式（如哥倫布、華盛頓、傑佛遜或支持蓄奴的南方邦聯名人塑像），來抗議社會的諸多不公不義。這輪新的抗爭，不但承繼了自二〇一二至二〇一三年，因另一非裔青年崔溫．馬丁死亡所激起的「黑人的命也是命」（Black Lives Matter）運動，以及二〇一五年在南非勃發的「羅茲必須倒下」（Rhoads Must Fall）抗爭，也進一步擴散到英國、西歐與其他英語系國家，如加拿大、南非、紐西蘭、澳洲等，都出現了大量市民與青年學生爭相仿效，扳倒雕像的運動。這場反威權、反警察暴力、反殖民、反父權、反白人至上主義、反種族歧視、支持非裔、支持難民、支持有色族裔和原住民、支持女性、支持性少數等訴求的社運饗宴，雖成功地移除了許多充滿爭議、不合時宜的白人男性政治家的公共塑像，但同時也激起各國內傳統派與保守勢力的大反彈，造成一連串的社會撕裂和尖銳對立。在美國，川普總統與他的支持者，指責雕像攻擊者意圖竄改歷史、摧毀民主憲政、「不愛美國」等等。川普於二〇二四年底挾多數民意再次當選。與此同時，許多右派或是極右派政黨，在英國和歐洲議會持續擴張勢力。兩者皆標示著西方社會中保守勢力的集結和逆襲。

自一九九〇年代以來，西方主流媒體用「文化戰爭」（culture war）一詞來形容傳統價值與進步價值的對抗。二〇二〇年雕像的保存和移除爭議，因為進步派發動的推倒紀念碑與銅像運動，一躍成為文化戰爭的一個主戰場。進步派企圖利用移除英美人文及國家精神象徵人物的方式，來挑戰與反思整個西方歷史發展，和其因白人中心主義與資本主義掛帥之模式等，長期存在的諸多種族歧視和社會資源分配不平等問題。保守派支持者則覺得進步派在極盡能事地嘲諷、貶低和摧毀他們珍視的歷史、文化與身分認同。在社交網絡高度對立以及情感動員的氛圍下，雙方的意見領袖與網民時常劍拔弩張，相互挖苦攻擊，各說各話，無法從事有意義的交流與辯論。馮．藤佐曼希望藉由書中的歷史知識，來破除文化戰爭式的二元性對立思考，為雙方憤恨不平的受眾，種下一顆智慧的種子，建立一道相互理解和溝通的橋梁。她寫道：「我不呼籲拆除所有的雕像，其中有些雕像我十分喜愛。作為讀者，我希望邀請你讓思考超脫光榮與恥辱、善與惡、英雄與壞蛋等二元論，考量每一樁案例中真正發生的事。記憶如何建構、如何受到質疑、我們又能夠從中學到什麼？」（頁四二）

馮．藤佐曼闡明：「雕像記載的不是歷史，而是歷史記憶。雕像反映某人在某個時間點認為我們該有的想法。設立一尊雕像是有力的象徵，拆除它也是。」（頁二三）她同時寫道：「雕像的價值與意義差異巨大，它們設立與拆除的情況也不同。主張它們通通完全相等，實屬錯誤的對等。我們必須腳踏實地逐一檢視雕像，並瞭解它們為何不同。當我們捍衛任何一尊特定雕像，我們實際上是在捍衛什麼？」（頁三〇）

世界上並沒有完美的人，每時代的標準也不同，紀念塑像想要彰顯的偉大情操，多半和其紀念的歷史人物之實際言行相違背或只是該人物言行的一部分，而愛國主義充斥的歷史教科書中所教授的光明、偉大、公正等積極意義往往也有其黑暗面，充滿了人性的醜惡、權鬥、貪婪、痛苦與無奈。馮．藤佐曼覺得人類社會是可以學習、反省、改變與進步的，也需要不斷的自我省思與改良。但並不只是拆除銅像或紀念物就可以簡單地改變行之有年的政治與社會制度，或是除去深植於一般社會大眾的一些歷史記憶。她寫道：「拆除雕像不能創造解放，關連性並非因果關係。『羅茲必須倒下』和『黑人的命也是命』等著眼於雕像的現代運動有著廣泛的目標。它們挑戰殖民主義、種族主義和奴隸制的遺緒，廣納女性主義、多元性別認同與身心障礙者權利的行動主義。這些運動的關注焦點、手段與行動皆可受公評，也確實存在許多批評，從運動內部到外部皆然。儘管如此，它們的願景顯然並未止於雕像。真正的改變無法透過純屬象徵的行動實現。」（頁二八八）

馮．藤佐曼同時也提到，反對拆除雕像最常見的四個說法：（一）泯滅歷史，（二）他那個時代的人，（三）法律秩序的重要，（四）滑坡效應。（頁三七－四〇）相信這些說法對生活在台灣的人們，聽起來應不陌生。譬如在改造中正紀念堂與移除蔣公銅像的爭議中，反對者最常見的論述是：「拆除紀念堂與銅像摧毀國家文物資產、企圖抹去歷史。」、「蔣介石有功有過，不能以現在的標準去評價過去的歷史。」、「蔣公銅像的潑漆者毀損公物，目無法紀，意圖挑起族群分裂。」、「移除蔣公銅像只是第一步，下一步就是移除中華民國的國旗、國號和一切象徵。」這四個論述很完美地應證了馮．藤佐曼的觀察。她認為這四個常見的說法如果仔細推敲的話，大多站不住腳。反對移除者通常只是不願承認雕像背後所代表歷史的一些重大問題與爭議，因為這意味著，他們必須認真地反思他們擁護的歷史記憶，做出相應地調整和改變，而這十分困難，因為這些歷史記憶是他們集體認同的基石。

馮．藤佐曼是否支持拆掉所有偉人塑像？反對國家、政黨或政治掌權者做出任何形式的紀念？這倒也不是。如前述，馮．藤佐曼的重點並非哪座雕像一定要拆除或是一定要保留，她想指出的是，雕像的支持者和反對者，其實都高估了移除或保存所帶來的實際效果。她寫道：「拆除這些雕像不會泯滅歷史：種種歷史依然存在。無論雕像立起或倒下，這不影響我們如何理解歷史。大眾對於歷史的認識取決於更加重大的因素，比如教育、穩固的歷史和遺產機構、檔案的保存和取得、批判性思考與言論自由。」（頁二七九－二八〇）她認為，與其把所有的白人男性雕像都剷平，換成少數族裔女性或原住民的形象，不如思考人體塑像作為一個集體象徵表達方式，所持續產生的問題。不如去嘗試其他傳遞記憶與價值觀的藝術表現及科技形式。銘記殖民創傷、種族滅絕、政治迫害、父權壓迫縱然重要，我們也可以多紀念些激勵人心的事情：重大科學進步和人文藝術成就等等。

《被推倒的偶像》是一本趣味橫生且發人省思的書。書中所記述的十二座名人雕像歷史，充滿了諷刺與耐人尋味的故事。譬如二〇二〇年川普總統指控「推倒紀念碑與銅像運動」參與者為一群試圖抹去美國歷史的暴徒，但是一七七六年的美國革命與獨立戰爭的開端，就是「一群暴徒」拉倒宗主國英王喬治三世矗立在紐約市中心的騎馬塑像。在美國內戰中失敗的南方白人種族主義者充分證明，不是只有勝利者可以改寫歷史，戰敗者同樣也可以借建立銅像來編造事實。蘇聯的獨裁者史達林出身喬治亞，他俄語老是講不標準，但掌權後就沒人再敢糾正他。這位極權專制者身材矮小（約一六三公分），使他產生強烈的自卑感，於是他要求自己的銅像比例上都要看起來很高大。史達林的導師列寧，在其有生之年都反對為自己立碑或建立銅像，但史達林與俄共的繼承者不但在蘇聯各邦國與東歐諸國樹立幾千座列寧塑像，還把他們尊敬導師的遺體做成了「活的雕塑品」，一塊供人瞻仰的「臘肉」。英國商人和礦業大亨，南非、尚比亞與辛巴威殖民先驅塞西爾．羅茲一生追求歷史定位，他幻想其蓋世勳業可以被後代至少記得四千年。他在開普敦大學的那座雕像只延續了八十一年，然後被憤怒的學生們潑糞、羞辱後直接退場。羅茲雕像的結局，對所有非常注重「歷史定位」的大人物來說，可能是一個警惕。即使在極權國家，政治家們活著的時候，大多無法完全控制民眾對自己的觀點，更何況身後。二〇〇三年四月一大群歡呼的伊拉克人，在美軍的幫助下拉倒強人海珊的巨型銅像，但在二〇一六年，許多當地民眾只覺得後悔，因為沒有了海珊的伊拉克成了內戰不斷的人間地獄。其中一位說道：「現在，當我走過那座銅像，我覺得痛苦又羞愧。我問自己，為什麼我要拉倒銅像？」他說：「海

珊走了，可是我們現在得到一千個海珊來取代他。」（頁一八二）

馮．藤佐曼並非高高在上地向讀者說教，而是真誠地邀請大家，去瞭解每座爭議性雕像背後真正的歷史。她希望每個人都能對自己所身處的社會和時代，做些深度的思考。我們需要紀念什麼人？什麼樣的事情值得紀念？相信不同的讀者群，對這本書會有不同的感觸和觀點。或許在未來，我們將不再需要樹立紀念雕像。馮．藤佐曼鼓勵所有人繼續發掘新知識，公開辯論，開創屬於我們自己的歷史。

導論
塑造歷史

這是一本關於我們如何塑造歷史的書。我們以許多方式記憶過去，藉由歌曲、韻文、電影和電視節目、藝術、器物、展覽和慶典，在虛構與非虛構寫作、政治宣傳、軼事、笑話裡訴說我們的故事。本書探究歷史敘事中易引起爭議的一種特定形式：雕像。從字面意義而言，雕像有意使過往成為定局。然而我們即將明察，那並不永遠奏效。

在二〇二〇年非同小可的破除偶像（iconoclasm）浪潮下，世界各地皆有雕像被拆除。以前發生過類似的浪潮，好比在英格蘭宗教改革、法國大革命、蘇聯解體等期間，然而二〇二〇年的破除偶像是全球現象。「黑人的命也是命」（Black Lives Matter）抗議者毀損並拆除蓄奴者、南方邦聯人士與帝國主義者的雕像，地域跨越前帝國強權及其前殖民領地，從美國、英國到加拿大、南非、加勒比海地區、印度、孟加拉與紐西蘭。愛德華．柯爾斯頓（Edward Colston）在英國布里斯托被拋入港口；羅柏特．E．李（Robert E. Lee）在維吉尼亞州里奇蒙遭塗鴉；克里斯多福．哥倫布（Christopher Columbus）在明尼蘇達州被拆除、在麻薩諸塞州被砍頭、在維吉尼亞州被丟進湖裡；比利時國王利奧波德二世（King Leopold II）在安特衛普遭放火焚燒，在根特被潑紅漆；溫斯頓．邱吉爾（Winston Churchill）在倫敦被噴上「種族主義者」的文字①。

有些人擔心這會成為一股狂潮。在美國，邦聯人士的雕像長久為公眾抗議焦點，但沒過多久，國家象徵與改革派人物的雕像也遭到攻擊。抗議者在威斯康辛州麥迪遜拆毀紀念女權的前進銅像（Forward Statue）②，另一群人則把矛頭指向廢奴主義者。位於紐約州羅徹斯特的廢奴主義者弗瑞德里克．道格拉斯（Frederick Douglass）銅像遭人從基座徹底敲除：不確定犯罪者是否為迷糊的反法西斯或法西斯主義者，藉此報復邦聯人士與蓄奴者的雕像遭移除。丹麥哥本哈根的美人魚雕像被噴上「種族主義魚」的文字。那一次大概只是惡作劇。[1]

時任美國總統的唐納．川普（Donald Trump）帶頭反彈，他簽署一項行政命令宣告：「許多落實及支持這些行動的暴徒、縱火犯與左翼極端人士，擺明自認為意識型態擁護者——好比馬克思主義——而那些意識型態號召摧毀美國政府體制。」這項命令反覆重申，破壞聯邦資產的人恐將面臨十年刑期。「個人與組織有權和平倡議移除或興建任何紀念碑，」這項命令論斷，「但是沒有個人或團體有權強力破壞、毀損或移除任何紀念碑。」[2]

川普造訪拉什莫爾山國家紀念公園（Mount Rushmore），據南達科塔州州長克利斯蒂・諾姆（Kristi Noem）描述，川普對她說，他的夢想是讓自己的臉刻在山上，與喬治・華盛頓（George Washington）、湯瑪斯・傑佛遜（Thomas Jefferson）、狄奧多・羅斯福（Theodore Roosevelt）和亞伯拉罕・林肯（Abraham Lincoln）作伴。「我開始大笑，」她說，「他沒在笑，所以他完全是認真的。」[3]川普在推特（Twitter）回應，否認他曾如此提議，隨後在同一個句子中重提：「這是失敗的@nytimes和沒信用的@CNN報導的假新聞。從來沒有提議過這件事。不過呢，基於在前三又二分之一年完成的太多事，可能超越其他總統，這在我聽起來是個好點子！」[4]

時任英國首相的波里斯・強生（Boris Johnson）也在推特表示：「那些雕像教我們關於過去的事，以及過去的種種錯誤。拆除它們是在對我們的歷史說謊，並使往後世代的教育變得貧乏。」保守黨政府宣告將修正刑事損害法，使得在英國破壞戰爭紀念碑的任何人同

---

① 柯爾斯頓（一六三六－一七二一）生於布里斯托，從事奴隸貿易；羅柏特・E・李（一八〇七－一八七〇）生於維吉尼亞州，美國內戰期間任南方邦聯軍總司令；哥倫布（一四五一－一五〇六）是美洲大陸的發現者與殖民者；利奧波德二世（一八三五－一九〇九）以殘暴手段殖民剛果；邱吉爾（一八七四－一九六五）曾任英國首相，武力鎮壓殖民地的手段與信奉白人至上遭到批評。

② 前進銅像的名稱源自威斯康辛州格言「前進」，形象是一位堅定站立於船首的女子。

樣可能面臨十年刑期。[5]

博物館和市政當局也迅速回應，儘管採取的方式往往不同。販奴者柯爾斯頓銅像遭拆除的隔天，倫敦碼頭區博物館（Museum of London Docklands）撤下館內另一位販奴者羅柏特・密利根（Robert Milligan）的雕像。位於紐約的美國自然史博物館（American Museum of Natural History）宣告，大門外的狄奧多・羅斯福騎馬像將移走：這座雕像數十年來惹人非議，因為羅斯福由一位美洲原住民和一位非洲人撐扶，兩人皆扮演下屬的角色。在一位毛利人（Māori）耆老指責約翰・漢密頓（John Hamilton）上校是「殺人混蛋」後，以他命名的紐西蘭漢密頓市移除他的雕像。[6]

在美國和英國，右翼的共和黨與保守黨政府把這視為掀起「文化戰爭」的機會。他們自我定位為本國文明的捍衛者：自詡為最後一道防線，要對抗粗俗行徑與「政治正確」——或愈來愈常說的「覺醒」（wokeness）。二〇二〇年九月，英國文化大臣奧利弗・道登（Oliver Dowden）去函博物館，語帶威脅地表示它們若採取「社會運動或政治催生」的任何行動，就要刪減補助經費。[7]美國總統川普採取進一步行動：「兩個月前我在拉什莫爾山國家紀念公園說過，他們樂得想拆掉，而且是快快拆掉，而那絕不會發生，左翼文化革命的目的是顛覆美國獨立革命。」他宣布成立一七七六委員會（1776 Commission），意圖提倡「愛國教育」，也誓言打造一座新的雕像園地，名為國立美國英雄園（National Garden of

American Heroes）。[8]

雕像難道真有這麼了不起？我們大多數生活在城鎮的人，可能天天路過這些石頭和金屬堆而沒想太多，或者根本沒想過它們的身分和意義。理所當然，我們也許喜歡更逗趣的雕像，例如台灣台北市好似半沉於路面下「游泳」的河馬塑像③。然而論及某位老紳士騎在馬背上的典型雕像，你問二十個路人他是誰，可能結果是沒有一個人說得出正確答案。如同奧地利作家羅柏特・穆齊爾（Robert Musil）的觀察：「這世上沒有事物像紀念碑這麼不顯眼。」[9]

可是顯然有些雕像確實事關緊要，因為當它們被拆除時，世界領袖宣告實施嚴厲手段保護它們。在某些情況下，雕像代表的意義超出石塊和金屬塊——或許那群河馬不算在內。雕像是個體的象徵：它們的象徵意義可能跨越了世俗與宗教間的界線。雕像被視為代表那些個體，與此同時，也代表著國家、文化或族群認同。因此，質疑緬懷對象的任何缺失，彷彿是在質疑國家本身的缺失。如我們所見，美國總統川普就反覆強調拆除雕像可能導致美國覆滅。

自一九九〇年代起，「文化戰爭」一詞用來描述區隔傳統價值與進步價值對立支持者的

③位於台北市立動物園的河馬廣場。

兩極化議題。從表面上來看，二〇二〇年對雕像的攻擊依循此種模式：替拆除雕像抗議者助陣的那群人大多偏年輕、更傾向社會自由主義，厭惡破壞行為的人則通常較年長與保守。

但假使你更深入探究，雕像議題比這複雜得多。二〇一四年列寧像在烏克蘭各地遭拆除，以及二〇〇三年巨大的薩達姆・海珊（Saddam Hussein）像在伊拉克被拉下時，眾多年長的西方保守人士歡欣喧騰，一些較年輕的進步人士則對於慶祝卻步。當伊斯蘭國（Islamic State of Iraq and the Levant, ISIL）在二〇一五年摧毀敘利亞帕米拉（Palmyra）的古老雕像，人們不分政治光譜一律加以譴責。這些事件的回應者，到了二〇一六年至二〇一七年及二〇二〇年邦聯人士和蓄奴者成為焦點時，其中許多人反應迥異。雕像並不中立，也非與世隔絕。我們對雕像的反應取決於它們的紀念對象，誰是設立者、誰是捍衛者、誰又是拆除者，以及背後的原因。「文化戰爭」二元論是媒體就此議題製作三分鐘鏗鏘片段的簡單方式，但它模糊了世界各地社會何以樹立、鍾愛、痛恨並拆除雕像，藉此為自我發聲的引人入勝的歷史。

公眾常透過文化戰爭的視角談論歷史。你對祖國的歷史感到光榮或恥辱？你的國家是善或惡的勢力？特定的歷史人物是英雄或壞蛋？這些問題激怒大批歷史學者，因為它們完全無法幫助你從史學的角度去理解歷史：它們關乎你當下的個人感受。理所當然，你想對歷史有何感受是你的自由，但它們絲毫不影響真正發生過的事。如同倫敦大學瑪麗王后學院歷史系教授金・華格納（Kim Wagner）的評論：「歷史學者並非穿越時空的耶誕老人，把誰頑皮、誰乖巧列入名單。『善』與『惡』不是具有分析意義的標籤。相反地，歷史學者試圖揭露過往的不同經驗與世界觀，並嘗試理解人們那些往往看似毫無意義的行為。」[10]

歷史人物的雕像在相關討論中舉足輕重，因為它們觸及到那些二元對立，這些對立並非關於歷史本身，而是關於我們如何透過歷史看待自己：光榮或恥辱、善或惡、英雄或壞蛋。雕像記載的不是歷史，而是歷史記憶。雕像反映某人在某個時間點認為我們該有的想法。設立一尊雕像是有力的象徵，拆除它也是。

二〇二〇年破除偶像風波的效應，在書寫的此刻依然有感。雕像設立或拆除的新事蹟無疑將持續浮現，然而隱含的主旨不變：它們全都跟歷史記憶的建構與疑慮有關。我們生活在兩極化的世界，歷史時常泛政治化、甚至被當成武器；言論與思想自由蒙受威脅，儘管這並不總是備受新聞和輿論關注；現在，謊言用不到一秒鐘就能傳遍半個地球。誰來定義記憶、如何定義記憶的難題，對於我們是什麼樣的社會至關重要，這也關乎著我們希望成就什麼樣的未來。

★

多年來，我走遍美國、拉丁美洲、加勒比海地區、歐洲、亞洲、中東與非洲的博物館和雕像位址，以及莫斯科、布達佩斯、德里等地令人難忘的潰敗政權「雕像墓園」。逝去世界雕像的深深酸楚感時常打動我，破損紀念碑意味著覆亡前的榮光。人物雕像是剎那間的立體定格：促使你將雕像代表的對象，想像成曾經存在的真實人物。這可能是雕像遭毀時某些人反應劇烈的一種原因，目睹暴徒往某個看起來像人的東西臉上猛砸，場面無比震驚。歷史上諸多文化將雕像轉化為膜拜偶像，幫它們沐浴穿衣，獻上供品，並向它們說話或禱告，換作一座方尖碑就很難形塑這種人際交流。

我深刻意識到事實與虛構間的相互作用，因為我既是歷史學者，也從事劇本寫作，專精於歷史劇。在前一種職務中，我打破迷思；換作後一種職務，我創造迷思。至少我是這麼告訴自己，儘管說真的，如此劃分過於一乾二淨。我們歷史學者通常試著不去無中生有，嘗試「對於人們經常無意義的行動得到某種理解」，如同華格納教授的描述，縱使如此，我們依然在講述故事。無論講述**任何**故事，在選擇包含或排除哪些歷史事實的種種過程，你無可避免強加形塑事實與事件，而那樣的形塑有可能導致誤解。

科學家暨哲學家阿弗瑞德．柯日布斯基（Alfred Korzybski）認為「地圖並非版圖」。任何書寫下的歷史，即使是最枯燥乏味的歷史文獻，都只能視為地圖，而非歷史真正的領土，因為歷史在發生之際便已消逝。歷史已逝，我們所擁有的只是歷史記憶，而這記憶始終充滿爭議。

這就是我對雕像感興趣的原因，也是為什麼我認為雕像的興建與毀壞對群眾重要非凡。它們是歷史記憶的一種可見形式，也是建構歷史迷思的可見形式。當某個人從人類轉變成雕像時，建立紀念碑的舉動訴說著**他們**是誰與**我們**是誰的故事。有可能，甚至是極其可能，雕像訴說的故事皆非真實，就像我們在螢幕上觀賞的歷史劇，雕像創造迷思。

為什麼要深入探討雕像，植基於對我們社群、社會與國家而言相當重要，甚至關乎存續的議題：我們要訴說誰的故事？是誰或什麼定義了我們？誰能來做這些決定？倘若我們無法取得共識呢？歷史如何塑造、為何塑造，又由誰來塑造？

我選定十二座雕像來探究這些問題。在我們當前的世界，誰能定義歷史的問題蒙受威脅：領導者竟能明確反對思想與闡述的自由，威脅要灌輸我們「愛國教育」，或在我們破壞紀念碑時，監禁我們長達十年。值此時刻，這些議題異常迫切。敘事將於現代世界史的各站短暫停留，有些篇章滿懷悲痛。書中的故事涵蓋大屠殺、奴隸制度與恐怖暴行，但也要談論人類社會克服那些事的能力：實現改變。

哪些紀念碑算是雕像？這本書明確關注人像雕塑：個體的具象再現，設立的目的是為了歌頌宣揚他們的美德。我的選擇取向既世俗且涉及政治。米開朗基羅（Michelangelo）的大衛像[4]、吉安・羅倫佐・貝尼尼（Gian Lorenzo Bernini）的聖女大德蘭像[5]、巴米揚大佛（Buddhas of Bamiyan）[6]或克久拉霍（Khajuraho）的寺廟雕刻[7]並不適合納入本書：它們是壯麗的宗教雕塑範例。自由女神像或伏爾加格勒的「祖國母親在召喚」（The Motherland Calls）[8]也不符合資格：這些雄偉的紀念碑無意代表個體，而是要緬懷事件或者宣揚思想與理想。

劃分政治雕像跟藝術雕塑和歷史紀念碑的界線模糊不清。宗教雕塑本身可能具有政治訴求；有時政治雕像被視為準宗教對象般崇拜。拉什莫爾山國家紀念公園位於南達科塔州，由四座備受尊崇的人物塑像組成紀念碑（目前並無正式計畫讓前總統川普入列）。這裡可以描述為一批個人雕像，或者美國民主的紀念碑，或是二十世紀初敲觀光客竹槓的旅遊景點，抑或對蘇族拉科塔人（Lakota Sioux）聖山的褻瀆，在拉科塔語中稱為六祖父山（Tȟuŋkášila Šákpe）。雕塑家古松・柏格倫（Gutzon Borglum）有意藉助自己雕刻的總統肖像召喚神性：「一個國家的紀念碑應該像華盛頓、傑佛遜、林肯和羅斯福那般，體現沉靜、高尚與力量，能夠映照鼓舞他們的神，並使人聯想到他們化身的神。」[11] 從他的定義來看，這四尊雕像同時具有政治與宗教意涵。

與此同時，其他許多雕像完全不涉及政治。在古代，雕像為了平民、名人、運動員和動物而建。同樣的情形延續至今，本書中有些雕像的主題並非政治人物，或說主要身分並非政治人物，他們涵蓋商人、企業家、將領與王室成員。然而他們的雕像具有政治意圖，拆除這些雕像也同樣屬於政治舉動。

拆除雕像時常引起爭議，有個原因是我們把雕像看待成藝術品，因此構成文化遺產的一部分。破壞我們的遺產感覺像是野蠻行徑，實情也常是如此。征服勢力、暴君和恐怖分子時常破壞文化象徵——不僅是身處火線的不經意行為，而是蓄意這麼做，因為它們具有象徵意義。「這正是納粹在一九三八年水晶之夜摧毀猶太會堂的目的，」建築評論者羅柏特・貝文（Robert Bevan）分析，「為了否定一個民族的過去及未來。」[12] 具有象徵意義的目標可能是世俗的，也可能涉及宗教：二〇〇一年九月十一日，恐怖分子撞擊美國勢力的象徵，包括紐約的世界貿易中心和華盛頓特區的五角大廈。二〇〇一年塔利班炸毀阿富汗

④ 米開朗基羅的大衛像雕塑的是《聖經》中的以色列王。

⑤ 吉安・羅倫佐・貝尼尼的作品「聖女大德蘭的神魂超拔」（Ecstasy of Saint Theresa），描繪聖女大德蘭自述在一次神祕經驗中遇見天使。

⑥ 巴米揚大佛位於阿富汗巴米揚，古為絲路途經地點，山洞中的兩尊立佛於二〇〇一年遭塔利班（Taliban）政權炸毀。

⑦ 印度的克久拉霍現存由二十多座廟宇組成的寺廟群，裡外充滿人體雕刻，表現印度教與耆那教的信仰。

⑧ 祖國母親在召喚塑像位於俄羅斯伏爾加格勒（Volgograd），紀念二戰的史達林格勒戰役。

的巴米揚大佛，以及，如前文所述，二〇一五年伊斯蘭國搗毀敘利亞帕米拉的雕像和紀念碑時，舉世皆深感悲痛。

當「黑人的命也是命」抗議者在二〇一五年至二〇一七年間高呼移除邦聯人士雕像，接著在二〇二〇年拆除雕像，許多人把他們跟塔利班和伊斯蘭國相提並論。如此比擬帶來情緒衝擊，卻植基於兩項錯誤假設。

第一項假設是移除雕像的動機必定總是毫無道理或充滿仇恨，但實情並非如此。二〇一二年吉米·薩維爾（Jimmy Savile）的木雕像從格拉斯哥的斯高茲頓活動中心外撤離時，並無關於文化遺產的不滿聲浪。薩維爾是一九七〇和一九八〇年代的英國兒童電視節目名人，於事發的前一年過世。其後，揭露薩維爾是性侵慣犯的報導開始出現，他多半對兒童下手。銘牌、紀念碑，甚至是他的墓碑全遭迅速移除，雕像亦然。沒有人發聲支持保留這些東西，因為人們明白這麼做會對受害者造成傷害。薩維爾的案例醜陋不堪，並且有力駁斥移除雕像皆屬野蠻行徑的主張。在這種情況下，保留雕像才是野蠻。

拿塔利班與「黑人的命也是命」相比，第二項假設是一切雕像皆具有相等的文化與藝術價值。實情不然。藝術價值也許主觀，可是不考量這一點就無法合理討論雕像。貝尼尼的法王路易十四（Louis XIV）胸像於一六六五年雕成，自一六八〇年代起在凡爾賽宮展示，藝術評論者魯道夫·威特考爾（Rudolf Wittkower）譽為「或許是巴洛克年代最傑出的肖像作品」。威特考爾主張，貝尼尼的手法使大理石富有質感、律動，甚至是「氣色的感覺」。[13] 國王的倨傲神情逼真得驚人；環繞在他周圍的布料凹摺似乎在律動。在一七八九年肇始的法國大革命期間，數以百計的王室雕像和徽章遭砸碎或熔毀。凡爾賽宮躲過暴徒掠奪的廳室，隨後卻遭到政權本身洗劫，賣掉大部分藝術品和家具。所幸隨著一七九四年凡爾賽宮獲指定為博物館，貝尼尼打造的胸像僥倖保存，現今胸像依然收藏於凡爾賽宮。

在藝術價值的天平上，位於貝尼尼傑作另一端的是前美國第一夫人梅蘭尼雅・川普（Melania Trump）的木雕像，二〇一九年在她位於斯洛維尼亞的出生地附近設立，引發國際上的嘲弄。川普夫人的五官從一株椴樹粗略劈鑿而成，給了她圓點狀的鼻子和一對歪眼睛，身體拙劣塗繪成淺灰藍色，暗指她在川普的總統就職典禮所穿服飾。二〇二〇年七月四日夜間，這座雕像遭人以汽油和輪胎縱火。沒人在乎，連接受委託製作的藝術家也沒表現出絲毫惱怒。「有許多聲音說要破壞紀念雕像。」他興高采烈告訴《紐約時報》（*New York Times*），宣告自己計畫重新展出燒焦的雕像。[14]

客氣地說，那座雕像是垃圾：破壞舉動提高它的地位，賦予它原先欠缺的文化意義。（一座青銅版本的雕像在二〇二〇年九月設立。若說有什麼改變，新版甚至比原本那尊更糟。）

或許有些人會試圖主張，以貝尼尼的路易十四胸像和斯洛維尼亞的梅蘭尼雅・川普像而言，兩件作品的相對價值並不重要，必須完全一視同仁對待。或許他們真能抱持哲學上的高度抽象思考，拒絕承認米開朗基羅的聖殤像（Pietà）跟一堆馬糞間存在任何優劣差異。倘若如此，我不希望他們掌管公共紀念碑，或是手裡有一把鑿子。（聖殤像在一九七二年遭人攻擊——不是用鑿子，而是一柄鐵鎚。）

雕像的價值與意義差異巨大，它們設立與拆除的情況也不同。主張它們通通完全相等，實屬錯誤的對等。我們必須腳踏實地逐一檢視雕像，並瞭解它們為何不同。當我們捍衛任何一尊特定雕像，我們實際上是在捍衛什麼？

雕像比信史的年代久遠許多，可追溯至舊石器時代與人類的開端。經證實，兩尊最古老的雕像都位於德國境內，皆由象牙製成，在洞穴內發現，判定具有介於三萬五千年至四萬年的歷史：侯連斯登—史戴德（Hohlenstein-Stadel）的獅子人和侯勒費爾斯（Hohle Fels）的維納斯像[9]。在人類居住的每片大陸都能發現雕像的形式，從玻里尼西亞復活節島的摩艾石像（moai）、中國的秦始皇兵馬俑、奈及利亞的諾克文化（Nok）塑像，到墨西哥的奧爾梅克（Olmec）巨大頭像。

破壞雕像這舉動本身的歷史就非常古老，埃及法老搗毀前任法老與敵人的雕像即為慣例。《申命記》（*Deuteronomy*）第十二章第三節要信徒消滅偶像：「也要拆毀他們的祭壇，打碎他們的柱像，用火焚燒他們的木偶，砍下他們雕刻的神像，並將其名從那地方除滅。」歐洲殖民者經常毀壞偶遇文明的藝術品，若非視這些物品為冒犯，就是像大部分中南美洲藝術品的情況，由於以黃金等貴重材料製成，被殖民者拿來熔毀後另作他用。

我們在歐洲及其前殖民地一眼就能辨識的古典雕像風格，可上溯至古希臘羅馬時期。在古希臘時代，雕像可能具有藝術、宗教、榮耀性質，或是以上的混合體。為了感激應受獎賞的個人，群體會樹立「εἰκών」（即「eikon」，演變成後來的「icon」）：一尊公開展示的青銅或大理石雕像，或繪於木頭的肖像。大致上，「eikon」起初是公共機構頒授的特殊榮耀，漸漸演變成富裕的個人開始主動設立自身與家庭成員的雕像。[15]

雕像人物可以穿戴盔甲、服飾或展現裸體。有些時候藝術史學者談論「英雄裸體」（或是「英雄裝扮」，意指裸體卻手持武器：或許不是我們大多數人應該在公眾場合嘗試的裝扮）。不過，裸體雕像在古代並非總是英雄人物：裸體可能也用來指涉脆弱或艱苦。[16]當然，裸體也可能代表平凡無奇的虛榮心。

希臘人和羅馬人開創的另一種不朽形式是騎馬像：人物騎在馬背上。諸如埃及人、亞述人、巴比倫人和波斯人等較早期的文明，會描繪國王和王子站在雙輪戰車裡，衛兵和戰

⑨ 侯連斯登—史戴德和侯勒費爾斯皆為洞穴名稱。

士則騎馬。在希臘人和羅馬人眼裡，騎在馬背上使人物升高，因此象徵高貴，彰顯他（幾乎總是男性）率領無形的軍隊並主宰大自然。[17] 我們從他們身上繼承這種想法：騎馬像於二十世紀持續出現，普遍來看並未遭領導者乘坐汽車的雕像取代。話雖如此，莫斯科有一尊尤里・加加林（Yuri Gagarin）的壯觀雕像，他是第一位上太空的人：火箭軌跡將他的英雄身影推升至四十二點五公尺高。

十五和十六世紀的文藝復興時期，古典傳統在歐洲重振——儘管展現新的轉變。在古代，雕像通常整尊上色。從文化層面而言，現今我們許多人認為彩繪雕像過分花俏，這來自於集體的錯誤記憶。到了十五世紀，古老雕像的顏料多半脫落，導致人們普遍認定雕像應該是素面的大理石或青銅。多納泰洛（Donatello）和米開朗基羅等藝術家從未替雕像上色，古人也許會覺得文藝復興時期的雕像尚未完工。

二〇二〇年抗議人士攻擊他們認定象徵白人至上的雕像時，有些人批評他們將現代標準套用至古代的藝術形式。事實上，古典雕像跟白人優越感的關聯由來已久。希臘羅馬的繪畫和陶器描繪各種膚色，包括非洲黑人。然而如今是白得發亮的羅馬雕像「觀景殿的阿波羅」（Apollo Belvedere）矗立在梵蒂岡，自十五世紀出土後使一代又一代的歐洲人著迷。這尊雕像被視為理想的男性形體，解剖學者用它來說明「完美」的臉部比例美貌公式。他們的說法隨後受到顱相學者和優生學者採納，也包括納粹，用來聲張歐洲白人是優越的種族。二〇一七年，美國白人至上團體歐洲身分（Identity Evropa）把「觀景殿的阿波羅」印於傳單，口號寫著「我們的未來屬於我們」。[18]

而今設立在我們城市的雕像，其中占多數的當代人像傳統，來自文藝復興時期重振的古典風格在十九世紀的又一次復興。個人英雄主義蔚為風潮。一八四〇年蘇格蘭作家湯瑪斯・卡萊爾（Thomas Carlyle）出版《論歷史上的英雄、英雄崇拜與英勇》（*On Heroes, Hero-Worship, and The Heroic in History*），在書中主張：「世界史不過是偉人的傳記。」他概述英雄史觀，主張傑出個體的行動可以解釋世界大事的種種轉折，這些人物在神性、勇氣、領導、藝術等方面出類拔萃。（他舉的例子全為男性；書中寫到一位非歐洲人，即穆罕默德。）英雄史觀遭到往後的社會學者、女性主義者和作家痛批。歷史學者通常將英雄史觀視為維多利亞時代的遺風：探討十九世紀英國富人如何將歷史理解成自身的敘事時，可以當作有趣的佐證，但作為現今觀看歷史的方式則遠遠過於狹隘。儘管如此，英雄史觀的影響徘徊不去，體現於傳記與傳記電影的長久流行，以及雕像的存續。

雕像在十九世紀變得極其受歡迎，因為它們是英雄史觀的視覺呈現。紀念碑不再僅限於王室、統治者和宗教人物，也可以為慈善家、社會改革者、發明家、士兵和實業家而建。這一現象被稱為「雕像熱」。一八七〇年巴黎有十一座偉人像；一八七〇年至一戰開打的一九一四年間增設了一百五十五座。在倫敦，一八四四年有二十二座雕像；到了一九一〇年總計達兩百一十五座。同樣的模式在許多歐美城市及一些殖民地重現。太多雕像立起，據藝術家艾德格·竇加（Edgar Degas）所述，「有人在公園草地周圍架設鐵絲網，防止雕塑家把他們的作品擺在裡面。」[19]

設立這些雕像的專案常由熱忱的個人推動，且往往聲明藉由「公眾捐款」募資。有時候此言不虛，儘管說服公眾勉力掏錢並非總是易事。到頭來常是熱忱的個人自行負擔雕像經費。就像在古希臘，「eikon」起初是公共榮耀，直到富裕的個人開始依據自身考量設立雕像，這在某些層面與十九和二十世紀發生的情況類似。

當極權政府在二十世紀興起，時常採納並改造這股雕像風潮。蘇聯投入大量心力建造雕像，讓它們在本書中拿下列寧像和史達林像的兩章。

蘇聯的雕像熱並未在所有共產國家引發共鳴，中國共產黨設立的雕像遠遠較少。一九六七年，一尊毛澤東像設立在北京清華大學，揭開一波短暫卻強烈的毛澤東像熱潮：兩千尊毛澤東像在隨後兩年間立起。然而毛主席塑像並未受到當時仍由毛澤東本人領導的共產黨認可，政府在一九六九年六月頒布宣告，下令必須停止這種對於領袖的「徒具形式與浮誇」歌頌。毛澤東死後，一九八〇年政府發布另一項命令制止對他的個人崇拜，塑像多半拆除。據信原初的毛澤東像僅餘約一百八十尊留存。[20] 從一九九〇年代開始又有幾尊銅像立起，中國政府仍舊敏感看待毛澤東的威嚴，出手拆毀最庸俗的案例。一座三十六公尺高的黃金「毛澤東巨像」二〇一六年於河南興建，在網路上引發譏笑，揭幕數日前遭覆蓋黑布並徹底拆除。[21]

歐洲的極右政權也耗費鉅資興建紀念碑，例如義大利的貝尼托・墨索里尼（Benito Mussolini）和德國的阿道夫・希特勒（Adolf Hitler）。墨索里尼到處擺放自己的意象，形式包括雕像、胸像和肖像：作家伊塔羅・卡爾維諾（Italo Calvino）憶述，「我人生中的前二十年，墨索里尼的臉永遠在視線範圍內。」[22] 在墨索里尼執政期間，許多公共建築落成時都有一尊古典風格的雕像。

納粹美學也採納古典雕像，以「觀景殿的阿波羅」特點來看，古典風格的雕像符合納粹的種族概念。蘭妮・萊芬斯坦（Leni Riefenstahl）一九三八年的電影《奧林匹亞》（*Olympia*），開場以跟拍鏡頭拍攝希臘古蹟，隨後出現古代世界極具辨識度的雕像，即米隆（Myron）的作品「擲鐵餅者」（Diskobolos），接著轉場溶接成裸體的十項全能選手厄溫・胡波（Erwin Huber）重現擲鐵餅姿勢。[23] 希特勒最喜愛的雕塑家阿諾・布瑞克（Arno Breker）製作納粹重要人物的胸像，包括尤瑟夫・戈培爾（Josef Goebbels）、阿貝特・史佩爾（Albert Speer）和希特勒本人，以及作曲家理查・華格納（Richard Wagner）等受納粹推崇人物。納粹領導者的半身肖像經大量翻製，放在辦公室、工廠、商店和家中展示。

東德和西德雙雙移除所有的納粹雕像與象徵物，且於一九四九年判定，以任何方式展示納粹符號皆屬犯罪。義大利拆除大部分的墨索里尼雕像和肖像，卻讓法西斯主義的藝術品和建築物留在原地。公共機構戮力投入學校課程和終身教育，著眼於去納粹化與正視過往，起初由東德率先實行，隨後西德也效法。納粹集中營位址改建成博物館與納粹受害者的紀念場所。納粹自身毫無紀念物留存。[24]

七十年來，再度統一的德國成效斐然，納粹政權及其受害者得到強力且有意義的緬懷。近年極右派再起，但即使如此，德國的學校教育、博物館和紀念活動塑造的戰後世代，普遍而言熟知自身歷史，且有能力對歷史採取批判觀點，遠遠勝過其他許多歐洲國家——其中有些國家依然深切否認自身歷史。德國證明移除雕像不致泯滅歷史，也不會導致歷史遭人遺忘。倘若有任何差別，這帶來的也許是反效果。

書中的十二尊雕像來自世界各地：北美、西歐和東歐、非洲、拉丁美洲與亞洲。各章依照破壞日期的時間先後順序排列。十二尊雕像企圖訴說什麼故事？它們是否逐漸變得象徵別種事物？誰拆除它們，有什麼手段和原因？

我收錄引起爭議的雕像，代表的人物包括政壇的左派和右派，從帝制、帝國、獨裁到民主政體，出身武裝部隊和商界。幾乎全都是白人男性，例外的是海珊，以及具爭議的拉斐爾・特魯希佑（Rafael Trujillo），他自認為是白人，血統卻結合了不同人種。種族與性別的失衡具有代表性。在近代史中，世俗雕像多半用來紀念白人男性。二〇二〇年六月倫敦的一間博物館在推特聲稱，在英國，山羊的公共雕像（三座）比真有其人的黑人女性雕像（兩座）還多。[25] 殖民年代結束以來，雕像的人口統計組成在非洲、拉丁美洲和亞洲發生改變，近日在北美、歐洲和澳大拉西亞⑩力主設立多元雕像的運動，也嘗試導正那些地方的平衡。許多女性和有色人種親身參與雕像如何及為何該拆除的敘事。

研究期間，我注意到同樣的四種論點常用來反對拆除雕像。敬請留意：下次有雕像倒下時，它們勢必浮現。

1. 泯滅歷史

「美國正在對歷史宣戰，」英國新聞記者提姆・史丹利（Tim Stanley）在二〇一七年寫道，「他們拆毀雕像，移除銘牌，抹消關於棘手過往的記憶。」[26] 該論調主張，移除雕像是企圖要摧毀歷史。提出這種見解的人通常暗指，拆除雕像人士這麼做的原因是想剷除討人厭的東西，讓歷史變得更美好。因此，他們立意良善但想歪了。強生在二〇二〇年企圖指出：「我們不能事到如今試圖剪輯或審查過去。我們不能佯裝擁有不同的歷史。」[27] 有些人

⑩ 澳大拉西亞（Australasia）指澳洲、紐西蘭與鄰近的太平洋島嶼。

提出更邪惡的詮釋。福斯新聞台（Fox News）主播克里斯・華萊士（Chris Wallace）談論移除邦聯人士的雕像：「這有點讓我想起文化大革命時期的中國，在毛澤東統治下，有些部分的歷史直接遭到抹消。它們不被允許繼續存在。」[28]

另有其他人譴責拆除雕像不僅魯莽，更是蓄意違背國家利益的陰謀。「這事關馬克思主義，以及當前掌控敘事的人。」保守派評論者泰咪・布魯斯（Tammy Bruce）二〇二〇年在福斯新聞台發言，「馬克思主義者的動機並非真正在社群間及美國國內引起更廣泛的對話，而我們從一開始就這麼做。這是要泯滅我們整體的過去。」[29]

2. 他那個時代的人

這種論調的基礎是捍衛經由雕像實現的個人紀念，基於他是「他那個時代的人」，無法由當代的標準論斷。「迫使歷史人物脫離他們的歷史脈絡，並期待他們對種族等議題抱持現代觀點，無論怎麼看都很荒謬。」歷史學者安德魯・羅柏茨（Andrew Roberts）寫道，「人們只因擁有當時大多數人的意見，名聲就遭到詆毀——也就是被批評為覺醒心不夠。」[30]強生表達過類似觀點：「我們城鎮中的雕像是由過往的世代設立。他們對於是非擁有不同的觀點、不同的理解。」[31]

此論點聲稱雕像的主角性質複雜，因為他成就過好事，也做過壞事，功過必定相抵，從而獲得諒解。強生又跳出來談論英國國會廣場的邱吉爾像：「這尊國家紀念像現今竟面臨暴力抗議者的攻擊風險，真是荒謬可恥。沒錯，有時他說出我們此刻無法接受的言論，但他是一位英雄，他完全配得上他的紀念像。」[32]

3. 法律秩序的重要

我們早就聽過這種論點：拿塔利班、伊斯蘭國跟「黑人的命也是命」相比。「舉例來說，狂熱的伊斯蘭國聖戰分子放火燒摩蘇爾的圖書館，或者夷平帕米拉的貝爾神廟，無疑自認為在追求正當的正義，消滅他們鄙視的過往政權證據。」新聞記者莎拉・范恩（Sarah Vine）描寫，「事實上，他們就像布里斯托的暴徒（拆毀柯爾斯頓像），只不過是耽溺於文化破壞。」[33]

主張法律秩序論點的人，堅稱移除雕像必須經由民主程序。「矗立數個世代的事物應該給予審慎考量，而不是心血來潮或有一群嘶吼暴徒要求就移除。」英國國務大臣羅柏特・詹里克（Robert Jenrick）指出。[34]

4. 滑坡效應

最後一種論點顧慮的是底限。如果我們拆除一座雕像，會不會引發骨牌效應？由於邱吉爾曾表達種族主義觀點，我們拆除他的雕像，是否忘記了他也帶領英國歷經第二次世界大戰？我們會因為蓄奴制炸毀羅馬競技場嗎？我們會拆除白宮，因為那是奴隸建造的嗎？停損點在哪裡？

「我看著電視上的他們（抗議者），我看見發生的事，他們完全不明白自己拆掉的是什麼東西。」二〇二〇年川普在福斯新聞台說，「他們從邦聯人士開始，然後把矛頭指向尤里色斯．S．格蘭特（Ulyssius S. Grant）[11]。嘿，這是怎麼回事？他們還要拆掉林肯，有一群人想拆林肯，他們還沒想清楚究竟為什麼。還有華盛頓啊，傑佛遜啊，我兩度阻止他們前往傑佛遜紀念堂。如果我不是總統，他們早就拆掉了——如果像喬．拜登（Joe Biden）那種人當總統，他們就會拆除傑佛遜紀念堂。」[35]

如同所有的威權統治者，川普自我定位成阻擋在秩序與混亂之間的唯一人物。「滑坡效應」論點旨在引發人們對於破壞與歷史修正主義的恐懼，認為這些行為會威脅到既有的價值觀並損害社會。

縱然這四種論點乍看之下可能有憑有據，但它們全屬謬論。透過簡單的思想實驗就能輕易闡述原因。試想，假設是在談論希特勒或史達林的雕像，以上引述的對象會不會提出相同論點。如果一座史達林像遭到拆除，這些人會不會推諉史達林是他那個時代的人，當時人人堅信要殺害富農，所以你不太能評斷他？如果一座希特勒像遭到移除，他們會不會告訴我們，絕對不能將當代價值觀套用在一九三〇年代的德國人身上，因為他們對於是非懷有不同的理解？他們可會要求我們，在猶太人大屠殺與希特勒造就德國鐵路準點間衡量利益得失？他們可會譴責，一九四五年四月二十二日炸毀紐倫堡納粹大理石標誌的美國軍隊是一群「嘶吼暴徒」，應該去找規劃委員會提出訴求？

這場思想實驗並非暗指一切事物都能跟納粹或史達林主義相提並論：顯然這並非事實。實驗意在表明，主張保留爭議雕像的種種論點並非源於雕像或歷史的普世價值，反而端視你談論的是**哪座雕像**和**哪段歷史**。實際上，人們傾向捍衛的雕像，他們覺得在某種層面反映自身認同和價值觀，並且在代表對立認同和價值觀的雕像移除時深感欣慰。本質上那並沒有錯，希望保留某些雕像、移除另一些雕像完全合理——事實上，這可能是看待這項議題最合理的立場。承認這些想法出於主觀才是坦誠的行為。

我的敘述開始於一七七六年，那年喬治．華盛頓在美國宣讀《獨立宣言》，有群暴徒拆除英王喬治三世（King George III）的雕像。章節結束於二〇二〇年，當時美國的另一群暴

---

⑪ 格蘭特是美國第十八任總統，內戰期間擔任北方聯邦軍的陸軍總指揮官。川普的發言把格蘭特的名字「Ulysses」誤稱為「Ulyssius」。

徒拆除華盛頓像。許多次革命的軼事具有循環性，但書的結尾不會是故事的終結。

我不呼籲拆除所有的雕像，其中有些雕像我十分喜愛。作為讀者，我希望邀請你讓思考超脫光榮與恥辱、善與惡、英雄與壞蛋等二元論，考量每一樁案例中真正發生的事。記憶如何建構、如何受到質疑、我們又能夠從中學到什麼？雕像會有什麼樣的未來？它們的好日子過去了嗎？那麼，倘若真是如此：接下來呢？

第一章
革命的開端

英國國王喬治三世
地點：紐約省／設立時間：一七七〇年／倒下時間：一七七六年

二〇二〇年七月四日，正值破除偶像的巨大浪潮期間，美國總統川普立誓：「我們絕不允許一群憤怒暴徒拆毀我們的雕像，抹除我們的歷史，向我們的孩子灌輸思想，或者踐踏我們的自由。」[1]可是沒什麼比一群憤怒暴徒拆毀雕像更能呈現根本層面的美國。

這段話指涉的雕像是大不列顛暨愛爾蘭國王喬治三世①。在雕像設立的一七七〇年，北美州東岸的大片土地受到英國掌控，稱為十三殖民地（Thirteen Colonies）。在過去的一個半世紀間，這些殖民地的定居人口大幅增長，驅逐了北美原住民。殖民地對於英方統治變得

① 下文多半簡稱為英國。

日益灰心，尤其是徵稅和治理的問題。他們在英國國會沒有代表，卻可能受制於毫無異議空間的法律與稅制。

一七六五年《印花稅法》（Stamp Act）即為不受歡迎稅收的主要範例，旨在向印刷物徵稅。該稅法在一七六八年廢除時，紐約殖民地議會委製一尊喬治三世像以示慶祝。雕像由英國藝術家約瑟夫・威爾頓（Joseph Wilton）製作，他是國王的雕刻師。當時威爾頓已在著手鑄造喬治三世的騎馬像，委託者是國王的姑姑艾蜜莉亞公主（Princess Amelia），預計擺放在倫敦的伯克利廣場（Berkeley Square）。他接獲委託也為紐約造一尊雕像：很可能造型相仿，由同樣的模具鑄造。[2]

威爾頓遵循古典風格，以羅馬卡比托利歐山上的古老人像馬可・奧理略（Marcus Aurelius）為範本。雕像展現喬治三世身著羅馬服飾，頭戴桂冠，期望大眾聯想到古代的哲學家皇帝。奧理略憑藉學識、道德品格與強烈的公共責任感受人尊崇：或許比較少人在喬治三世身上看見這些特質。[3] 奧理略像以青銅打造，威爾頓則用鉛鑄造喬治三世，再用鍍金包覆塑像。也許並沒有藉由材質表達象徵的任何意圖，但無論如何木已成舟：一切閃閃發光的盡非黃金。以這樁案例來說，光芒底下是沉重負荷。

儘管喬治國王像顯然是一份傑出的獻禮，但委製卻非一開始的想法。紐約殖民地議會的首選是為老威廉・皮特（William Pitt the Elder）設立雕像，普遍認為推動廢除《印花稅法》是這位英國政治家的功勞。皮特像同樣委託威爾頓製作，以大理石雕刻。雕像注定傲立於華爾街和威廉街交叉口，即當時的紐約城市中心點。然而皮特在《印花稅法》廢除不久後當上首相，議會擔心沒有國王雕像，而去設立首相像顯得冒犯無禮——於是他們決定為兩人各立一尊雕像。[4]喬治國王像是鑄造而非雕刻而成，比皮特雕像的造價便宜，且設立於較不顯眼的滾球綠地公園（Bowling Green）。

雕像在一七七〇年八月十六日落成，伴隨三十二響炮擊聲。騎馬像高立於十八英尺的基座，避免遭到破壞。此舉並未奏效。一七七一年，雕像周圍架起一道保護圍籬，接著在一七七三年通過反褻瀆法令懲罰毀損國王雕像者。[5]

這些干預措施傾向表明，約莫從喬治三世像設立的那刻起，美國愛國人士就一直在攻擊雕像。不過還需要一件真正的大事，才會觸發人們徹底拆除雕像：一紙《獨立宣言》。

華盛頓將軍在一七七六年四月十三日抵達紐約，在滾球綠地公園旁的百老匯大道南端設立總部，離炮台不遠——喬治三世像就在他的大門外。在這之前華盛頓只來過紐約兩次。他的妻子瑪莎（Martha）於四天後到。他們搬進里斯貝納草地（Lispenard's Meadows）的一棟大宅：當時是坐擁哈德遜河景的宜人鄉間，如今成為繁忙的瓦瑞克街和查爾頓街交叉口。眼看與英方的戰爭迅速逼近，那年春夏華盛頓多在鞏固紐約的防線。

議會在一七七六年七月四日通過《獨立宣言》的最終版本。兩天後，約翰・漢考克（John Hancock）送交一份副本給華盛頓，請將軍在紐約向他的軍隊宣讀。華盛頓在七月八日收到這份慷慨陳辭的文件。隔天晚上六點，他在空地（現今的市政廳公園〔City Hall Park〕）召集部隊。在那裡，當著每一旅面前宣讀《獨立宣言》。宣言詳述喬治三世對北美殖民地居民造成的傷害，並做出結論：「當一位君主的所作所為，使他的品格打上了堪稱暴君的烙印，就不配擔任自由人民的統治者。」軍隊欣然接受，並回以「三聲叫好」。[6]

國王遭認定為革命的敵人後，合理的行動是找出他，並將他拉下王座。很遺憾，他遠在約三千五百英里外的英國，弒君不得不淪為象徵。激動的群眾踏上百老匯大道，朝喬治三世像邁進。人群中甚至包括奧利弗・布朗（Oliver Brown）上尉率領的四十多位士兵（和水手），以及革命組織自由之子（Sons of Liberty）紐約分會，該組織曾主導一七七三年俗稱波士頓茶黨的反徵稅抗議活動。至於有多少紐約平民參與或圍觀則眾說紛紜。抗議者翻越圍籬，往雕像綑綁繩索，並從基座整個拉下。[7]

日後關於這起事件的繪畫和版畫傾向添加吸引人的細節，常讓喬治三世像誤穿宮廷服飾，披戴長袍和王冠，而非羅馬服裝。有些描繪甚至忘了那匹馬，想像他的雕像呈現站姿。場景設定在有著紫丁香色調的美麗黃昏，看見戲劇性日落或在背景升起營火黑煙。畫面呈現優雅仕女吃驚觀看，幼童和狗兒在周圍歡快奔跑，在某些版本可以看見非裔美國人的形象，甚至有一個美國原住民家庭，這全都是藝術的自由。我們對於事發的滾球綠地公園有誰在場、誰帶頭和誰響應，或事件的先後順序所知甚少。我們**確知**的是到了最後，國王的雕像橫陳在地，破碎不堪。我們也知道，雕像並非當晚唯一遭襲擊的英國象徵物。大不列顛國徽從議事廳、法院和教堂牆面被扯下，喬治三世肖像畫遭砸毀焚燒。

華盛頓將軍本人對於雕像遭拆除並不滿意。「儘管將軍不懷疑，拆除並破壞雕像的人，昨夜在百老匯大道是受到公共目標的熱忱驅使，」隔天他在命令裡寫道，「然而現場一片騷亂與缺乏秩序，在軍隊中，他反對此種態度，並下令軍中日後應避免發生這些事，留給適當的主管機關處置。」[8]

理所當然，無論指揮官多麼強烈希求，革命實踐無法永遠秉持完美的禮儀，而一場革命此刻正在紐約發生。

喬治三世像倒下後遭到斬首，其餘部分擊碎成鉛塊。布朗上尉的手下把鉛塊搬上馬車，載往港口，由雙桅縱帆船運往康乃迪克。鉛塊在那裡熔掉，製成四萬二千零八十八枚火槍子彈，用來在獨立戰爭中對抗英方。國王的「這座雕像被拆除去做成火槍子彈，這麼一來，王軍可能會被熔掉的陛下擊中。」郵政局長艾畢涅澤・哈薩爾（Ebenezer Hazard）在七月十二日描寫。[9]

特別的羞辱專門保留給喬治三世的斷頭。約翰．孟崔瑟（John Montresor）是當時置身紐約的忠誠英軍上尉，描寫自己聽聞反叛者「割掉了鼻子，剪下環繞他頭顱的桂冠，硬是用火槍子彈設法鑿穿他的頭，再動用別種方式毀壞容貌。」這顆頭被帶往摩爾酒館，在華盛頓堡（Fort Washington）②附近，反叛人士想用尖釘刺穿它，如同對待叛徒的頭。在那發生前，孟崔瑟派人去酒館偷走頭顱並埋起，隨後他再挖出來。「我酬謝那人，由蓋吉女勛爵（Lady Gage）將頭顱送交湯森勛爵（Lord Townshend），好讓國內的他們確知這不安地區中忘恩負義人民的劣根性。」[10]

一七七七年十一月，頭顱送抵湯森勛爵位於倫敦波特曼廣場（Portman Square）的宅邸。湯森家正設宴招待前麻薩諸塞灣殖民地總督湯瑪斯．哈欽森（Thomas Hutchinson）。「湯森勛爵夫人問我是否有意目睹北美人民忠誠的例證？接著走向沙發，掀開覆蓋露出龐大的鍍金頭顱，顯然一度是國王的頭，看來紐約的反叛者在《獨立宣言》後，將曾經矗立在那裡的雕像斬首。」哈欽森描寫，「鼻子受創毀損，但是鍍金仍在；由於雕像製作精良，頭顱保有驚人的相似度。」[11]

於是英國人討回他們國王的頭；北美居民獲得他們要的火槍子彈。即使如此，雕像的一大部分下落不明。據信雕像重兩噸，也就是四千磅。一磅的鉛可製成二十枚火槍子彈。那代表大約一半的鉛消失無蹤。有些可能被拉下雕像的愛國人士留做紀念品，或被取巧的人洗劫。其他部分被效忠派偷走，無論發生在滾球綠地公園或在康乃迪克。多年過去，零碎雕像漸漸開始出現：一隻手臂、一部分馬鞍、一截披風。國王座騎的尾巴如今由紐約歷史學會（New-York Historical Society）保管。在康乃狄克州威爾頓市，有位居民住在效忠派人士生活過的房子，一九九一年他挖掘庭院並發現國王的左手掌、手腕及前臂。這件碎塊二〇一九年在拍賣中以二十萬七千美元成交。[12]儘管加計判定為火槍子彈的現存碎塊，但雕像仍有大半下落不明。假如你住在一棟有革命歷史的屋子，到庭院四處看看也許值得一試。

在北美革命人士的一次挫敗後，英軍於一七七六年九月奪下紐約市。他們當然沒辦法重新立起國王的雕像：問任何一個孩童都知道，出動所有國王的馬和手下，也無法拼回蛋頭先生。③相反地，他們另行尋求報復，目標是威爾頓製作的白色大理石皮特像。皮特是殖民地居民的盟友，雕像矗立在華爾街。英軍占領城市不久，立即斬首皮特像並扭下雙臂。美方贏得革命戰爭後，皮特像的殘缺遺跡在一七八八年移除，如今成為紐約歷史學會的收

② 華盛頓堡位於曼哈頓島北端、現今的華盛頓高地一帶。
③ 出自英美廣為流傳的鵝媽媽童謠歌詞：「蛋頭先生坐在牆上／蛋頭先生跌了一大跤／出動所有國王的馬和手下／都不能把蛋頭先生再拼回去」。

藏品。[13]

喬治三世的空蕩基座在滾球綠地花園繼續留到一八一八年，拆除後廢料當垃圾丟棄。移除雕像不太使紐約的愛國人士心煩，移除基座卻不然——基座本身如今已成為美國革命精神的紀念碑。「人民英勇獻身的這座簡樸紀念碑有何可憎？」《紐約晚報》（*Evening Post*）④一位憂慮的記者分析，「美國人民散發最強烈自豪感的情況下，破壞國王雕像的許多雙手為何放任基座完好無缺？……無論多麼沒沒無聞，我忍不住惋惜這處遺跡就此從我們的視野中永遠移除。」[14] 對晚報記者個人來說，移除雕像塑造了歷史，移除空基座卻將歷史抹消。

那麼威爾頓在倫敦的喬治三世像狀況如何？它同樣撐不久。這次拆除雕像的不是政治局勢。儘管失去北美殖民地且蒙受長期發作的身心失能，喬治三世在某段期間仍備受愛戴。他死於一八二〇年。伯克利廣場的喬治三世像依然矗立，但是在倫敦的氣候環境中狀態惡化。結果證明鉛並非製作雕像的良好材質。馬腿開始變形，雕像的身體漸漸往基座下沉。一八二七年，消瘦的陛下被搬走，最終被一所泵站取代。九年後，一尊新鑄且更耐久的喬治三世騎馬青銅像在卡斯柏街立起，至今仍在那裡。

十九世紀美國內戰開打前夕，美國革命英雄的意象當紅，拉倒喬治三世像成為熱門主題。藝術史學者阿瑟·S·馬克斯（Arthur S. Marks）分析，這些畫作的不尋常之處在於並未納入一位特定的英雄人物：喬治．華盛頓。如同我們所知，華盛頓不曾參與拉倒雕像。「相反地，其實或許可以說這些畫作裡的行動聚焦於一群傳統的反英雄，也就是暴徒。」[15]

這種以暴徒體現美國英雄主義的意象，跟二〇二〇年「黑人的命也是命」抗議者拆除雕像，具有驚人的相似性。二〇二〇年的事件發生時，拉倒喬治三世像的兩張著名畫作變成迷因圖，在社群媒體流傳。威廉．沃考特（William Walcutt）一八五七年描繪的版本，疊上下列文字：「一七七六年七月九日：聆聽剛通過的《獨立宣言》宣讀後，紐約人拉倒喬治三世國王像，藉此『摧毀歷史』。難怪沒人曉得誰贏了美國革命。」[16] 尤漢納斯．歐爾特（Johannes Oertel）的一八五三年畫作也加上新圖說：「**不可以**破壞紀念碑？去跟北美殖民地的人民說。」[17]

這些評論機智反駁了美國總統川普及其支持者的意見，後者認為拆除雕像泯滅歷史且有違美國精神。然而不僅如此，雙方都試圖主張美國歷史支持己方立場。川普的評論及社群媒體重現拉倒喬治三世像，都用「愛國人士」的歷史來維護現今的道德與政治正當性。

主張歷史站在某一方的傾向在美國十分強烈。開國元勛長久以來受到尊崇，視為半人半神。國家的故事常講述成不斷邁向「更完美聯邦」的進程。憲法常採取「原典主義」的

---

④《紐約晚報》是現今《紐約郵報》（*New York Post*）的前身。

詮釋，為了二十世紀和二十一世紀的目的，學舌模仿十八世紀人物的說話方式。不過，我們曉得這並非美國的獨特現象。跨越所有的文化和大陸，歷史經過訴說與重新訴說，受到挪用與濫用。

歷史對於政治人物很重要，因為我們，也就是人民，忍不住把歷史當成故事。倘若政治人物可以把歷史視為故事一般重寫，導致他們以主角之姿現身其中，或者讓他們的圖謀感覺像是順利成章的下一步，那就賦予了正當性。如果政權感覺有正當性，人民通常會願意接受。

在現代世界，雕像展現上述基於歷史主張正當性的過程，因為雕像本身就是一種具有思古聯想的形式。威爾頓把喬治三世塑造成奧理略的形象，正是在利用這一點。六年後，紐約排拒特定的那尊雕像，不過美國愛國人士很快就會開始設立雕像，且往往採用相同的新古典主義風格。

歷史可以是有力的政治宣傳工具，它在各個國家和大多數政治運動中受到利用，它是某些人強烈擁護或反對特定雕像的其中一項原因。

在喬治．歐威爾（George Orwell）的小說《一九八四》（*Nineteen Eighty-Four*）中，黨喊出一條口號：「誰控制過去，誰就控制未來。誰控制現在，誰就控制了過去。」全世界的從政者都注意到了。

第二章
從王子到社會棄兒

坎伯蘭公爵威廉王子

地點：英國倫敦／設立時間：一七七〇年／倒下時間：一八六八年

以下故事關於一位曾受雕像、獻花與歌謠頌揚的人物，然而名聲嚴重墮落，導致在二〇〇五年，歷史學者票選他為整個十八世紀「最惡劣的英國人」。這使他名列千年間十大最壞的英國人，與法西斯聯盟領導者奧斯華・莫斯利（Oswald Mosley）和連續殺人犯開膛手傑克（Jack the Ripper）齊名。[1]他的雕像早就不復存在，而且如同我們即將見證，再多肥皂也無法將他的基座洗淨。

一七四六年四月十六日，英軍在卡洛登原野迎戰詹姆士黨（Jacobite）叛軍。詹姆士黨叛亂由查爾斯・愛德華・斯圖亞特（Charles Edward Stuart）率領，人稱「英俊王子查理」，叛軍圖謀推翻漢諾威王朝（House of Hanover），並為斯圖亞特王朝奪回英格蘭、愛爾蘭暨蘇格蘭王位①。到這時候，叛亂已見敗象。一七四五年底，斯圖亞特攻到英格蘭北部的德比，可是在明白兵力不足以推進下退回蘇格蘭。他被英軍追擊，印威內斯（Inverness）②東邊的卡洛登（Culloden）是最後據點。

戰役本身只打了一小時，英軍俐落大勝。日後世人激動回想的並非戰役，而是事後英軍的作為。他們的指揮官下令「毫不留情」對待受傷或潰逃的詹姆士黨人，或者不幸住在附近的任何平民，包括婦孺在內。戰役結束後，在縱情復仇期間，數千傷兵與一般民眾被殺，有些被行刑隊處決，其餘在建築物裡活活燒死，或遭棍棒打死。

這不是英國軍隊失控的案例。這些暴行得到軍方指揮官的授命，他稱讚手下最殘暴的軍官（「布蘭德少將……大肆屠殺，不對任何人留情」）與士兵（表揚擔任騎兵的三位諾丁漢屠夫本領高超）。暴行發生後，指揮官也毫無悔意，他認為蘇格蘭高地是必須鎮壓的「可恥地點」：戰後幾個月，他命令手下「前往這群害蟲（詹姆士黨人）潛伏的山間追捕他們。」[2]

這位指揮官是誰？他的名字是坎伯蘭公爵威廉・奧古斯都王子（Prince William Augustus, Duke of Cumberland），是大不列顛暨愛爾蘭國王喬治二世（George II）寵愛的三子。他曾效力於海軍和陸軍，一七四三年於德廷根戰役（Battle of Dettingen）腿部中彈，官階晉升至總司令。他成就這一切時年輕得驚人：卡洛登戰役的前一天剛滿二十五歲。很快地，他將擁有第一座自己的雕像。

高地的恐怖行動過後，坎伯蘭公爵凱旋返回倫敦。奉他之命犯下暴行的故事全貌遭到掩蓋。謊言在報刊散播，為他的行動辯護。偽造的文件廣傳，聲稱詹姆士黨指揮官下令對英軍「毫不留情」：事實自然恰好相反。駭人謠言控訴詹姆士黨人掠奪，甚至吃人肉。[3] 另一方面，坎伯蘭公爵被譽為英國的救星。作曲家喬治・弗瑞德里奇・韓德爾（George Friedrich Handel）以神劇《馬卡布斯的猶大》（*Judas Maccabaeus*）的合唱曲〈看那英雄凱旋歸〉（See the Conquering Hero Comes）來頌揚他。公爵的支持者在衣領別上又稱「甜威廉」的洋石竹花（在蘇格蘭，這種花有時被叫作「臭比利」③）。

在英格蘭及大部分的蘇格蘭低地區，坎伯蘭公爵獲譽為最終粉碎詹姆士黨威脅的解放

① 詹姆士黨擁護的國王人選是查爾斯之父詹姆士・法蘭西斯・愛德華・斯圖亞特（James Francis Edward Stuart）。
② 印威內斯是蘇格蘭高地大城，詹姆士黨叛亂時占領此地的王室堡壘。
③ 意在表明知曉屠殺真相的蘇格蘭人，故意用反意來稱呼代表坎伯蘭公爵的花。比利是威廉的慣用暱稱。

者，自從一六八八年「光榮革命」趕跑斯圖亞特王朝，詹姆士黨已數度起事。在當時，持進步主義觀點的思想家普遍支持坎伯蘭。在他們看來，詹姆士黨的志業代表回歸專制、盲目崇拜與神職人員干政。他們認為坎伯蘭的勝利開啟自由的大門，並為啟蒙時代鋪路。蘇格蘭支持者授予他格拉斯哥市的自由通行權，也邀他擔任聖安德魯斯大學（University of St Andrews）校長。在溫莎大公園（Windsor Great Park），坎伯蘭的父親喬治二世為他立起一座方尖碑，以巨大字母銘刻「卡洛登（Culloden）[④]」。他也在北美殖民地受到愛戴，一位歷史學者指出，他獲得「近乎神一般的地位」[4]：維吉尼亞州的威廉王子郡、馬里蘭州的坎伯蘭，以及緬因州、紐澤西州、北卡羅萊納州的坎伯蘭郡，這些地方全以他命名，至今依然高掛他的名號。

不過，有些人並不相信奉坎伯蘭為美德典範的故事。到了一七四六年五月，人們開始疑惑，如果坎伯蘭贏得如此俐落的勝仗，為什麼英國牢中的詹姆士黨囚犯這麼少。卡洛登的消息傳抵首都不久後，在倫敦時任外科醫師的托比亞斯·史莫雷（Tobias Smollett）發表生平第一首詩，題為〈蘇格蘭的眼淚〉（The Tears of Scotland），歷歷在目召喚我們現今界定為戰爭罪的行徑：

可是，當狂暴戰爭停止，

勝利者的靈魂尚未平息；
赤裸與孤立無援者不得不體會
噬人烈焰，還有殺戮的鋼劍！

坎伯蘭得到一個新綽號：「屠夫」。當時的一幅版畫描繪他把短劍咬在嘴裡，徒手活剝高地人的皮。那高地人雙手被綁在樹上，身繫纏腰布（不用說，當然是格紋），姿勢讓人想起耶穌受難的情景。圖說加強此種宗教訓示：「屠夫來了，當心你的羊。」[5]有人提議授予坎伯蘭倫敦市某個行會的榮譽成員資格時，一位會員冷漠回應，合適的選項是屠夫行會。

當質疑聲浪漸漸升高，坎伯蘭堅稱自己的行動出於必需。英格蘭、愛爾蘭和蘇格蘭的許多人表示贊同，相信他對詹姆士黨的殘虐報復是正確行為，他們設想詹姆士黨是高地人，而高地人是一群不受控制、衣不蔽體的部落人民。這並非事實：卡洛登的詹姆士黨部隊配備火槍等現代武器，陣容裡包括法國和愛爾蘭正規軍，也有蘇格蘭軍隊。當時的繪畫、插畫、民謠和戲劇偏好多毛、狂暴野蠻人的概念，這種想法就此根深蒂固。[6]蘇格蘭文化遭到打壓：大不列顛政府禁止傳授蓋爾語（Gaelic）、高地服飾與風笛吹奏。現代英軍有

④ 卡洛登是坎伯蘭打勝仗的地名。

效壓制原住民的意象，很容易讓人聯想到過往的殖民征服。英軍一方在卡洛登犯下暴行的事實並不妨礙敘事，講述的人僅僅主張，暴力是野蠻人明白的唯一語言。卡洛登一役後，再無詹姆士黨叛亂。對坎伯蘭的支持者而言，那正是他的手段奏效的明證。

坎伯蘭的一位熱烈擁護者是羅倫斯・帕森斯爵士（Sir Laurence Parsons），領地在愛爾蘭的國王郡。帕森斯委託倫敦的亨利・契爾（Henry Cheere）和約翰・契爾（John Cheere）兄弟製作一尊坎伯蘭雕像，兩人是當時受歡迎的雕塑師（他們的雕像作品常縮小翻製成瓷像或小雕像鑄件，當作家用裝飾品販售）。契爾兄弟打造一尊坎伯蘭的鉛像，身穿羅馬長袍並拔出長劍。帕森斯原本希望設立雕像的地點是都柏林的聖史蒂芬綠地公園（St Stephen's Green），想法落空後，改將雕像立於當時以自己命名的城鎮：國王郡的帕森斯鎮。一七四七年，坎伯蘭像擺上十三點五公尺砂岩柱的頂端，坐落於新建的坎伯蘭廣場正中央。

坎伯蘭在一七五〇與一七六〇年代構成一股政治勢力。他的兄長威爾斯親王腓特烈（Frederick, Prince of Wales）是其中一位反對者：腓特烈厭惡坎伯蘭，誓言一坐上王位就要撤除他的所有軍事指揮權。腓特烈的支持者間接提到蘇格蘭的暴行，主張坎伯蘭企圖利用軍隊統治國家，他們暗中耳語，坎伯蘭將是下一個奧利弗・克倫威爾（Oliver Cromwell）——這號人物在一個世紀前殺害國王，以共和政體治理英格蘭。

腓特烈死於一七五一年，他的父親喬治二世依然在位。據聞在倫敦聽見群眾高聲埋怨：「噢，怎麼不是屠夫！」期盼死的是坎伯蘭。腓特烈沒看錯弟弟的統治野心。坎伯蘭試圖讓自己當上腓特烈之子的攝政者，十二歲的喬治如今成為王位繼承人。進展並不順利。坎伯蘭去見那男孩，拔劍在他面前展示。霍瑞斯・華爾波（Horace Walpole）描述：「年輕的王子臉色轉白，渾身顫抖，以為叔叔要殺他。」[7]

從那一刻起，坎伯蘭必定設法施展魅力：喬治王子在一七六〇年登基為喬治三世時，主動邀叔叔組建政府。坎伯蘭建議國王任命羅金漢侯爵（Marquess of Rockingham）為首相，不過他自己是政府中權力最大的人物，內閣會議在他的倫敦家中與溫莎的坎伯蘭別墅舉行。一七六五年，他在倫敦的一場會議中途倒下過世，得年僅四十四歲。

坎伯蘭死後，有人提出在倫敦為他設立雕像的想法，來自曾同赴蘇格蘭的一位戰友：中將威廉・史卓德爵士（Sir William Strode）。當時史卓德涉嫌詐騙手下的士兵，向他們收取從未交貨的軍服費用。最終他因此站上軍事法庭，獲判無罪，可是必須把錢還給士兵。史卓德住在哈利街，緊鄰牛津街北邊，第三代波特蘭公爵威廉・亨利・卡文迪許—班亭克（William Henry Cavendish-Bentinck）擁有那片土地。史卓德輕易說服波特蘭應允設立坎伯蘭像。波特蘭曾隨已逝的坎伯蘭公爵效力於羅金漢政府，馬里波恩（Marylebone）一帶又是他的土地，所以他想在那裡做什麼都可以。地點選在史卓德家往南一個街區：卡文迪許廣場。

史卓德聘請約翰・契爾設計一尊騎馬像，他曾製作愛爾蘭的坎伯蘭像。這很適合：坎伯蘭的腳傷導致他站著不舒服，因此偏好騎在馬背上。契爾塑造的坎伯蘭身穿現代服飾，頭戴三角帽，長劍拔在手上，同樣以鉛鑄造。坎伯蘭的高大身材廣為人知：契爾如實呈現，並讓他騎上一匹也很健壯的馬。一七七〇年，雕像設立在廣場中央的基座。坎伯蘭面朝北方，於是他看似在向蘇格蘭恫嚇揮劍。

史卓德若從卡文迪許廣場北邊的家中走去，得以欣賞雕像最引人注目的角度：坎伯蘭的正面和他的劍尖。不幸地，交通動向大多從牛津街進入卡文迪許廣場。這意味著，對大部分人來說，雕像首先映入眼簾的是龐大馬屁股，頂端是人的背面，尺寸同樣驚人。

這座雕像引起廣泛的嘲笑，其中一個原因是卡文迪許廣場尚待開發，目前出租土地給農民，他們把家畜養在雕像周圍。在一七七一年出版的倫敦建築著作中，約翰・史都華（John Stewart）描寫：「此處顯然企圖激發心中的田園想像，試著把幾隻驚慌的羊關進木圍欄以實現目標；若非羊隻的煤灰毛色和孱瘦身軀，這裡更適合讓人想起肉販的羊圈。」[8]不用說，史都華使用「肉販⑤」這個詞彙並非偶然。

隨著倫敦在周圍開發成長，坎伯蘭的雕像仍舊立於廣場，不受喜愛，還偶爾遭到嘲笑。

從一七八〇年代起，英國當權者對蘇格蘭的觀點開始轉變。高地服飾的禁令在一七八二年撤銷。一八一四年，蘇格蘭作家華特．史考特（Walter Scott）出版小說《威弗利》（*Waverley*），背景設定在一七四五年的蘇格蘭戰事。史考特書中的主角愛德華．威弗利（Edward Waverley）是代表大不列顛參戰的英格蘭人，卻發現自己同情詹姆士黨志業的崇高品德與傳奇。（小說輕描淡寫帶過卡洛登戰役。）在那時，喬治三世因病無法管事，他的兒子以攝政王的身分掌權。王子讀了《威弗利》並深深讚賞：他在一八一八年封史考特為爵士。登基為喬治四世（George IV）國王後，他在一八二二年訪視蘇格蘭。自一六五一年的查理二世（Charles II）以來，他是首位跨越邊界的大不列顛在位君王。

史考特爵士為喬治四世來訪安排一場盛會。他向新上任的國王呈贈皇家格紋樣式，日後冠上「皇家斯圖亞特」的隆重名稱，並教導國王對高地文化表示尊敬，甚至自視為一位高地氏族長。國王熱愛扮裝，歡快接受這一切，假扮成英俊王子查理與漢諾威家族的後裔。他恢復詹姆士黨人遭剝奪的貴族頭銜。到了一八三六年，卡洛登原野成為旅遊景點。[9]

一八三七年登基的維多利亞女王（Queen Victoria）喜愛蘇格蘭，時常到訪。她認為自己既是斯圖亞特，也是漢諾威家族的成員。「女王陛下始終斷言自己是一位堅定的詹姆士黨

⑤ 肉販跟屠夫的英文是同一個字（butcher）。

人。」她的傳記作者里頓．史崔奇（Lytton Strachey）描寫。[10]一八五二年，女王的丈夫艾伯特親王（Prince Albert）買下巴莫洛城堡（Balmoral Castle）⑥，這對王室夫妻特意裝飾數量多到荒謬的格紋布。一尊艾伯特親王身穿高地服飾的雕像立於門廳。艾伯特死後，維多利亞女王與狩獵侍從約翰．布朗（John Brown）變得親近：一位過分直率、穿蘇格蘭裙的蘇格蘭男子，稱呼女王「女人」而非「女士」，並在茶裡摻威士忌款待她。布朗與女王的親近程度引來不太敬重的漫談——甚至包括她自己的女兒，戲稱布朗是「媽媽的情人」。[11]無論兩人關係的真正本質為何，維多利亞必定樂於接納高地人的硬朗形象。這包括由布朗籌辦的狩獵侍從年度舞會：興奮激動、喝得醉醺醺的熱鬧聚會，滿場盡是利爾舞曲、吉格舞曲⑦和飛旋的毛皮袋。這不太符合女王陛下的慍怒寡婦公眾形象，而且在她祖父喬治三世的年代處處違法。

到了十九世紀，一七四五年叛亂已獲王室的熱忱認可而徹底理想化。可是還有一個問題，也就是維多利亞女王的曾叔父：坎伯蘭公爵威廉，人稱卡洛登屠夫。據信是維多利亞親自下令刮除溫莎大公園坎伯蘭紀念方尖碑上的「卡洛登」字眼，不過方尖碑仍舊矗立。[12]「坎伯蘭在卡洛登戰役的勝利本應象徵著現代化與統一，但他的殘暴作風卻日益成為實現這一願景的阻礙。」歷史學者莫瑞．皮塔克（Murray Pittock）分析。[13]那代表坎伯蘭必須被逐出大不列顛英雄的萬神殿。為了做到這一點，大眾史書籍開始宣稱他一直是反派角色。一八五六年首度出版的《英格蘭全史》（*The Comprehensive History of England*）中，描述坎伯蘭「在蘇格蘭留下**屠夫**的名號，比誰都率先厭惡殘暴的英格蘭人民，立即承認卡洛登的英雄適用此頭銜。」[14]卡洛登戰役依然是象徵英格蘭的勝利、現代性與團結的歷史敘事：只是現今的歷史書寫，是透過英格蘭人民對坎伯蘭的行為的**唾棄**所展現；而在坎伯蘭的時代，這些則表現在人們對他的**頌揚**。

一八六八年，第五代波特蘭公爵將坎伯蘭像移下卡文迪許廣場的基座。官方說明是雕像的鉛製身軀嚴重劣化，需要修復或整尊重鑄。這大概是真的，儘管可能並非唯一原因。波特蘭莊園承諾，坎伯蘭像很快就會回歸。此後雕像沒再出現，鉛也許全數融化另作他用，或是有部分雕像獲得妥善存放。傳聞說某部分的雕像保存在一間倉庫，於二戰炮火中摧毀，不過這些說法未獲證實。「我懷疑卡文迪許廣場的坎伯蘭像仍有碎塊存放在某個地方。」歷史學者路易斯．巴斯頓（Lewis Baston）表示。他舉愛爾蘭的坎伯蘭像為例，如今可以在畢爾城堡（Birr Castle）見到雕像被砍下的頭。[15]

帕森斯鎮在十九世紀末改回愛爾蘭名稱畢爾（Birr）。在那裡，契爾打造的鉛製坎伯蘭

⑥ 位於蘇格蘭，日後成為英國王室的夏季避暑去處。

⑦ 利爾舞曲（reel）和吉格舞曲（jig）分別是蘇格蘭與愛爾蘭的傳統舞曲。

像同樣嚴重劣化，於一九一五年撤下。據說駐守在附近克林克丘堡壘（Crinkhill Barracks）的一些蘇格蘭士兵，無法忍受屠夫高高在上睥睨他們。不清楚究竟損壞是移除政治層面令人尷尬雕像的托詞，抑或政治考量是移除損壞雕像的藉口，無論如何，雕像撤下了。

在畢爾和倫敦兩地，坎伯蘭像曾高立的基座都還存在。畢爾的基座是位於鎮中心的高聳圓柱，頂端空無一物，時不時有人討論放上另外某個人的可能性。二〇〇九年為此展開調查的一間建築事務所駁回這種想法：

> 從維護的角度來看，有一項指導原則是保存發現的文物，好讓建築物或結構講述自身的故事，對本地人與遊客皆然。無論如何，基於維護的立場，唯一應當修復的是坎伯蘭公爵的雕像。然而，由於公爵像僅有碎塊留存，修復已無可能。立起不同人物的另一尊雕像需要建築許可，並且無疑將會引來爭議。[16]

所以在畢爾的坎伯蘭柱頂空無一物，倫敦的坎伯蘭基座上方同樣空空蕩蕩。倫敦的基座依然刻著原有的獻詞：

坎伯蘭公爵威廉

此騎馬像的樹立者為
中將威廉・史卓德
為感激他的私人恩情
為榮耀他的公眾美德

不過，故事還沒說完——因為有一尊坎伯蘭像當真短暫重返。

二〇一二年，坎伯蘭公爵威廉騎馬像重新出現在卡文迪許廣場的基座上，這次並非鉛鑄，而是用肥皂做的複製品，由韓國藝術家申美璟（Meekyoung Shin）設置。儘管雕像的原始設計圖或模型沒留下，申美璟找到它的一八〇八年蝕刻版畫。她用那張畫比對國立陸軍博物館（National Army Museum）收藏的十八世紀中期坎伯蘭小塑像——可能是照著契爾的雕像翻製的那些家用飾品。

申美璟開始用黏土塑造她的坎伯蘭像，她設計一具金屬架讓模型直立，接著以肥皂澆鑄，成分包括椰子油和環境友善的棕櫚油。二〇一二年七月，就在倫敦舉辦奧運前，一架起重機將雕像吊上基座。「隨著雕塑在天氣的影響下受到侵蝕，香芬肥皂將會分解並釋放出香氣，」一旁的立牌說明，「雕像的細節將隨著時間軟化與褪色，象徵我們賦予公共紀念碑的意義可能變動，我們的歷史亦然。」[17]

儘管卡洛登戰役至今過了兩百六十六年，但肥皂塑造的坎伯蘭依然引起不安。「我認為這是個糟糕的點子。」聖安德烈十字學會（Saltire Society）⑧主席保羅・史考特（Paul Scott）說，「據我所知他沒有什麼能加分的特質，絕對不值得設立雕像。基座應該保持空無一物。」代表卡洛登的無黨籍議員羅德里克・巴爾弗（Roderick Balfour）表示贊同：「我知道本地人會把那視為侮辱，即使是一座肥皂像，而且可能非常快就會被雨水沖掉。這無益於改善高地與英格蘭間的關係。」

倫敦西敏市議會（Westminster City Council）副黨魁羅柏特・戴維斯（Robert Davis）為肥皂像辯護：「它將基於天氣受到侵蝕的事實，讓藝術家得以延伸評論歷史認知隨著時間改變。」[18]

申美環除了探討歷史記憶的易變本質外，她的塑像散發香味使人聯想到《馬克白》（*Macbeth*）第五幕第一場。馬克白夫人在夢遊，幻想自己擦不掉手上的血漬：「這裡還有血的味道；全阿拉伯的香水也無法讓這隻小手變香。」在蘇格蘭的悲劇發生後，香水也無法讓坎伯蘭的名聲變好，肥皂同樣沒辦法洗淨。由於倫敦的氣候與汙染，塑像並未溶成肥皂水，反而變得黏稠。塵土攀附其上，漸漸從原本的純白外表變成苔蘚綠、鏽褐色，然後是髒兮兮的灰色。巨大裂縫貫穿塑像側面，四肢開始接連掉落。申美環原本預期塑像可以維持一年。事實上，它頑強地挺過四年。坎伯蘭像的汙濁殘骸最終在二〇一六年從基座刮除。

卡洛登的屠夫似乎不可能在任何地方永久重現，儘管如此，綜觀雕像的歷史，斬釘截鐵做出預測並不明智。倘若蘇格蘭邁向獨立，英國國族主義者可會對一度被視為現代性象徵的王子重拾同情？我們只能等著看。此刻，回想起坎伯蘭公爵威廉時，在蘇格蘭和愛爾蘭普遍受到厭惡，在英格蘭則感到尷尬。或許畢爾的空柱和倫敦的空基座正好說出必要的歷史敘事：坎伯蘭這位曾經統一大列顛群島的英雄，如今卻遭英格蘭、愛爾蘭和蘇格蘭所共同切割。

⑧　聖安德烈十字學會是推廣蘇格蘭文化的團體；蘇格蘭國旗即以聖安德烈十字為標誌。

第三章 深受崇拜的領袖

約瑟夫．史達林

地點：匈牙利布達佩斯／設立時間：一九五一年／倒下時間：一九五六年

這是一則為自身立起數千尊雕像者的故事。他在喬治亞的哥里（Gori）出生時，名叫約瑟．朱加許維利（Yoseb Dzhughashvili）。較廣為人知的是他自己取的名字：約瑟夫．維薩里歐諾維奇．史達林（Iosef/Joseph Vissarionovich Stalin）。故事關於布達佩斯的一尊雕像，位於蘇聯的衛星國匈牙利。然而，要明白那尊雕像的意義，以及雕像立起與倒下時的恐怖氣氛，我們必須回到史達林自身的故事。

在史達林親手塑造的謊言之中，往往很難辨別關於他的事實。種種混淆包括他的出生年，有一八七八年、一八七九年、一八八〇年與一八八一年等多種說法（最早提出的是一八八一年）；他的家庭背景（他父親的身分遭到質疑）；他的在學表現（良好，但不如日後宣揚得那麼優秀）；以及他中止接受神職人員訓練的原因（他選擇離開神學院，儘管他偏好更刺激的講法，說自己遭到開除）。即使還年輕，他開始在自身周遭創造神話。直到選定史達林這個名字，意指「擁有鋼鐵意志者」時，他已經用過其他許多名字，包括科巴（Koba）、瓦西利（Vasily）、伊凡諾維奇（Ivanovich）、薩林（Salin）、索林（Solin）、史蒂芬（Stefin）和卡托（Kato）。他的身分認同擺盪在喬治亞人與俄羅斯人之間：他直到八、九歲才學俄語，成年仍會口誤。沒人膽敢糾正他。[1]

俄國革命期間，史達林崛起為布爾什維克領導階層的重要人物。他成為一位政治論述家，在《真理報》（*Pravda*）發揮敘事能力撰寫文章。列寧在一九二二年病倒時，史達林常前往探視——儘管他並不總是受到歡迎。「史達林太粗魯了，」列寧在一九二三年初寫下，「因此我向同志提議，想個方法開除史達林，他的職位另外任命某個具有優異特質的人，諸如更有耐心、更忠誠、更有禮貌且更關懷同志、不那麼任性等等，在各方面皆有別於史達林同志的人。」[2]不久後，列寧第三度中風發作。他會再活九個月，到一九二四年初，但身體非常虛弱。倘若列寧在喪失行為能力前打垮史達林，蘇聯的歷史演進可能會截然不同。然而機運使然，史達林躲過了隱喻意義的（或可能是真正的）子彈。日後史達林也會改寫這段歷史，展現自己跟列寧的關係全然團結和睦。

列寧死後，史達林設法操控政敵，同時漸漸收緊對權力的掌控。他個性執著、需要關愛，情感面卻很孤立：這是危險的組合。「他的人格傾向產生猜疑幻想，然而悲哀的是，他獲得機會去迫害數百萬人民，以發洩自身的心理創傷，」他的傳記作者羅柏特・瑟維斯（Robert Service）描寫，「他是一場隨時可能爆發的人類災難。」[3]史達林展開一系列肅清行動，剷除政敵、黨員和平民。數百萬人遭到監禁或刑求，強迫勞動、遭到殺害或遣往古拉格勞改營。他迫使蘇聯陷入一場「文化革命」，攻擊宗教、藝術、科學及知識分子。

史達林肖像的呈現方式具有嚴格限制，任何違反者將蒙受嚴重後果。他喜歡的其中一張照片裡，有一位可愛的八歲女孩抱著他，獻一束花給他，女孩名叫安喬席娜・「喬雅」・瑪吉科娃（Engelsina ‘Gelya’ Marzikova）。照片在一九三六年拍攝，史達林命令西伯利亞的裝飾藝術風格雕塑家喬爾基・拉夫洛夫（Georgiy Lavrov）將它製作成雕像。史達林與快樂的蘇維埃兒童像大量製造，設置於全蘇聯的學校、醫院和公園。

一九三七年，喬雅的父親遭指控為反史達林分子，祕密警察把他從家中帶走處決。喬雅的母親被關一年，獲釋後旋即在離奇意外中身亡。喬雅的家人遭到清算，在蘇維埃的政治宣傳者看來十分棘手。他們不能移走以喬雅為主角的雕像，因為史達林也是雕塑的人物之一。移除或毀損史達林像的下場是一張通往古拉格的單程車票，或者更糟。可是仍年僅十歲的小女孩如今淪為政治層面不受歡迎的人物，不能跟史達林一起出現。

他們的解決方案是尋找另一位快樂的蘇維埃兒童。十三歲的少先鋒滿拉卡・娜漢戈娃（Mamlakat Nakhangova）採收棉花表現傑出，獲頒列寧勛章。沒錯，滿拉卡顯然比喬雅大幾歲，不過蘇維埃人民學會忽視這類事物，好在史達林主義下倖存。雕塑家拉夫洛夫並未從旁表示異議：在一九三八年，他也遭到清算並遣送勞改營。

前任快樂的蘇維埃兒童喬雅設法躲藏。成長期間她改用阿姨的姓氏，到處看見自己的雕像，卻必須假裝那不是她。一九五三年史達林過世後，這些雕像遭到移除。一九九〇年左右，時年六十多歲的喬雅在烏蘭烏德參觀博物館時意外看見一尊。「事情很有趣，」她告訴一位記者，「我們跟著導覽上樓，人群裡有個女人在窗邊看見那尊雕像。它是從地下室搬來，在史達林的指間有鏽，看起來像血。那女人問導覽，『為什麼還保留這座雕像？』而我回答，『因為我們之中有個人還活著。』」[4] 喬雅在二〇〇四年過世。

當納粹威脅在歐洲興起時，史達林試圖避免跟希特勒開戰。希特勒並未領情。納粹德國在一九一四年入侵蘇聯。既震驚且難堪的史達林主導反擊行動。事後證實，入侵蘇聯是希特勒犯的大錯；與此同時，史達林與邱吉爾、羅斯福聯手，成為「三巨頭」的一分子。在前蘇聯的許多地區，人們記憶中的第二次世界大戰依舊稱為偉大的衛國戰爭，史達林則是有瑕疵卻戰功彪炳的指揮官。現今某些前蘇聯國家感到不滿，認為西方淡化蘇聯對於擊敗希特勒的關鍵貢獻，好讓英美自身的愛國敘事得益。這助長了史達林在俄羅斯與某些前蘇聯國家的形象重建，包括喬治亞。

戰後史達林肅清手下將領，並掀起新一波政治宣傳活動，駁斥對於同盟國陣營與西方的軟化輿論。他將統治延伸至匈牙利、波蘭、東德、捷克斯洛伐克、羅馬尼亞、保加利亞與阿爾巴尼亞，在南斯拉夫則較為寬鬆。這些國家統稱為「衛星國」，或是東方集團，大多受到嚴格的史達林主義統治，加上蘇聯施加的種種政治宣傳與鎮壓。「史達林投注全副心力去製造假象或錯覺，」另一位傳記作者羅柏特・康奎斯特（Robert Conquest）在一九九一年寫下，「正是這一切藉由謊言實現的支配，即使在後史達林時代，導致蘇聯維持落後、道德腐敗、經濟造假與普遍墮落的狀態，直到近十年，真相才變得迫切到難以迴避。」[5]

史達林在一九四九年十二月二十一日慶祝七十歲大壽。這個日期並不準確——他生於一八七八年十二月六日，所以實際上已滿七十一歲數週。莫斯科在官方的日期舉辦盛大慶典：一顆巨大氣球飄浮在克里姆林宮上方，表面投映史達林的臉，好似一位中世紀的聖人從天空放射光束。[6]

在衛星國匈牙利，布達佩斯舉辦史達林像設計競賽為他慶祝生日，得主是雕塑家桑多・米庫斯（Sándor Mikus）。市政府起初提供三十五萬匈牙利福林（forint）的預算，不過完工費用超支達二十七倍。為了在城市公園（Városliget）外圍的公園巷起點設置巨大雕像，聖母瑪利亞教堂（Regnum Marianum church）、劇院和電車站必須全數拆除。雕像樹立的地點更名為史達林廣場。雕像揭幕日比原先的預期晚了一年，選在史達林（官方的）七十二歲生日，即一九五一年十二月二十一日。

布達佩斯的雕像相當巨大，這一點很重要：真正的史達林身高五英尺四英寸①，且對此非常不滿。每當在公開場合現身，他穿厚底鞋並站在箱子上。「這讓他顯得可悲，因為他無法說服所有人，包括他自己，相信他是比其他人都高大的男人。」尼可萊．布哈林（Nikolai Bukharin）②表示。[7] 史達林痛恨自認比他高的任何人，同時卻譏諷其他矮小的人。史達林日後回想，第一次見到列寧時他感到失望：他曾想像列寧是「一位偉人，散發威嚴與氣度」，卻發現列寧本人反倒「低於中等身高，與普通凡人毫無區別，真的完全沒有。」[8] 列寧比史達林高一英寸。

史達林相信自己理應身為巨人，一如所有的史達林像，布達佩斯的雕像依照他的憧憬去塑造：高八公尺，由本身立於寬闊平台的紅色石灰岩基座架高。這處紀念碑的總高度是二十五公尺。真正的史達林對於身上的天花疤痕和較短的左臂感到不自在，那是在一次毒血症發作後受損。青銅像的肌膚光滑，比例平衡，腰身窄瘦。這尊雕像有部分靠熔毀其他雕像製成：古老的匈牙利雕像被拆除，因為共產黨政權認為它們在政治層面引起反感，隨後熔掉，為史達林銅像所需的兩萬零八百四十公斤做出部分貢獻。[9] 基座上，史達林的名字拼成匈牙利語音譯：SZTÁLIN。

「史達林以前在我們身旁；如今他將更與我們同在。」一位忠誠的記者描寫，吹捧得有點過頭，「他將監督我們的工作，他的微笑會替我們指引方向。我聽人說過，在莫斯科，人們習慣在著手重要任務的前後到紅場參見列寧同志……毫無疑問，同樣的情況會在本地的史達林同志像發生……我們應該親自拜見，去『討論』我們的問題……我們的和平之父與指引者永遠不會拒絕我們。」[10]「個人崇拜」一詞並非誇大。這篇文章敦促匈牙利人向史達林像禱告。

一九五三年三月，腦溢血導致史達林倒下死去。政府當局命令布達佩斯人民到他的雕像前哀悼，預期十萬人到場；實際人數是三倍。公園刮起強風，沒人聽得見匈牙利的部長輪番發表演說。人群往前擠，撞上讓他們跟史達林像保持距離的繩索。布達佩斯警察首長桑多·科帕西（Sándor Kopácsi）記得前排的人遭到推擠踩壓，他命令警員割斷繩索：「讓他們爬到雕像上。」警員用刺刀鋸斷繩索，人群散入巨大青銅像周圍的區域。科帕西憶

① 約一六二一公分。

② 布哈林與史達林同為布爾什維克的領導階層。

述，當群眾衝到匈牙利共產黨領導階層身邊並攀上雕像基座時，他們渾身顫抖。「我相信這是他們第一次這麼近距離看見人民。」[11]

一九五六年二月，史達林的繼任者尼基塔．赫魯雪夫（Nikita Khrushchev）發表俗稱的「祕密演說」。內容對外界，而非蘇聯人民保密：編輯過的文稿印製數百萬份，並在蘇聯各地宣讀。演說中，赫魯雪夫譴責史達林，並展開「去史達林化」計畫——意即自由化。[12]「天才與殺人犯不能結合成同一人。」赫魯雪夫在回憶錄裡寫下，「成千受害者不應與加害者並置，放任史達林的真正作為無人說明。你不能將兩尊雕像放上同一個基座。史達林是一個行凶者！」[13]

在蘇聯的某些地方，人們毀損史達林像作為慶祝。與此同時，喬治亞有一場反對赫魯雪夫的浩大示威，因為他侮辱二十世紀最著名的喬治亞人。在史達林主義的嚴密控管過後，危險時刻到來。自由化會開放到什麼程度？蘇聯與衛星國的人民會接受和緩的改革，或是要求更多？

一九五六年夏天，赫魯雪夫將史達林的門徒馬蓋許．拉科西（Mátyás Rákosi）逐出匈牙利領導階層。拉科西不受匈牙利人歡迎，人們在確保他沒聽見時，稱他為「禿子」或「討厭鬼」。拉科西被埃諾．蓋洛（Ernő Gerő）取代，不太有人覺得他來領導會有起色。到了十月，布達佩斯的學生表達不滿心聲。引爆誘因在十月二十一日點燃，另一個衛星國波蘭選出瓦達斯洛・戈穆卡（Władysław Gomułka）擔任第一任總書記。戈穆卡並非激烈的反蘇人士，可是他反對蘇聯軍隊駐守波蘭，主張國家應該設定自有的經濟與政治政策。赫魯雪夫對戈穆卡當選感到震驚，飛去波蘭試圖逼迫他站在同一陣線，卻遭斷然拒絕。這些反抗舉動啟發匈牙利學生，在十月二十三日發起自身的抗議活動。

那天早上，匈牙利學生與一些教授、作家，甚至是共產黨員，共同宣告一項要求清單。內容包括撤回蘇聯軍隊、選舉自由、言論自由，以及移除史達林像。到了下午，學生聚集在另一尊雕像前：約瑟夫・貝姆（Józef Bem），這位波蘭將領曾加入匈牙利陣營，為歷史上的一八四八年革命作戰。象徵意義十分明顯。跟波蘭人相仿，匈牙利人排斥外國、也就是蘇聯的管控。現場聚集數千人，工廠工人與一些匈牙利士兵加入學生的行列。匈牙利國旗原本是紅、白、綠三色旗，中央有共產黨的錘子、麥束與紅星，抗議者高舉的旗幟已撕下共產標誌。

晚上六點時，暴增到二十至三十萬人的群眾湧入國會廣場。人們想要的領導者伊姆雷・奈吉（Imre Nagy）發表演說，言談間稱呼群眾為「同志」而引起失望；人們不想要的領導者蓋洛則讓事態更形惡化，表明他們只不過是「企圖惹麻煩的一群暴徒」。[14] 一大夥人決心立即履行他們的一項要求：拆除史達林的銅像。某個人已經往銅像脖子掛上告示牌，寫著：「俄國人，如果你們跑了，請別把我留下來。」[15]

儘管見證人可能多達十萬，但是很難確切重述群眾來到史達林像面前時，廣場上究竟發生什麼事。沒人錄下影片，拉倒銅像的不久前、當時與事後都有拍攝照片，但它們無法證實確切的事發經過。此後多年，匈牙利禁止公開談論銅像的遭遇。到了一九八〇年代末，當事件能夠重提時，有些回憶已不復當年清晰。有些目擊者記述在一九九〇年代蒐集，以及早先由外國記者或逃出國的匈牙利人留下的少許紀錄，其中部分相互矛盾。

儘管如此，記述一致認為拉倒銅像困難得不可置信。行動在晚間七點至七點四十五分間展開，繩圈數度綁在銅像頸間，抗議者試圖用卡車拉倒銅像，可是繩索一次次斷裂。「連最堅固的電纜也撐不住，因為銅像內部用一根拱形大鐵條牢牢固定。」參與者米哈伊・奈吉（Mihály Nagy）憶述，「施工者審慎考量過，他們想讓銅像成為耐久的作品，連把它炸毀都很困難。」[16]

據警察首長科帕西描述，市議會已經決定必須移除史達林像，或把它遷移至不顯眼的某個地方，不過這消息尚未公開。他接獲報告，介於十萬至二十萬的抗議者正蜂擁包圍銅像。群眾高喊：「讓銅像倒下！俄國人滾回家！」[17] 科帕西問下屬中尉基斯（Kiss）附近有多少警員在場，答案是二十五人。

「我想，以二十五位警員的人力，你們不會打算去驅散十萬人的群眾？」他詢問。

他記得基斯沉默片刻，接著說：「我們有四十把步槍，上校同志。」

科帕西明白，這批警員準備朝群眾開槍，他沒有下達指令。到那時候，技師丹尼爾·塞古（Dániel Szegő）拿焊燒金屬的設備在史達林的左腳施工，藍色火焰在青銅表面爆出火花。人們從附近的電車徵用鋼索，套住史達林的脖子，另一端接在卡車上，緩緩往反方向開。

科帕西嘗試辨認企圖拉倒銅像者的身分。「他們是佩斯（Pest）一間大工廠的工人，」他告訴基斯，「他們是唯一有辦法動用那種設備的人。」他想過要補上一句：「……而且有膽量採取行動。」他要基斯派便衣警員到人群裡，警告人們銅像重達數噸，他們應該至少往後退一百公尺，避免被倒下的銅像壓到。[18]

群眾的情緒歡快，興奮得開始朝史達林像嘲諷高喊：「撐住啊，小約瑟夫！」畫家與作家蓋博·加拉森（Gábor Karátson）解釋：「因為我們都知道，它不想倒下……『小約瑟夫撐住啊！』——這絕非史達林主義者的呼喊，說真的反而有點像大家在展現運動精神，因為它在那裡落得勢單力薄，無論它多麼巨大，我們的人數更多。」[19]

鋼索切割青銅。「不，它掉下來的樣子，真的就像一顆皮球，彈跳幾次才靜止。」伊茲凡·加萊（István Kállay）回想，當時他經營地下廣播電台。[20]

「那是一種非常詭異的聲音，」史蒂芬·維辛齊（Stephen Vizinczey）憶述，他是在場見證銅像倒下的其中一位學生，「好幾千人發出喜悅的感嘆，我想大家全都覺得是在創造歷史。」[21]

記錄的倒下時間有多種說法，介於九點二十一分至九點三十七分之間。基座上只剩史達林的靴子。

銅像倒下後，鋸子和鐵錘的聲響迴盪廣場，因為人人都想劈下一小塊史達林當紀念品。其他人遊蕩在布達佩斯街頭，鑿除建築物上的紅星。殘缺的銅像隔天裝上卡車，載往布拉哈路易薩廣場（Blaha Lujza Square）的人民劇院，預計在那裡拆解。一位年輕人拿來附近的道路施工標示，擺在史達林遭切除的頭部：「死路」。[22]

匈牙利革命就此展開，掀起衛星國中率先反抗蘇聯掌控的武裝起義。

從一九五六年十月二十三日一直到十一月四日，數千匈牙利人鼓起勇氣、機智與決心，反抗本國政府與蘇聯部隊的鎮壓勢力。在結束的那一天，赫魯雪夫派出坦克車。革命人士回擊——有幾次他們跳上坦克車，把手榴彈扔進駕駛窗內，猛然關窗，再跳下車。然而抗軍的武器有限，且被切斷外援。他們毫無勝算，紅軍陣容包括兩千五百輛卡車、一千輛後援車輛、介於七萬五千至二十萬人的男女戰士，革命遭到平息。

效忠蘇聯的亞諾斯．卡達（János Kádár）組成新政府，他在十一月七日隨紅軍坦克車隊從莫斯科回到布達佩斯。超過十萬人由於參與革命被捕；三萬五千人受審、兩萬六千人坐牢，據信約六百人遭到處決。與此同時，約二十萬匈牙利人越過國界逃往奧地利或南斯拉夫，淪為難民。蘇聯寄望棘手人士或許可以自行消失，允許他們離境。幾週後的一場新年派對中，赫魯雪夫大肆宣告他與同僚全都是史達林主義者。距離祕密演說不到一年，他放緩自由化，自覺做得太過火並失去掌控。[23]

史達林銅像倒下後，從布達佩斯傳出的照片深具力量。殘破的靴子擺明擱在那人的名字上方：SZTÁLIN。當地人如今稱史達林廣場為「靴子廣場」，後來改名為閱兵廣場。新的匈牙利政府移除靴子，在基座放上一枚紅星，底部寬闊平台上的浮雕遮蓋起來。一九七五年浮雕也被移除，平台重新鋪設大理石和花崗岩。一尊較小的列寧像在廣場立起——設置於地平面，像是處於平等地位，而非矗立在傲然高度睥睨匈牙利人。

科帕西亦親身投入革命，且於運動遭鎮壓後入獄。當獄友問他們為何坐牢，革命人士時常回答：「我是雕塑師。」他說明：「雕塑師代表參與破壞史達林像而入獄。」[24]

共產主義時期結束後，不受喜愛的殘餘史達林像基座終於跟列寧像一齊移除。二〇〇六年，也就是史達林像倒下的十五週年，新的紀念碑在原址揭幕，命名為一九五六年匈牙利革命中央紀念碑。閱兵廣場再度易名，如今稱為五六廣場（Ötvenhatosok tere）。一群匈牙利藝術家與建築師以抽象風格設計新的紀念碑。生鏽金屬柱排成三角形森林，匯聚在閃閃發光的鋼製尖端，意圖喚起一九五六年抗議群眾從貝姆像遊行到此地的情景，由單獨個體慢慢結合成一股強大力量。

整個歐洲的共產主義最終在一九八九年垮台。匈牙利的政權和平轉移，一九九〇年舉行首次自由選舉。隨著新時代展開，匈牙利與許多前衛星國相仿，難以擺脫大批不再需要的雕像。多座醒目的蘇聯雕像移置布達佩斯外圍的一小片區域，日後轉型成戶外博物館。雕塑紀念公園（Memento Park）於一九九三年對外開放：原先屬政府發起，隔年交由私人企業接手。每天都有一些遊客從布達佩斯來這裡探險，搭乘緩慢的公車或昂貴的計程車，與已消逝世界的遺跡合影留念。園區展示一九四〇年代至一九八〇年代的雕像與紀念碑，包括眾多列寧像、馬克思與恩格斯、保加利亞首任共產黨領袖格奧基·季米特洛夫（Georgi Dimitrov）、多位匈牙利共產黨人，以及工人、烈士、匈牙利與蘇聯的友誼和其他種種紀念碑。

雕像在現代磚造建築間審慎正式排列，園區設計師是歷史紀念碑工程博士阿科斯·伊利奧德（Ákos Eleőd）。「這座公園同時訴說著獨裁與民主，因為唯有民主才讓我們有機會秉持人性尊嚴對待前政權的倖存紀念碑。」現今協助園區營運的朵拉·茲庫利克（Dóra Szkuklik）闡述，「這不是仿製品的展覽，而是一席紀念。」

伊利奧德籌設園區時參照雕像的原始建築與雕塑藍圖，也作為對於極權政府的評價。「這座公園的重點並非雕像或雕塑師，而是要批評利用這些雕像當成權威象徵的意識型態。」他透露。公園的網站強調這一論點：「雕塑紀念公園非關共產主義，而是關於共產主義的垮台！」[25]

雕塑紀念公園裡沒有史達林的靴子，據信早已失蹤。然而園區確實有一座它們的雕像，由伊利奧德在二〇〇六年打造，用來紀念匈牙利革命十五週年。這雙靴子以青銅鑄造，並非原初史達林靴子的完美複製品：伊利奧德企圖藉由雕塑致敬，而不是製造複本。現今立於布達佩斯的史達林靴子像不僅是雕像的雕像，而是緬懷拉倒一座雕像的雕像。

★

史達林在世時，他的個人崇拜成效非凡。「如果說蕭伯納（George Bernard Shaw）的主張屬實，政府的藝術是偶像崇拜的擘劃，那麼史達林就是二十世紀最偉大的政治家——事實上，或說是現代最偉大的政治家也不為過。」史達林的另一位傳記作者華特・拉克爾（Walter Laqueur）在一九九〇年描述。拉克爾補充一條但書：「史達林不只要同時代人的吹捧，也想得到後代人的恭維；從這個角度來看，他就沒那麼成功了。」[26]一九五六年赫魯雪夫的去史達林化與後續發展中，許多史達林像遭到移除，還有更多在共產主義倒台時拆除。

儘管如此，拉克爾的話也許說得太早。在俄國，史達林的名聲已大幅恢復。俄國備受看重的獨立民調機構列瓦達中心（Levada）指出，二〇一九年達百分之七十的俄國人認可史達林的歷史角色，僅有百分之十九的人否定。儘管俄國總統弗拉基米爾．普丁（Vladimir Putin）尚未積極支持史達林，但他附和史達林主義者的用語，並利用極力美化俄國歷史帶來好處，主要著眼在第二次世界大戰。「史達林作為一種想像、而非真正的歷史人物，成為秩序與正義理念的化身，在俄國人體認的光榮過往中位居核心。」卡內基國際和平基金會莫斯科中心（Carnegie Moscow Center）的安德列．科列斯尼科夫（Andrei Kolesnikov）在二〇二〇年分析。[27]在當今的紅場，史達林墓前永遠有鮮花。

隨著史達林變得更受歡迎，雕像又開始樹立。二〇一〇年五月，後共產主義時期的第一尊史達林像在烏克蘭扎波利茲亞（Zaporizhya）揭幕，由當地共產黨籌劃，使用二戰退伍軍人的捐款。此舉引起廣泛爭議，並遭到烏克蘭政府官員譴責。「我們不應為暴虐人士建立紀念碑，」烏克蘭司法部長表示，「我們一定要認識他們，並且熟知他們的作為。我們必須從歷史學到教訓，避免重蹈覆轍。」[28]立於花崗岩基座的及腰史達林鋼像高二點五公尺，存續時間並不長。二〇一〇年十二月三十一日，塑像在總檢察長描述的「恐怖主義事件」中被炸碎。[29]

引人注目的是在同一年，一尊史達林胸像也在美國小鎮揭幕，地點是位於維吉尼亞州貝福德（Bedford）。它是二戰同盟國領袖系列胸像的其中一尊，與羅斯福、杜魯門和邱吉爾共同展示於諾曼第登陸紀念園區。胸像的說明牌寫著：「緬懷在史達林統治下死去的數千萬人，並向展現英勇、忠誠與犧牲壯舉，使他與他的後繼者在冷戰失利的所有人致敬。」大多數人並未細讀說明牌。當地人對於貝福德史達林像的反應，從疑惑、受冒犯到震驚皆有。只過了三個月，胸像就被移走，據說要安置在別的地方，它沒再出現過。[30]

這些史達林像的遭遇並未嚇阻其他人。二〇一九年五月，伴著貝多芬〈第五號交響曲〉的旋律，一尊史達林胸像在俄國新西伯利亞的共產黨總部揭幕。二〇〇六年以來，地方黨部一直試圖設立新的雕像，但計畫被當地政府斷然駁回。二〇一四年由共產黨市長當選時，想法重新燃起——可是二〇一七年的民調顯示，百分之六十的新西伯利亞居民不想要史達林雕像，數千人連署抗議這件事。共產黨繼續堅持，試圖設置在軍方的土地。國防部表示反對，保守描述顧慮是史達林「在歷史上的爭議角色」。最後，共產黨決定把人像擺在自己的總部——他們可以這麼做，不過理由有些諷刺，因為那裡屬於私人土地。[31]

在成書當下，新西伯利亞的史達林像依然矗立——在一道高牆後方。時下的史達林像必須受到保護，以免遭無產階級的怒火波及。

第四章 雄偉勃發

拉斐爾・特魯希佑

地點：多明尼加共和國聖地牙哥／設立時間：一九四九年／倒下時間：一九六一年

於今，拉斐爾・里歐尼達斯・特魯希佑・莫里納（Rafael Leónidas Trujillo Molina）的名號在拉丁美洲以外並不響亮。這並非他的本意，[1] 在某些方面，特魯希佑與史達林特點相仿：一位惡毒無情的暴君，恫嚇身邊的每一個人。不過，史達林藉著自身的紀念雕像展現政治力量，特魯希佑展現的力量則同時帶有性暗示。

即使是在二十世紀，置身眾多凶殘、自戀的獨裁者之間，特魯希佑依然顯得突出。他統治多明尼加共和國，形成恐怖的三十年。我們只能猜想，倘若他有辦法支配更大的國家，有更多財富可竊奪，更多人民可壓迫，後果會有多麼慘烈。特魯希佑是性虐待狂、強暴犯、刑求者與殺人魔。他熱愛設立自身的雕像與紀念碑。根據估計，到他過世的一九六一年時，多明尼加有一千八百座特魯希佑的公共雕像和胸像：大約每二十七平方公里就有一座。[2]

在特魯希佑的年代，毀損或蔑視一座紀念碑極其危險。一九四〇年代，反抗特魯希佑勢力的支持者路易斯．岡薩雷茲．卡斯提洛（Luis González Castillo），用糞便塗抹特魯希佑父親的墳墓來向政權示威。特魯希佑的警察迅速追捕他。岡薩雷茲是一位強壯的男子漢，他折斷樹枝自衛，朝警察揮舞。他們槍擊他的胃部，再把他扔到附近的醫院。他哀求想喝水，但人人都漠視不理，幫助特魯希佑的敵人就是在跟特魯希佑作對。對醫療人員來說，向岡薩雷茲伸出援手的風險太高。挨到早上，他斷了氣。[3]

特魯希佑試圖化身為介於黑幫與神之間的角色。六十多年後，特魯希佑的雕像不僅全遭移除，重立雕像亦屬違法。

數十年來，特魯希佑政權的真相並未在多明尼加的學校傳授。即使到了今天，普羅大眾對他的認識多半基於軼事和傳說，而非確鑿證據。拆除特魯希佑的雕像是否抹消了他的歷史？

多明尼加共和國占據西班牙島的東部，海地位於西部。海地是法屬殖民地，曾發動世界上唯一成功的奴隸革命。海地擊敗拿破崙的軍隊，贏得本國人民的自由。這麼做卻使海地淪為國際孤兒。美國和歐洲殖民強國憂心，海地的例子可能在它們自己的領土引激起奴隸反抗。多明尼加的殖民歷史複雜，境內的歐洲勢力多半來自西班牙。受到種族歧視刺激，海地與多明尼加間一直存在張力。特魯希佑深知如何利用這一點。

特魯希佑在一八九一年生於聖克里斯多瓦（San Cristóbal），小鎮位於多明尼加首都聖多明各（Santo Domingo）的外圍。他的四位祖父母中有兩位是多明尼加人、一位是古巴人，外祖母則是海地黑人。縱然兒時敬愛外祖母，但他在日後的人生中遮掩關於她的回憶。他自認為白人，塗抹淺色粉底淡化膚色，並自我定位為多明尼加對抗海地黑人的捍衛者。

特魯希佑的青年時期不太為人所知，然而他在一九一七年加入多明尼加國家警衛隊前，顯然有一段相當輝煌的犯罪歷練。當時美國占領多明尼加共和國，美國海軍陸戰隊負責訓練多明尼加的部隊。特魯希佑接受美軍訓練，習得的技能包括刑求在內：他對此十分擅長。他在多明尼加的職位迅速晉升，先成為警察首長，接著當上將軍。他在一九三〇年發動政變並競選總統，沒有人跟他競選。特魯希佑的士兵看守投票所，凡是任何人填入另一位候選人的名字，士兵就會奉命開槍。不出所料，特魯希佑贏得大選。接下來三十一年間，他擔任多項職務，還獲得包括「祖國恩人」在內的各式尊稱，但他從未對絕對權力放手分毫。

特魯希佑建立起一種形象，獲歷史學者羅倫．德比（Lauren Derby）描述為最高明的「tíguere」。這個字是多明尼加的俚語，意指「老虎」，但用來形容「流氓惡棍，從貧窮竄升至坐擁財富與權力地位的騙徒，通常採用非法手段。」[4] 暴虎人物充滿大男人尊嚴，常在性方面侵略進取，往往好強爭勝。特魯希佑的雕像和肖像為他設計一系列富有男子氣概的服飾，表明沒有社會階層足以與他比擬，也沒有他辦不到的成就。他的雕像有些打白領帶配燕尾服，表現斯文閱歷；有些騎在馬背上，是涉險野外的強壯男人。有些讓他身穿軍服，意味著力量；另一些則身著律師袍或學士服，彰顯他的傑出才智。

特魯希佑支配多明尼加的所有生活層面。他甚至重新命名國家的首都聖多明各，從一九三六年起改稱特魯希佑市（Ciudad Trujillo）。他也把國內最高峰更名為特魯希佑峰（Pico Trujillo）。數十座公園和數個省分冠上他的名號。官方文件的日期依照特魯希佑紀元重新編年，以一九三〇年為元年。從一九三三年起，每一棟新大樓都必須掛上吹捧他的銘牌。即使在私人住家，時常看見牆上掛銘牌寫著：「En este hogar Trujillo es el Jefe」（在這間房子特魯希佑是老大）。

特魯希佑侵吞國家的財富和工商業，藉此鞏固權力，並且憑恃駭人暴力。他的政權暴力行徑獨樹一幟，某些歷史學者用戲劇化來描述。這是他刻意塑造的部分形象。他同時羞辱受寵者與敵人，從而創造一種恐怖氛圍，得寵或失寵攸關生死。他擴充軍隊至超過十五倍的規模，主要用途是閱兵。他的祕密警察駕駛黑色福斯金龜車巡視街道，隨機失蹤成為普遍日常。刑求及牢房僅棺材大小、老鼠橫行的監禁營區等著他的受害者，據傳他將政敵面目全非的屍體扔去餵鯊魚。一九三七年，他下令無差別屠殺黑人，把他們全認定為多明尼加境內的海地人。據估計，在二到五天內，一萬七千至三萬五千人被棍棒毆打或遭砍刀劈死，特魯希佑的官員曾下令不准浪費子彈在海地人身上。

如同所有的暴虐人物，特魯希佑在性事方面欲求貪婪。不過對他而言，取得首肯並不重要，抗拒性挑逗的女性面臨公開羞辱、失去工作或更淒慘的下場，有時女方的父親或兄弟會遭到監禁或凌虐，直到她們屈服為止。由於性衝動，特魯希佑別名「El Chivo」（山羊）。他自視為好色玩家而非強暴者，不知道多少受到牽連的女性會有同感。

特魯希佑對性事的自命不凡反映在紀念碑上。這類紀念碑中最早的一座於一九三七年落成，當時他在特魯希佑市舉辦盛大的嘉年華會歌頌自己。盛會由女性主持，包括他的母親、最新一任妻子和情婦莉娜·洛瓦頓（Lina Lovatón）。特魯希佑的妻子先前就不開心，因為丈夫設法讓前妻再度懷孕，而那發生在兩人離婚之後；現在她更不開心了：特魯希佑讓莉娜當嘉年華皇后。

到了歡慶活動的高峰，一座獻給特魯希佑的紀念碑揭幕：聳立的白色方尖碑，高達四十公尺，方圓數英里皆可見。紀念碑揭幕時，官員演說闡明這根巨大方柱意欲象徵的事物。特魯希佑的副總統哈辛托・佩納多（Jacinto Peynado）驕傲宣告，方尖碑體現特魯希佑的「天賦異秉」。嘉年華皇后莉娜和其餘與會女性都必須讚頌這根陽具象徵物，莉娜發言時描述特魯希佑是「用之不竭的播種人」。[5] 彷彿為了證明這一點，他很快就讓她生了兩個孩子。這座方尖碑被稱為「男方尖碑」（Obelisco Macho）。也有另一座「女方尖碑」（Obelisco Hembra），特魯希佑在幾年後建來慶祝擺脫外債，採用的造型是兩根柱體，中間形成巨大的洞。

特魯希佑可以受到許多指責，隱晦絕非其中一項。下次建造陽具紀念碑時，他還會蓋得更雄偉。

★

在多明尼加共和國的第二大城聖地牙哥（Santiago de los Caballeros），修築特魯希佑紀念碑的資金是由市民「自願」捐款籌措。

一九四四年四月三十日上午十點，工程在聖地牙哥市最高的山丘卡斯蒂歐山（Cerro del

Castillo）展開。建築師亨利・賈頌・波納（Henry Gazón Bona）將新建物設計成新古典主義風格，名稱叫作特魯希佑和平紀念碑（Monumento a la Paz de Trujillo）。一道長長階梯通往山頂，頂端是特魯希佑本人的龐大雕像，身穿學士服，手拿榮譽學位的羊皮紙證書。雕像在一九四九年落成：高十二英尺，重達四噸。

特魯希佑像後方矗立一棟宏偉的列柱式建物，格局呈正方形，一樓是雕像廳，立滿多明尼加顯要人物的胸像，包括多位特魯希佑家族成員；二樓展示特魯希佑的生活物品；三樓是總統圖書館，擺滿吹捧特魯希佑的相關書籍。雖然前方立著一尊特魯希佑像，但這處紀念園區不只有雕像：它是壯觀的複合紀念體，致力於呈現特魯希佑版本的歷史。

在這一切的頂端，一根白色巨柱拔高伸往天空，高處有環狀觀景台與「和平使者」——女子張開雙臂的銅像，貌似從球莖頂往外冒湧。效果顯而易見，幾近滑稽可笑。歷史學者艾德溫・埃斯比諾（Edwin Espinal）表示：「就象徵層面而言，它用陽具影射權力，甚至割過包皮。」[6]

表面上，紀念碑企圖宣揚特魯希佑為多明尼加帶來和平。方圓數英里內的所有人都能看出別種訊息：一座特魯希佑的雕像，矗立在特魯希佑性能力的巨大象徵物前方。雕像規模幾乎是特魯希佑市男方尖碑的兩倍，而且構造細節更加詳盡。

特魯希佑和平紀念碑落成於一九五五年，特魯希佑宣告當年為「祖國恩人年」，以此紀念他掌權四分之一個世紀。慶祝活動冠上「自由世界大會」的名號。特魯希佑自身從事殘暴獨裁統治，卻假冒自由的捍衛者與共產主義的敵人，藉此討好美國。這一次，嘉年華皇后是他的女兒安潔莉塔（Angelita）。他讓她穿上鑲鑽石、珍珠和紅寶石的絲質白禮服，七十五英尺長的裙擺以俄羅斯貂皮製成。[7]光是那件禮服就在當時花掉八萬美元，而在這個國家，工廠工人約莫每日只能掙得一至一點五美元養家活口。

沒多久，特魯希佑就在規劃一座更加巨大的紀念碑，預計樹立於特魯希佑市。又是一根龐大的白色大理石柱。這一次石柱採抽象造型，四邊呈方形，然而驚人規模如今已司空見慣。這些柱體全為白色也非偶然，這項特質強化特魯希佑的種族認同。柱頂是他本人的大理石騎馬像，由西班牙雕刻家胡安·克里斯托保（Juan Cristóbal）以五十萬美元製作。石柱使總成本翻倍，高達一百萬美元。雕像模型並未獲得一致好評。「特魯希佑坐在馬屁股上手握韁繩，看起來像根本不通曉馬術的馬戲團騎士。」西班牙《社會主義報》（*El Socialista*）的一位記者描寫，「我把這作品視為一個人道德心胸狹窄的醜惡諷刺，展現他的膨脹野心。作品中值得觀賞的是那匹馬……特魯希佑形同無用的重擔。」雕像預計在一九六〇年立起。[8]

一九五五年，特魯希佑似乎強勢到無可動搖。紀念碑愈大，倒下的過程就愈艱難。

祖國恩人年過後不久，對特魯希佑而言，情勢開始出差錯。在多明尼加共和國境外，古巴的菲德爾・卡斯楚（Fidel Castro）崛起使他面臨威脅；在國內，反對他政權的異議力量開始集結。

古巴的獨裁者富恩席歐・巴蒂斯塔（Fulgencio Batista）畏懼古巴革命，在一九五八年新年前夕出逃。他逃亡的飛機降落在特魯希佑市，機上載著幾位親信和數百萬美元現金。特魯希佑盛怒不已：他一直在資助巴蒂斯塔，希望鄰國獨裁者留下來對抗卡斯楚。

卡斯楚一踏入哈瓦那，就有人聽見他大喊：「特魯希佑是下一個！」[9]這並非空口威脅。早在一九四七年，時年二十一歲的卡斯楚參與加勒比軍團（Caribbean Legion），目標就是入侵多明尼加並罷黜特魯希佑。當時的古巴政府阻止入侵行動，如今卡斯楚正在建立新的政府。

正確來說，特魯希佑擔心卡斯楚會嘗試完成未盡之業。一九五九年夏季，來自古巴的游擊隊企圖分批搭機與乘船滲透多明尼加。他們迅速遭到擊潰。回過頭來，特魯希佑僱用美國和古巴傭兵入侵古巴，他們立即遭到逮捕。

美國總統杜懷特・D・艾森豪（Dwight D. Eisenhower）的政府相當關切。一九六〇年四月，國務院提交一份文件，標題是「美國對於特魯希佑退休的計畫」。[10]連續數任美國政府容忍特魯希佑，甚至支持他。然而如今艾森豪政府顧忌古巴的卡斯楚政府，希望建立反卡斯楚的國際共識，但卻很難實現——因為拉丁美洲人普遍認為特魯希佑更糟糕。如同艾森豪自身在一場國務院會議的發言：「拉丁美洲堅信特魯希佑問題比卡斯楚問題更嚴峻的觀念，似乎難以動搖。在特魯希佑被除掉前，我們無法讓拉丁美洲盟友以適切的憤慨程度對付卡斯楚。」[11]

在這一切發生之際，反抗勢力也在多明尼加國內茁壯，有部分歸功於人稱馬拉巴爾姊妹（Mirabal sisters）的四位年輕女子，馬拉巴爾家的帕特里雅（Patria）、戴戴（Dedé）、米涅娃（Minerva）和瑪利亞・特里莎（María Teresa）是反特魯希佑的地下勢力成員。有些消息來源指出，她們在一九四〇年代提早離開特魯希佑的一場派對，使他勃然大怒。米涅娃的女兒表示，母親拒絕特魯希佑的性挑逗，因此得罪他。[12]

整個一九五〇年代，馬拉巴爾姊妹加強反特魯希佑的活動，開始有人稱呼她們為「蝴蝶」。馬拉巴爾姊妹和她們的丈夫反覆遭到政府羈押與監禁。一九六〇年十一月，姊妹中的帕特里雅、米涅娃和瑪利亞・特里莎三人乘坐吉普車時遭埋伏攻擊，毆打致死。她們的吉普車被推下懸崖，以不具說服力的方式企圖讓死亡看似一場意外。人人都曉得特魯希佑必定下達了暗殺令，甚至是習見特魯希佑動用暴力的那些人，都對這三位年輕女子慘遭謀害大感震驚。

艾森豪派密使赴特魯希佑市勸說獨裁者下台，提供美國的政治庇護。特魯希佑寸步不讓。一九六一年初，新就任的總統約翰・F・甘迺迪（John F. Kennedy）再度嘗試，特魯希佑仍然不為所動。甘迺迪在二月得知，中情局供應軍備給多明尼加的反抗人士。他在三月具體得知，美方武裝的人馬認為「肅清是達成目標的唯一手段」。[13]不過，當時甘迺迪身陷入侵古巴豬灣（Bay of Pigs）的災難行動。

面對所有的下台請求，特魯希佑依然無動於衷。一九六一年五月二十九日，甘迺迪致函駐多明尼加大使，闡述（文件上表明採用審慎語氣）美國想幫助多明尼加人擺脫特魯希佑，但是「我們絕不能冒險讓美國與政治暗殺有關」。[14]甘迺迪對於接下來發生的事知情多少仍舊存疑。

隔天五月三十日傍晚，特魯希佑乘車離開特魯希佑市去見情婦。夜間十點左右，他的車遭到伏擊，殺手配備某些中情局的武器。在第一波自動步槍掃射下，特魯希佑背部中彈。他跌跌撞撞下車，握著一把左輪手槍。當他站在車頭燈的光束中，殺手再度開火，特魯希佑慘叫倒下。[15]位於美國華盛頓特區的白宮，比多明尼加共和國還早宣布特魯希佑的死訊。

不過密謀者未能實現政變，特魯希佑的家族與親信依舊掌權。他的屍體在特魯希佑市開放瞻仰，數千人啜泣並捶打自己的頭，以示必要的公開哀悼。屍體運往聖克里斯多瓦，下葬於特魯希佑在當地建的華麗教堂，面朝他自身的巨大青銅騎馬像。至於他規劃在特魯希佑市斥資百萬美金，興建一座立在陽具柱上的騎馬像，從未現身多明尼加。特魯希佑的紀念碑反倒在他的遇害地點立起，再度採用白色大理石柱的造型，這也許會是他的心願。

可是不久後，這些雕像即將倒下。

儘管特魯希佑遭暗殺時依然掌權，但嚴格說來，他當時不是總統：名義上由可靠的親信瓦金·巴拉格（Joaquín Balaguer）擔任那項職務，特魯希佑的兒子朗菲斯（Ramfis）則是他的實際繼承者。特魯希佑的行刺者未能更進一步逼退巴拉格和朗菲斯，於是他們兩人接管大權。朗菲斯繼承了父親的暴虐，卻毫無他的政治才能，一方面輕易受到巴拉格的操控；另一方面受制於多位狡詐的叔伯長輩。六月，特魯希佑家族要求以他們為名的橋梁、道路和其餘地方更改名稱。特魯希佑市重新改回聖多明各。

倘若這是企圖安撫公眾的舉動，效果不盡理想。一九六一年十月十六日，示威在聖多明各大學展開。學生不滿新就任的校長與特魯希佑政權有牽連，他們衝進市區，許多市民沿途加入。抗議者每到一個地方，就砸爛特魯希佑的肖像，並破壞他的雕像。接下來幾天，抗議行動蔓延全國。有大批特魯希佑雕像可拆毀：他的胸像經大量製造，擺設於眾多家戶、辦公室，以及數百處公共場所。

騷動七日後，巴拉格宣布特魯希佑的兩個兄弟即將離境。朗菲斯繼續留下，但不會糾纏太久。一九六一年十一月十八日，他設法逮到刺殺父親的幾個人，親眼看著他們被殺，隨後登上遊艇。他帶走從聖克里斯多瓦倉促掘出的父親屍體，保存於甲板下的冷凍櫃，據信他還攜帶約九千萬美元的現金。

如今成為餘下雕像的開放狩獵季。一九六一年十一月十九日，反對特魯希佑的示威者在聖地牙哥挨家挨戶昭告眾人走出來幫忙拉倒特魯希佑像，聚集五千多名群眾。他們洗劫並毀壞特魯希佑和平紀念碑，矗立在外的身著學士服特魯希佑巨大雕像，被固定在卡車上的鐵鏈拉倒，接著砍下頭部，它在通往丘頂的階梯上滾動，沿路彈跳到山腳。紀念園區裡的特魯希佑家族雕像破碎且毀損。[16]

十一月二十七日，另一群暴徒攻擊標示特魯希佑遇害地點的白色大理石柱，敲成碎塊，並在石塊上塗寫諸如「殺人犯」等控訴。[17]十二月，聖克里斯多瓦連日動亂。整座鎮上，特魯希佑胸像被扔上街搗毀。抗議者幾度嘗試拉倒矗立於他曾短暫下葬的教堂對面的龐大特魯希佑青銅騎馬像，最終他們在鋼索和曳引機的協助下做到了。當特魯希佑像墜落在地時，人群高喊「聖克里斯多瓦自由萬歲！（Viva San Cristóbal libre!）」他們開始拿長柄鐵錘敲碎銅像，有些人把獨裁者的碎塊當紀念品帶回家。[18]

一九六一年十二月二十九日，巴拉格正式宣布在聖地牙哥遭洗劫的特魯希佑和平紀念碑將另作他用，並移除所有餘留的特魯希佑雕像與製品。園區預計重新規劃為復國英雄紀念碑（Monumento a los Héroes de la Restauración），獻給爭議遠遠較低的一八六三年至一八六八年解放戰爭要角，他們勇於對抗西班牙殖民主義。國內的騷亂持續上演。巴拉格辭職，數週後流亡出國。

巴拉格下台後，多明尼加通過五八八〇─六二法條：

> 揚言稱讚頌揚特魯希佑家族或其暴虐政權的任何人，或藉由呼喊、演說、公開或書信撰寫、素描、印刷品、雕刻、繪畫、象徵物品為之，都將被視為破壞和平與公共安全的犯罪者，並接受審判，處以監禁十日至一年，罰款十或五百披索，或兩種裁罰並行。

耐人尋味的是雕像並未在這項法條明文提及，但判定涵蓋在「象徵物品」內，所有殘存的特魯希佑雕像都要移除。

數年後，曾參與其中一次前特魯希佑資產清點的一位會計師，讓他的兄弟參觀普拉塔港巧克力公司的閒置倉庫。那裡用來存放不能再公開展示的特魯希佑紀念物品。「我看見爆量的那類雕像和胸像，幾乎全都是青銅像，有些是大理石。」會計師的兄弟憶述，「在地板上，我看到家家戶戶掛設的『在這間房子特魯希佑是老大』標語。」他想把標語當紀念品帶走，會計師阻止他：「那有記在清冊上。」[19]

特魯希佑的紀念碑在一九六二年遭禁，因為政府認定它們吹捧獨裁者，造成許多人的痛苦，而且「特魯希佑支持者」一直用來當作集會據點，這顯然是真相與和解進程的開端。一九六二年底，多明尼加共和國人民在史上頭一次自由大選中投票，他們選出胡安·鮑許（Juan Bosch）這位長年在流亡期間抵制獨裁者的反特魯希佑人士。

不幸地，新民主時代的前景迅速黯然失色。鮑許的溫和左翼政府僅維持七個月，就在一九六三年九月遭軍事政變趕下台。一九六五年，革命爆發。美國總統林登·詹森（Lyndon Johnson）無端擔憂多明尼加可能如古巴一般轉向共產主義，發動大規模軍事干預。新的大選在一九六六年舉辦，以動用極端暴力對付鮑許支持者著稱，包括刑求與謀殺。軍方與地方警察公開為特魯希佑的前副手巴拉格助選。巴拉格不出所料當選，拿下百分之五十六的票數。

殘暴、高壓的「半獨裁統治」回歸——許多老面孔的特魯希佑支持者復職。在巴拉格的前兩個任期，即一九六六年至一九七四年間，超過三千位反對陣營的政治人物與社運人士遇害；[20]在他的前三個任期，即一九六六年至一九七八年間，估計至少一萬一千人遭國家機器殺害、刑求或失蹤。[21]

巴拉格是一位強勢且冷血的領導者，但是他缺乏特魯希佑的魅力，也無意重現雕像狂熱。他掌權十二年，隨後輸掉一九七八年大選。一九八六年，他以八十歲之齡回任總統，接著又在位十年，才於一九九六年被迫下台。

★

現今人們並不清楚記得特魯希佑時代，特魯希佑在世時行為張揚，因此時常（且刻意）吸引國際關注。一九六五年美國對多明尼加的爭議干預，使該國重回新聞版面。但對美國大眾而言，越戰很快就讓那相形失色。多明尼加擁有特殊的歷史，是一個令人著迷又充滿活力的地方。即使如此，它仍是一個小國家。超級強權的事務往往可能得到更多全球關切。

不過，還有另一個原因導致多明尼加的歷史鮮為人知——即使在該國也是如此。在巴拉格政權統治下，提出問題或挑戰政府的人將面臨生命危險。那並非歷史研究得以興盛的環境，政府不肯教導，甚至不公開承認特魯希佑時代的諸多醜陋歷史，因為這個政府本身就涉及濫權。

移除特魯希佑的雕像並未造成這種歷史抹滅，飽許短暫執政期間，特魯希佑的雕像在一九六二年被移除與禁止，其後特魯希佑時代的歷史並未受到打壓，即使在那之後的動亂時期也沒有。此種歷史抹消發生在一九六六年巴拉格復位後。現任多明尼加國家檔案局長的歷史學者羅貝托・卡薩（Roberto Cassá）在二〇〇一年寫下：「歷史認知遭削減到微薄程度，導致多數人口過對於往發生的事缺乏資訊。」[22]在巴拉格用來壓抑對自身政權批評的高壓手段下，歷史遭到掩蓋。

倘若某些或甚至全部的特魯希佑雕像留在原地，沒有理由主張巴拉格的強硬鎮壓會收斂分毫。假使特魯希佑的歷史記憶沒有那麼負面，也許巴拉格會從自己的經歷獲益，而非壓抑噤聲，那並不代表更誠實地看待歷史，只是在訴說略有差異的一系列謊言。

移除雕像並不足夠。如同我們所知，納粹政權垮台後，德國移除納粹的紀念碑，然而唯有打造一個具備完整教育方案的寬容民主社會，去納粹化的目標才能實現。在巴拉格統治下，多明尼加做不到這一點，真相與和解的進程不可能在缺少真相下運轉。

巴拉格下台後，真相得以再次訴說。可是那些年來的歷史噤聲，往歷史記憶捅出黑洞，以至於在某些情況下，記憶充滿懷舊情緒。面對社會問題、貪腐與貧窮，有些多明尼加人聲稱國家需要一個新的特魯希佑。卡薩認為：「特魯希佑已經成為準神話人物。」他認為多年來的歷史教育方式並未鼓勵學生提問：「教育體系並未提供批判性思考的工具，這影響了概念化歷史過往的難度。」[23]

特魯希佑的捍衛者仍在抵制修補歷史的嘗試。二〇一一年，新設的多明尼加抵抗運動紀念館（Memorial Museum of Dominican Resistance, MMDR）開館，訴說特魯希佑與巴拉格政權反對者的故事，這件事引起強烈反彈。「他是否犯下多項越軌行為？絕對是。他是人。他是怪物嗎？絕對不是。」獨裁者的孫子朗菲斯・多明格茲—特魯希佑（Ramfis Domínguez-Trujillo）告訴《紐約時報》。[24]抵抗運動紀念館推估，逾五萬多明尼加人遭到特魯希佑政權殺害，另有一萬七千至三萬五千名海地人在一九三七年屠殺中遇害，這是相當重大的「越軌行為」。

特魯希佑家族並未氣餒，他們設置網頁籌辦特魯希佑大元帥博物館（Museo Generalísimo Trujillo），企圖向獨裁者致敬。截至二〇二一年，網頁已失效。與此同時，多明格茲—特魯希佑宣布要競選多明尼加總統。目前得知他沒有資格競選，因為他在美國出生，而且並未放棄美國國籍。[25]

特魯希佑的兩座陽具方尖碑維持不變。復國英雄紀念碑依舊是聖地牙哥的熱門景點，如今園區擺設十九世紀英雄人物與多明尼加棒球員的雕像，也舉辦歷史展覽。建物的輪廓仍是城市顯著景致。特魯希佑的許多事蹟也許遭人遺忘，但這部分依然傲立。

至於聖多明各的男方尖碑，那帶領我們回到馬拉巴爾姊妹的故事。在巴拉格統治下，多明尼加政府避諱正式承認她們如何或為何死去。[26]可是她們在世界其他角落沒有被遺忘。自一九八一年起，加勒比海地區與拉丁美洲各地正式紀念三姊妹遇害的十一月二十五日。一九九九年，聯合國把當天定為國際終止婦女受暴日（International Day for the Elimination of

Violence Against Women）。

在巴拉格終於不再礙事的一九九七年，一位多明尼加藝術家在男方尖碑彩繪馬拉巴爾姊妹的壁畫。二〇〇九年方尖碑又漆回白色，不過新的馬拉巴爾姊妹壁畫於二〇一一年再現。如今，馬拉巴爾姊妹又一次從方尖碑俯瞰大地。

多明尼加的歷史記憶或許不完整，但有人著手加以研究保存。藝術家透過創意改造男方尖碑等現存紀念碑，轉變既有用意並將關注導向對特魯希佑的反抗，有助於向新世代展示那段歷史。如今任何人走過方尖碑，可能會想知道這些女人是誰，以及她們為什麼會被畫在巨大的陽具象徵物上。有些人會去尋找答案，並開啟他們自身認識歷史的過程。

把特魯希佑的男子氣概浩大象徵物，改造成勇於抵抗他的傑出女性紀念碑，這樣的做法合乎情理。有時候，至少紀念物或能傳遞某種形式的公義。

第五章
大白象

英國國王喬治五世

地點：印度新德里／設立時間：一九三六年／倒下時間：一九六八年

這一章講述國王暨皇帝喬治五世（King-Emperor George V）的高聳雕像，用來當作舉世前所未見最廣大帝國的中心裝飾品。它起初是新德里市中心的光亮大理石人像，如今在城市北部的灌木叢裡摔成碎塊，除了流浪狗外少有訪客。這則故事描述，當雕像有意引來崇敬的人們不再認為它重要時，即使最雄偉的雕像也可能瓦解。

英國抵抗激烈的印度獨立運動數十年後，於一九四七年撤離印度。然而英方並非遭到武力驅離，當時他們的雕像也沒有全數就地被搗毀。（有時聽聞印度人一獨立就破壞大部分英國雕像的說法並不正確，現今仍有數目可觀的英國紀念碑遍布印度次大陸，儘管狀態多少需要修復，另有多座已遷走。）[1]

喬治五世像的根源可追溯至二十世紀初的帝國盛世。一九一一年十二月，新近加冕的英王喬治五世與瑪麗王后（Queen Mary）赴德里舉辦盛大的杜爾巴（durbar）宮廷宴會。喬治五世是首位訪問印度的在位英國國王，以及大肆張揚印度皇帝身分駕臨的第一人，他也會是最後一位。

這場杜爾巴是英屬印度舉辦過的壯觀至極盛會，地點在德里郊外的露天圓形劇場，參與者有十萬觀眾、三萬軍隊、數百位印度皇族，以及國王暨皇帝和王后暨皇后本人。國王頭戴為這場合新製的帝國王冠，鑲嵌六千一百顆鑽石，另有綠、紅、藍色寶石。事後他在日記中埋怨，「它害我頭痛，因為頗有一番重量」[2]——將近一公斤。王冠花了印度事務部六萬英鎊，從此沒再使用過。

數年後，喬治五世之子大衛（David）描寫，德里的杜爾巴宮廷對他的父親產生重大影響；大衛日後短暫即位英王愛德華八世（King Edward VIII），隨後退位成為溫莎公爵（Duke of Windsor）。「我父親身為最不自大的君王，他在印度習得關於皇帝角色的新概念，以及要在東方人心目中留下深刻印象，精心擺設與盛大排場有多麼重要。」[3]

有什麼比雕像更能「在東方人心目中留下深刻印象」？自一八〇〇年至一九四〇年間，

超過一百四十座紀念碑從英國作坊出口至印度和東南亞。多數雕像是英國行政官員、神職人員和軍方人物，例如羅柏特．克萊夫（Robert Clive）①，也許英方會比他們的印度子民更將他視為英雄。其中也有君王，尤其是維多利亞女王。一八五七年的大規模起義後，新的英屬印度體認到務必讓印度人覺得自身像盟友，而非僅是資源提供者，於是也開始設立他們的雕像。熱門對象裡有跟中國從事鴉片貿易，再把財富用於民間善行的商人，如首位受封為準男爵的印度人詹姆塞吉．濟吉博伊（Jamsetjee Jeejeebhoy），獲得三座歌頌他的雕像；巴格達出生的孟買猶太社群領袖大衛．薩松（David Sassoon）擁有兩座；《印度愛國者》週報（*Hindoo Patriot*）編輯與立法會議員克利斯多．達斯．帕爾（Kristo Das Pal），在加爾各答有一座紀念他的大理石雕像。[4]

儘管有些印度人或許覺得受到接納，另一些人把他們對帝國統治的不滿發洩在帝國雕像上。一八七六年，從軍遭拒的一對印度兄弟毀損孟買的維多利亞女王像，從雕像頭部澆下瀝青。當局遮蓋雕像並派武裝警衛看守，但清除瀝青的所有嘗試全都失敗。最後，一位來自蘇拉特（Surat）②的教授製作的化學複合物奏效。後續發生更多雕像毀損事件，一

① 克萊夫是十八世紀東印度公司在印度建立殖民地的開創人物。
② 蘇拉特是印度西岸大港，是東印度公司最早設立據點的地方。

項法案於一九〇一年通過，要求孟買市政當局讓所有的雕像徹底保持乾淨。藝術史學者瑪利．安．史戴格斯（Mary Ann Steggles）指出，此後公務局僱員必須定期爬上維多利亞女王像，「洗滌頭部，好把鳥糞清乾淨」。[5]

一九〇五年不得人心的孟加拉分治後，又多了幾座維多利亞女王像遭潑瀝青，包括位於德里的一座。隨著獨立運動茁壯，維多利亞像成了最熱門的破壞目標。一部分原因是數量眾多，再加上維多利亞的形象比她的兒子愛德華七世（Edward VII），或孫子喬治五世更容易辨認。朝雕像頭部潑瀝青並打斷鼻梁仍是常見的毀損形式。把這些做法歸因到任何特定的印度觀點前，應當留意維多利亞女王像通常難以拉倒。女王陛下身高較矮，年長時又是一位結實的女子，常塑造成坐姿且往往穿長裙，這意味著她的雕像約莫呈金字塔形：最難拆除的形狀。缺少起重機和重裝備，大致上具備防倒保證。

在一九一一年德里的杜爾巴宮廷上，宣告英屬印度首都從加爾各答遷至德里。一座嶄新城市將建立於舊德里的蜿蜒巷弄、宮殿與清真寺旁。新德里由建築師愛德華．勒琴斯（Edwin Lutyens）和赫柏特．貝克（Herbert Baker）規劃，壯麗的成片雅緻平房與茂綠草坪，精準圍繞五、六個交叉路口和對角線街道系統排列。從空中鳥瞰，新德里讓人想起蒙兀兒帝國建築的輻輳與星狀紋飾。在地面上，這座城市是迷宮，誇張規模與不規則的對角線導致路人幾乎不可能認清方向。話說回來，建城要務絕非激勵遊客。城中矗立龐大得荒唐的總督府，供印度治理者及所有英國官員居住，並依照薪資與階級嚴明分配。如歷史學者大衛．康納汀（David Cannadine）所觀察：「分配給憲報官員（gazetted officer）的平房，尺寸與地點皆優於歐洲一級已婚公務員的住房。」[6]

新德里的位址在中世紀樹立過七座偉大城市，定居者可追溯至古代。法國總理喬治．克里孟梭（Georges Clemenceau）在建城期間來訪並敏銳評論：「這將是所有廢墟中最雄偉的一座。」[7]新首都在一九三一年開城。不過它還需要一處中心焦點：一座雕像。

從位於新德里西邊的總督府，一條名為國王大道（舊稱英語的Kingsway，現改稱印度語的Rajpath）的遊行要道，筆直往東通向六角形的王子公園（Princes' Park）。園內設有勒琴斯設計的戰爭紀念門（War Memorial Arch），現稱印度門（India Gate），用來緬懷在一戰中身亡的英屬印度陸軍將士。在那裡設立喬治五世像是卡普塔拉土邦王公（Maharaja of Kapurthala）的點子，他也提供大部分資金。王公的財力驚人，他仿照凡爾賽宮，蓋了一棟宏偉不凡的粉紅色宮殿給自己。他常被描述為親法人士。印度總督寇松侯爵（Lord Curzon）私下寫信給維多利亞女王時直言不諱：「卡普塔拉王公只有在巴黎尋歡的時候才開心。」[8]王公是歷代英國王室的盟友，就像多數的印度王公，他跟英屬印度建立互惠關係。只要使邦內或多或少維持原狀，就能讓他隨心所欲繼續過日子，無論在巴黎或旁遮普都一樣。勒琴斯委託查爾斯．薩金特．賈格（Charles Sargeant）設計雕像，他先前製作過王室雕像和戰爭紀念碑。

賈格的雕像靈感來自二十年前，國王在一九一一年德里杜爾巴宮廷的裝扮。他的第一個模型以大象為要角：喬治五世站在象背上的象轎中，長袍擺垂覆象左腹，象鼻端滿「帝國的水果」。浮雕的印度人聚集在基座周圍。這個版本遭到否決：原因不是擺明讓印度人位居底部，那完全符合英屬印度的美學，而是因為過度聚焦於大象，幾乎看不見位於龐大象軀頂端的渺小國王。持平而論，大象本身相當可愛，但是這不足以動搖委員會。第二個版本呈現國王坐在王座上，同樣遭到否決。[9]

接連否決使賈格喪氣，但他在經過勸哄後設計第三個版本。一九三四年二月提案通過：一座傳統的國王立像，白貂皮長袍擺一路垂墜至高聳基座後方。

百代新聞社（Pathé）派團隊攝影記錄賈格製作雕像。他用黏土製作縮小模型，接著逐格放大標出大理石成像的接合處。下一步是放大至一半尺寸，在支撐的木框中以黏土重新塑型。這個版本會用大理石再次放大成雕像成品：在英國雕好戴王冠的頭部並運往印度，肩部以下的其餘部分交由印度本地工匠刻製。[10]

賈格在四十九歲時死於肺炎，這時他的一半尺寸模型離完工還有段距離，由另一位雕刻師威廉・瑞德・迪克（William Reid Dick）接手做完。喬治五世在一九三六年一月逝世，這代表無論雕刻師或雕像主角都沒能目睹雕像落成。

一九三六年秋天，雕像在新德里揭幕，坐落在勒琴斯設計的砂岩天篷下，據說靈感來自馬哈巴利普蘭城（Mahabalipuram）的一座六世紀涼亭。雕像近十三公尺（四十三英尺六英寸）高，聳立於平坦開闊的新德里。巨大長袍帶著深深褶痕往基座後方垂墜，強調出雕像的醒目直立高度。雕塑史學者理查．巴恩斯（Richard Barnes）描寫：「它就像一枚裝飾藝術風格的飛彈，世上沒有其他雕像利用這種效果來增加高度。」[11]

儘管如此，倘若這座雕像真有「在東方人心目中留下深刻印象」，效果並不長久。僅僅在雕像立起的十一年後，英屬印度自身就要走到盡頭。

「裝飾藝術風格的飛彈」在一九三六年聳立時，印度獨立運動已推行數十年。[12]某種形式的印度自治也在英國獲得可觀支持，然而許多問題有待解決，包括要採取何種政體、英國可能移交給哪位當權者，以及印度究竟要成為一個領地或完全獨立；還包括如何處理不受英國直接管轄或擁有的數百個土邦——這些地方是個人的王國，例如卡普塔拉土邦王公。倘若英國的庇蔭撤離，許多王公擔憂自身的命運。此外，在一九三七年的地方選舉過後，律師穆罕默德．阿里．真納（Mohammad Ali Jinnah）發起巴基斯坦運動：目標是專屬的代表席位，甚至可能追求一個完全獨立並屬於穆斯林的國家。

一九四五年工黨政府在英國勝選，決心終結帝國。工黨在英國面臨帝國主義舊勢力的阻撓，以當時的反對黨領袖邱吉爾為首。在印度也有來自真納和穆罕達斯．K．甘地（Mohandas K. Gandhi）等政治人物的阻礙，他們彼此談不攏誰該得到主控權，或者印度究竟該統一、形成聯邦或分治。

一九四七年三月，喬治六世（King George VI）派二表弟蒙巴頓伯爵（Lord Mountbatten）赴印度，給印度人他們要的獨立。他提前九個月，在一九四七年八月十四日至十五日兌現計畫。兩個獨立國家應運而生：巴基斯坦和印度。它們不會成為盟友。或許印度與巴基斯坦間的仇恨，是兩國對抽身的英屬印度敵意相對薄弱的一個原因。「分而治之」的最後一幕順利上演。在這場災難分裂中，普遍估計一百萬人遭殺害，一千四百萬人流離失所，然而真確數字永遠不得而知。

印度和巴基斯坦在鮮血與毀滅中誕生，英國雕像卻屹立不搖。在獨立慶典期間遭到破壞的雕像，據聞僅有獻給一八五七年大規模印度起義遭屠殺英國婦孺的紀念碑「坎普爾的天使」（Angel of Cawnpore）。一九四七年八月十五日，狂歡者把雕像的臉砸爛並塗黑。印度地方當局向英國高階外交官道歉：他們保證會修復天使像並搬遷至當地教堂墓園，至今依然矗立。[13]

以總督真納和總理利雅卡特．阿里．汗（Liaquat Ali Khan）為首的巴基斯坦新政府，並未立即展現移除雕像的興致。印度新政府也沒有，起初的領導者是總督蒙巴頓和總理賈瓦哈拉爾．尼赫魯（Jawaharlal Nehru）。兩國政府有更迫切的事務要煩惱，包括大規模人口流動、社會動盪與內亂。一九四九年，印度副總理瓦拉巴伊．帕特爾（Vallabhbhai Patel）憤怒抨擊孟買邦政府「手頭上有緊急得多的事務，還去擔心紀念碑的問題。」[14]

儘管如此，有些雕像具有爭議性，原因出自它們的地點或主角。正好位於新德里中心點的喬治五世像在所有爭議雕像中備受矚目。在整個一九五〇年代，印度國會接連質疑雕像問題，如喬治五世像等由印度王公設立的雕像，不再有王公來捍衛它們。當英屬印度結束，土邦被併入印度或巴基斯坦：少數幾個反抗的土邦很快遭到弭平。（喀什米爾是顯著例外，至今仍有紛爭。）卡普塔拉土邦王公在一九四九年過世，在他之後再無王公，他的凡爾賽風格粉紅宮殿如今成為一所學校。

適逢一八五七年起義的一百週年紀念，印度再度掀起移除英國雕像的呼聲。有些雕像遭到破壞，另有幾座由地方當局移除。社會主義政治人物嘲笑印度國民大會黨（Indian National Congress）政府對於移除征服象徵毫無建樹。一九五七年五月十三日，尼赫魯代表政府提出政策。「雕像有許多種類，」他在國會發言，「有些可以視為具有歷史意義，有些可能視為藝術品，還有一些呢，可能非常令人反感。」他表示，引起反感的雕像已審慎移走，避免造成印度與英國間的嫌隙。如果雕像具有歷史重要性又不令人厭惡，它們可以搬進博物館。至於既不具歷史意義、藝術價值也不傑出的雕像：「我不曉得我們要拿它們怎麼辦；如果有別人想要，我們會把它們當成禮物。」[15]

尼赫魯在國會主張，神祇雕像屬於古印度文化的一部分，但人類雕像則否。有位同黨黨員想在國會大廈設置立像時，他表達強烈反對。這並非出自任何反甘地的情緒，他是尼赫魯最親近的盟友與最摯愛的朋友。尼赫魯一直對個人崇拜抱持懷疑，他對抗以甘地重新命名道路與城鎮的持續要求，主張這會造成困惑，要是印度每個人同一時間醒來全都「發現他的地址現在變成甘地城、甘地街。」[16] 尼赫魯甚至更激烈反對紀念自己，在安拉城大學（Allahabad University）圖書館提議冠上他的名號時回以惱怒反應。「我真的不明白為什麼你想把我的名字用在大學圖書館，」他寫信給副校長，「就個人而言，我不太認可這樣的做法，更明確的說是採用在世者名諱的做法。」[17]

尼赫魯反對歌功頌德，導致他跟黨內和印度國會的多數成員立場相左。議員不斷爭取移除英國雕像，並設立印度人的雕像。拆除工作理應正在進行，步調卻不疾不徐。美國總統艾森豪在一九五九年出訪印度，訝異見到喬治五世像依然矗立，「我忍不住揣想，我們在獨立初年會不會容忍身邊有一尊英王喬治三世像。」[18] 美國人辦不到，然而喬治三世的玄孫仍舊穩穩立於基座。一九六四年尼赫魯過世時，國王像及英國多位總督和顯要人士的雕像還是留在原地。

隨著尼赫魯離世，限制就此放寬。拆除歷代英國總督像的工程在數週內展開。一九六五年，剛成立的雕像設立諮詢委員會（Advisory Committee on the Installation of Statues）著手樹立新的紀念碑。

委製新雕像時遇到一個問題，一九六〇年代印度解放運動造就形形色色的代表者，使得雕像人物的選項大多具有爭議。以尼赫魯來說，他代表世俗與自由的價值觀，在某些人眼中道德敗壞，相較之下，甘地更具傳統的宗教文化觀念。另外是印度國民軍的指揮官蘇巴斯・錢德拉・鮑斯（Subhas Chandra Bose），他打定主意要對抗英國，以至於在二戰期間成立印度軍團，隸屬於希特勒的德意志國防軍。這件事在印度的爭議不若歐洲：鮑斯效忠軸心國普遍被視為反抗帝國，而非支持納粹。回過頭來，他是崇尚暴力之人（不採非暴力路線），而且跟甘地失和，所以有些人不願見到他出頭。還有B・R・安貝德卡（B. R. Ambedkar），他出身達利特（dalit）賤民階級，躍升為獨立後的印度憲法起草者。安貝德卡是一位值得欽佩的人物，可是傳統印度教徒鄙視他皈依佛教。此外，他也跟甘地起過激烈爭執。一一細數，幾乎任何選項都會引起某些人不快，或代表有害的價值觀。

唯一廣獲共識的對象是甘地本人。甘地畢生遠非零爭議，他跟其餘解放鬥士的種種意見紛爭即可得證。然而他在一九四八年遭到暗殺後，漸漸被改造成一則神話：遺忘他人生與遺緒中的艱辛，凸顯聖人般的美德。一種敘事由此建構：印度是在甘地領導下贏得獨立——不訴諸暴力，反倒採取溫和的非暴力勸說。這樣的故事主張英國有段時間拒絕勸說，但終究接受並抱持尊嚴撤離。

這種說法同時美化印度和英國，因此大受歡迎，但是不太真確。獨立抗爭時常淪於暴力，英國的回應同樣如此。甘地的顛峰時期落在一九三〇年左右：一九四七年他已不再握有政治實權，對獨立運動的精神層面外少有影響力。蒙巴頓伯爵以友好條件撤離印度，在公關層面立下偉業。然而分裂的真相是一場災難，拆散家庭與社群，並為日後帶來致命隱憂。儘管諸多指責漫天飛舞，但糟糕的分裂實施不能單單怪罪蒙巴頓、他的飛快時間表，或是英國、印度和巴基斯坦當局的失能。其深層根源在於多年來的英國統治一直違背民主並蓄意挑起對立。[19]

不過到了一九六五年，印度正往前邁進，回顧過去的唯一原因是要建構有用的迷思。若說有任何人的雕像足以取代喬治五世，一定是甘地像。「唯有在尼赫魯死後，那座天篷掀起爭論時，甘地像才能無異議作為印度獨立的象徵。」學者蘇什米塔・帕蒂（Sushmita Pati）描寫。[20]

英屬印度的雕像終於一一消失。印度政府依照尼赫魯的提議，把雕像當成禮物送給想要的任何人，並擺脫了幾座。自一九一九年起立於新德里的愛德華七世青銅騎馬像送去多倫多，於一九六九年揭幕。同樣由賈格雕刻的總督雷丁侯爵（Lord Reading）雕像運回英國，十分合宜地立在雷丁自治市。殖民時期的其他雕像也像這樣搬遍全世界。一尊巨大的維多利亞女王像曾立於愛爾蘭都柏林，不受當地人喜愛，詹姆士・喬伊斯（James Joyce）替它取外號叫「老女人」（the Auld Bitch）。女王像在一九四八年移走，棄置在醫院用地。一九八〇年代，雪梨市長在找一尊雕像設立於維多利亞女王大廈前方。一如女王統治初年的眾多罪犯，女王像適切地運往澳洲，如今樹立在雪梨的中央商業區。

到了一九六四年，剩下沒辦法推銷給任何人的英國雕像大多移往新德里的會展場區，堆積在塵土飛揚的荒地。可是老國王的雕像依然杵在基座上。

★

一九六五年八月十三日清晨，十多位民眾悄悄沿著新德里的昏暗寧靜大道，朝喬治五世像前進。他們是新近成立的聯合社會黨（Samyukta Socialist Party）成員。他們帶著梯子、鑿刀、鐵鍾和幾桶焦油，靠近天篷時被兩位警員攔住。在接下來的扭打中，一位警員失去意識，另一位被狠狠毆打。聯合社會黨人攀爬國王雕像，削下它的部分鼻子、耳朵和王冠，傾倒焦油，並掛上一幅鮑斯肖像才告辭。

破壞與暴力行徑在印度和英國同時受到廣泛譴責，且使移除雕像面臨新的迫切處境。一貫的反對移除意見叨叨重述。「承認吧！」一位印度公務員在一九六六年告訴《紐約時報》，「喬治國王和其他多位英國國王是我們歷史的一部分，我們無法藉助移除雕像來抹滅歷史。」其他人主張移除雕像與抹滅歷史無關，而是跟印度的當下緊密相連。「獨立了十八年，我們還讓英國國王從首都最醒目的位置睥睨四方，真是荒謬。」一位議員表示。[21]

那麼該拿雕像怎麼辦？印度政府想把喬治五世像交給新德里的英國駐印度高級專員公署（British High Commission），可是公署的庭院不夠大，擺放這麼一件龐然大物會導致滑稽效果。「天啊，不！」一位外交官驚呼，「這院落沒那尊雕像已經夠糟了。」[22]有一項提議是把雕像運回英國，但財政部基於成本考量排除：它大得難以運輸，對倫敦的任一潛在位址來說也太大。德里當局否決把雕像搬往市內公園某處的想法。坦白說，沒人想要它。倫敦的英聯邦事務部開始擔心雕像落得淒涼下場：「事情拖得愈久，女王祖父的雕像愈可能蒙受某種侮辱。」[23]最後雕像在一九六八年底拆下，搬進舊德里的一座倉庫。

印度政府突然想到解決方案。喬治五世曾舉辦德里杜爾巴宮廷的場地閒置已久，拆除盛宴所有的華美裝飾後，那裡沒什麼看頭。使用拉賈斯坦邦（Rajasthan）砂岩雕刻的方尖碑設立於此，紀念一九一一年的杜爾巴宮廷，但那是僅有的建物。原本英國想在這處位址興建總督府與帝國城市，卻發現當地易受洪水侵犯，所以只建了方尖碑，新德里則劃設於南邊十五公里。如今，杜爾巴宮廷位址成為一片灌木叢林地，但至少是擁有輝煌過往的林地。有人提議把這裡變成加冕公園（Coronation Park）：成為不受歡迎雕像的最後安息地，或者像一位外交官所說是「昔日傑出英國人士的墓園」。[24]英國當局對這項提議的反應並不明確，擔心公園會變成垃圾堆。不過在欠缺更好的點子下，加冕公園勝出。包括喬治五世在內的雕像於一九八二年搬遷，沿路並無號角喧騰。

與此同時，印度雕刻師拉姆·蘇塔爾（Ram Sutar）開始製作甘地像，準備擺進國王大道盡頭的天篷下空位。蘇塔爾的設計在一九七九年獲得政府批准，但那個政府垮台了，新總理英迪拉·甘地（Indira Gandhi）將專案擱置（她是尼赫魯的女兒，跟甘地沒有血緣關係）。「我一直想製作大型雕像。」蘇塔爾在一九八八年告訴《紐約時報》。喬治五世像移走的二十年後，他仍在雕刻甘地像。「我沒有完工截止日，但這項工作帶給我快樂，我就靠那活下去。」[25]

回到加冕公園，風吹雨打使雕像看起來更糟了。當地孩童把灌木林當作遊樂場；家庭主婦在林間拉繩子晾衣服；年輕人在基座間抽菸。人們把胸像當成柱門來打板球。興建遊客中心和咖啡館的計畫從未實現。有些雕像遭到破壞或整座消失，園地漫草徒長。

荒廢數十年後，適逢德里杜爾巴宮廷的一百週年紀念，政府宣告加冕公園將於二〇一一年修復。一些樹木被砍除，草地修剪整齊，建築物和大門開始施工。「加冕公園」用銀色字母醒目掛在大門上。然而工事驟停，字母開始掉落，世界繼續運轉。青少年在公園拿智慧型手機自拍。加冕公園的方尖碑上出現塗鴉。德里的歷史學者拉娜·薩菲（Rana Safvi）

從歷史遺產觀點分析：「任何巨大宏偉的事物都會受到照料，並引來眾多關注。但我從未聽過有人談論這些雕像。如果一座雕像立在紅堡（Red Fort）③，它會受到關注，立在一片草地中間的雕像什麼都不是。」[26]

在新德里市中心的勒琴斯天篷下依然留著空位，甘地像從未在那裡出現，興建的計畫在二〇〇九年中止。儘管有人提起要恢復這項方案，當前推動的政治意願薄弱，尤其是因為甘地自身的神話成為過去式，他不再像以前一樣獲得普遍共識。印度人民黨（Bharatiya Janata Party, BJP）政府抱持印度民族主義信念，而印度民族主義運動從來就不喜歡甘地，他們指責甘地過度傾向與穆斯林和解，並且容許分裂。這些也是迷思——但迷思可能有強大力量。④

暗殺甘地的納圖拉姆．高德西（Nathuram Godse）是一位印度民族主義者。二〇一六年，印度人民同盟黨（Hindu Mahasabha）在密拉特（Meerut）揭幕一座高德西雕像。「甘地是叛徒，」黨主席波賈．夏昆．潘黛（Pooja Shakun Pandey）告訴《紐約時報》，「他活該頭部中彈。」她解釋自己的黨為何推崇高德西：「我們的英雄阻止甘地在這片純潔土地散播禍害。」潘黛錄製的影片在網路爆紅，內容是她朝甘地像開槍，造成假血湧出來。她的支持者為高德西雕像戴上花冠，把殺人凶手當成偶像景仰。[27]

在這幾十年，印度歷經自己的雕像熱。在總理納倫德拉・莫迪（Narendra Modi）領導下，印度人民黨政府聚焦於興建雕像以鞏固自身的神話：宣揚印度光榮過往的崇高強盛，形式再直接不過。

喬治五世像立起時，高度是異乎尋常的十三公尺，即使在廣闊的新德里仍顯得突出。以現代的印度標準而言，那尊雕像成了小矮人。紀念首任副總理帕特爾的團結雕像（Statue of Unity），二〇一八年在古吉拉特邦（Gujarat）落成。雕刻師是蘇塔爾，多年奉獻給從未現身印度門天篷下、前景黯淡的甘地像。他想打造大型雕像的願望實現。帕特爾像拔高一百八十二公尺，立於五十八公尺的基座。整座紀念碑總高兩百四十公尺，約莫是最新美國電影中哥吉拉化身的兩倍。

在書寫的當下，帕特爾是世界最高的雕像，但不會維持太久。印度有更多巨大雕像正在興建，包括高兩百一十二公尺的十七世紀馬拉塔帝王希瓦吉（Shivaji），預計從孟買岸邊的海中升起。帕特爾是反對勢力國民大會黨的領袖；另一方面，希瓦吉則與穆斯林的蒙兀

③ 紅堡是十七世紀蒙兀兒帝國的宮殿，位於舊德里。

④ 今日天篷下已矗立起新的雕像。二〇二二年，印度總理莫迪下令建造鮑斯像，並於二〇二二年落成。以紀念印度獨立七十五週年及鮑斯誕辰一百二十五週年。

兒帝國亦敵亦友。如同作家德比卡・雷伊（Debika Ray）所指出：「它們是（印度民族主義）運動為了自身目的挪用複雜歷史人物的範例。」[28]歷史又一次遭到重新塑造，好為當代的議題服務。

雕像熱遍及所有政治光譜。做過四任北方邦（Uttar Pradesh）首席部長的大眾社會黨（Bahujan Samaj Party）黨主席馬雅瓦蒂（Mayawati）是其中一位著名人物。黨名的「Bahujan」意指「多數人民」，實際上的支持者是低階或無種姓人民，常屬印度社會的弱勢族群。馬雅瓦蒂個人對於設立雕像的熱忱，十多年來一直成為新聞與醜聞。她耗費驚人公帑為賤民階級的偶像樹立雕像，包括安貝德卡和釋迦牟尼佛。她也設立許多大象雕像，因為大象是大眾社會黨的黨徽，另外還有她自己的塑像。

在新德里的河對岸，馬雅瓦蒂興建一座粉紅砂岩圓頂建築，兩側立著二十四尊大象。圓頂下有三座巨大青銅像，形塑大眾社會黨創黨人坎希・拉姆（Kanshi Ram）、安貝德卡和她自己。馬雅瓦蒂的雕像拿著註冊商標般的手提包，一如她的大部分雕像。在紀念碑落成的二〇一一年，據稱工程斥資一億五千萬美元——對當時將貧窮線設在日收入六十五美分的國家來說，絕非一筆小數目。[29]

二〇一二年選舉委員會下令，在北方邦競選期間，所有的馬雅瓦蒂和大象雕像都要遮蓋起來。有些雕像遭到破壞，當年在勒克瑙（Lucknow）有一尊雕像被砍頭。報導普遍指出，馬雅瓦蒂在任期間為雕像花掉兩百六十億盧比（以二〇二〇年的匯率計算，約為三億五千萬美元）。這並未得到官方證實，有些批評者認為總額可能還更高。

一樁司法案件自二〇〇九年來持續進行，質疑馬雅瓦蒂興建雕像的支出是濫用公帑。二〇一九年二月，印度最高法院「暫且」認定馬雅瓦蒂應自掏腰包，歸還花在自己和大象雕像上的錢。[30]同年四月，她自我辯護主張這些雕像代表「人民的意願」，也指責國民政府耗費鉅資興建自己的雕像。[31]案件仍在審理中。

二〇二〇年，德里發展局新開重整加冕公園的標案，將雕像依脈絡展示並增建說明中心。或許這一次計畫會成真。然而在英屬印度終結七十四年、喬治五世像移除的四十三年後，這一切消極作為顯示沒有人真正在乎到願意出手解決。如果英屬時期的雕像曾經「在東方人心目中留下深刻印象」，顯然已翻過新的一頁，一九六〇年代擔心加冕公園會淪為垃圾堆的英國官員說對了。

不過有時候拋棄是合適的做法。在書寫的當下，加冕公園依然是荒涼的地方，自傲的白色大理石偉人雕像遭到遺忘：刻鑿的珠寶和貂皮衣擺風化成碎屑，回歸德里的塵土。

第六章
「恐怖！恐怖！」

比利時國王利奧波德二世

地點：剛果自由邦利奧波德城；比利時布魯塞爾／設立時間：一九二八年、二〇〇五年（利奧波德城、金夏沙）；一九二六年（布魯塞爾）／倒下時間：一九六六年、二〇〇五年（金夏沙）；依然矗立（布魯塞爾）

這則故事關於比利時國王利奧波德二世的兩尊相仿雕像：一尊位於他的家鄉比利時王國；一尊在他的殖民地剛果。加總來看，利奧波德雙胞胎訴說的不凡故事，闡述前殖民強權和前殖民地的歷史觀念轉折。這場事實與想像的搏鬥不僅變得危險，而且致命。

人們常說利奧波德二世主政的剛果自由邦（Congo Free State）是史上數一數二的殘暴政權，就統治者個人而言獲利也最豐厚。料想得到，比利時與剛果民主共和國（Democratic

Republic of the Congo，簡稱民主剛果）對這時期的歷史記憶或有歧異，不過歧異的方式可能令人詫異。

利奧波德在一八三五年生於布魯塞爾，三十年後成為比利時人的國王。當時比利時尚未成就帝國。利奧波德二世企圖說服政府擴展在非洲的利益，回應卻興致缺缺。他受挫後獨自採取行動，派代理人亨利・莫頓・史丹利（Henry Morton Stanley）向地方領導者收購土地。利奧波德也出席一八八四年至一八八五年的柏林會議，席中歐洲強權（加上俄國、美國和鄂圖曼帝國）確立對於大半非洲的控制權。

利奧波德的剛果國際協會（International Congo Society）所掌控領土獲認定為他的私人財產，而非比利時的殖民地。中非的兩百萬平方公里如今屬於一個從未到訪的歐洲人，在那片土地生活的非洲人對此無能為力，利奧波德把他個人的殖民地稱為剛果自由邦。

利奧波德二世的第一尊雕像樹立於比利時埃克倫（Ekeren），在他得到剛果前的一八七三年。利奧波德期望創建豐功偉業王者的聲譽。來自剛果的收入資助他在國內的建設：公園、賽馬場、藝廊、火車站。對歐洲的某些人來說，來自剛果的金流使利奧波德的統治獲得充分理由。

一八九〇年代，利奧波德投入大量時間和精力從事政治宣傳，包括安特衛普的一八九四年世界博覽會（World’s Fair）、布魯塞爾的一八九七年國際博覽會（International Exposition），以及位於特夫倫（Tervuren）、隨國際博覽會設立的殖民地宮（Palace of the Colonies）。這些展出的目標是吸引全世界關注比利時，並且為剛果自由邦辯護，展出項目包括剛果人民自身，擺在「人類動物園」展示。

安特衛普的博覽會搭建一處有著茅草屋和池塘的假部落，為了讓村子裡有居民，主辦單位運來一百四十四位剛果人和多種非洲野生動物。他們抵達比利時後，其中八人罹患流感和痢疾等疾病身亡，屍體棄置在亂葬崗。一八九四年五月至十一月間，展會要求倖存者在歐洲人面前表演「部落生活」。[1]人類動物園受到參觀者歡迎，於是一八九七年利奧波德在布魯塞爾舉辦另一場。這次運來兩百六十七位剛果人，其中七人死亡，再度扔往亂葬崗。比利時的最後一次人類動物園於一九五八年展出，即剛果獨立的兩年前。

然而，正是在一八九八年改稱剛果博物館（Museum of the Congo）的殖民地宮，利奧波德建立他心目中剛果自由邦歷史的永恆幻象。館內擺滿剛果的文物、動物標本和雕像。更多雕像會在接下來二十五年間加入收藏品。其中有些展品美化歐洲的統治，尤其是利奧波德：他自身的雕像矗立於館內紀念廳。有些是遭掠奪的剛果藝術品，另一些是剛果人的「民族誌」表現。還有些展品訴說的故事，利奧波德傾向解釋成自己的統治成就：廢除奴隸制。一座取名為「奴隸」的雕像，顯示阿拉伯商販踐踏死去的剛果人，並奴役他的遺孀，利奧波德主張自己拯救剛果人脫離奴役壓迫。

博物館大門口矗立一尊歐洲傳教士的巨大金色雕像，留著長鬍子，相貌跟利奧波德不無相似之處。傳教士一手臂彎中懷抱非洲嬰孩，另一隻手則撫摸看似正向他禱告的非洲小孩。雕像上的題辭寫著：「比利時把文明帶給剛果」。

假使利奧波德在剛果的統治果真無比成功，廢除奴隸制、創造財富並促進文明，那麼這一切宣傳有何需要？這是不是企圖要掩蓋什麼事？

一八九九年，作家約瑟夫・康拉德（Joseph Conrad）開始連載小說《黑暗之心》（*Heart of Darkness*），靈感來自他在剛果自由邦擔任汽船船長的親身經歷。他筆下的剛果絕非擁有自由貿易與解放非洲人的樂土，而是充滿暴力與剝削的非人地獄場景。小說中的非洲人也許描述成原始形象（這部作品的種族主義觀點常招致批評），可是在康拉德的故事裡，殘暴行徑見諸歐洲殖民者間。康拉德記述，待在剛果的日子使他獲得「邪惡至極、爭相洗劫的反感知識，導致人類良知與地理探勘的歷史永遠改觀」。[2]

利奧波德國王想讓比利時人民相信自己治理才能的努力未見成效，充其量，關於剛果自由邦的輿論是漠不關心。沒有受到應有的賞識使利奧波德暗生悶氣。[3]不過，隨著剛果真實情況的消息開始外流，公眾的冷漠轉成憤怒。

非裔美籍記者暨政治家喬治・華盛頓・威廉斯（George Washington Williams）於一八九

〇年造訪利奧波德的領地，舉目所見使他震驚。威廉斯寫一封公開信給利奧波德，詳述奉剛果自由邦名義犯下的失策與暴行，包括剛果人民遭受奴役、凌虐與謀害。「陛下的政府扣押他們的土地、焚燒他們的城鎮、竊取他們的財產、奴役他們的女人與孩童，並觸犯多到難以細數的其餘罪行。」他描寫。[4]威廉斯發覺，現有的語言不足以描述他的見聞，他必須針對利奧波德的所作所為發明新的詞彙──「反人類罪」（crimes against humanity）。日後這個用語用來形容納粹大屠殺，如今納入國際法的一部分。

一九〇四年剛果改革協會（Congo Reform Association）成立，以剛果真實生活的證詞和照片反擊利奧波德的政治宣傳。最驚人的畫面或許是缺手的男女與孩童。利奧波德政權制定工人的橡膠採收配額，達不到的代價是處死，並派遣準軍事部隊執行。部隊要繳交砍下的右手給歐洲監督者，藉此證明他們殺掉能力不足的橡膠工人。

橡膠採收配額難以達成，於是部隊常要繳交裝滿斷手的桶子作為替代。實際上，他們不管抓到誰就砍下手，有些人重傷後倖存，有些人沒有。英國傳教士愛麗絲・希利・哈里斯（Alice Seeley Harris）拍下當時令人難以忘懷的照片，畫面中，橡膠工人奈薩拉（Nsala）坐在一間屋子的走廊，凝視五歲親生女兒被砍掉的手和腳。不久前，執行英─比屬印度橡膠公司（Anglo-Belgian India Rubber Company）命令的打手殺害奈薩拉的幼女和妻子，懲罰他沒有達到採收配額。

怒火傳遍全世界，馬克・吐溫（Mark Twain）、布克・T・華盛頓（Booker T. Washington）和亞瑟・柯南・道爾（Arthur Conan Doyle）等作家接連抨擊。布魯塞爾自由大學教授菲利希安・卡提耶（Félicien Cattier）調查一八九〇年代末與一九〇〇年代初期的利奧波德政府，論斷「以詞彙的適切意義而言，剛果自由邦並非殖民地，而是一種金融投機，這是清楚無疑的事實。」卡提耶表示，那地方的唯一目的是替利奧波德賺錢。「這處殖民地的治理不追求本地人的利益，甚至不是比利時的經濟利益；確保統治君王獲得最大金錢利益的欲望才是驅動力。」[5]

隨著利奧波德的聲譽下墜，他卻砸更多錢興建紀念碑，以宏偉樣式重建主要宅邸拉肯城堡（Palace of Laeken），並將布魯塞爾的一整區改造成藝術山丘（Mont des Arts），據說斥資五千萬美元，[6]此刻他的雕像多半尚未立起。一尊在一九〇三年設置於魯汶市政廳立面，不過是樹立在其他兩百三十六尊之間：一處由《聖經》人物、歷史上的君王和城市名人構成的萬神殿。

在政治宣傳失靈後，利奧波德變得戒心十足。一九〇六年，他接受一位美國記者的出色專訪，內容問到剛果自由邦。「我想歐洲沒有人被描繪成像我這種黑暗怪獸，」利奧波德嘲諷回答，「據說尼祿（Nero）與我相比算是聖人，我是食人妖怪，喜歡虐待無助的非洲黑人。」

「那麼剛果地區出現的駭人聽聞情況並非事實？」記者提問。「當然不是。」利奧波德回答，「倘若我們虐待黑人就太荒謬了，因為唯有人民快樂加上人口增長，國家才會興盛，美國或許比其他任何國家還明白這一點。」

但利奧波德承認，確實「有些剛果官員做出的誤判案例」，並堅稱對此已有處置。他主張自己的政府引進汽車、鐵路和電報，廢除奴隸制，並減少天花和「野蠻行徑」。至於統治的穩固程度，他認為：「跟數千年來由食人族組成的種族打交道，有必要採用最能擺脫怠惰，並使他們瞭解工作神聖性的方法。」

利奧波德宣稱治理剛果自由邦讓他變窮，考量到他剛掏出五千萬美元花在新的藝術街區，這一點令人訝異。他主張自己涉入剛果只為改善該國及其人民的情況。「我知道有人成見極深，聽不進這種說法。」他說，「然而他們輕易相信不實控訴，指稱我犧牲垂死的土著，賺進大筆財富。他們把我看成一條紅尾蟒蛇，勒斃黑人性命，好把金子放進我的錢包。」[7]

由於利奧波德根本懶得去剛果視察實際情況，他的否認並未廣獲接納。國際壓力升高，直到一九〇八年底比利時政府插手干預，接管剛果自由邦並更名為比屬剛果（Belgian Congo）。盛怒之下，利奧波德焚燒詳述以他之名所做一切的歷史卷宗，燒毀所有文件耗時八天。[8] 別擔心移除雕像了：燒毀卷宗無疑才是企圖抹消歷史。

在利奧波德統治下有多少剛果人遭到殺害，如今已不可能推算稍微準確的數據，更別提身受殘疾、被強暴或留下心理創傷的人數。一八八五年至一九〇八年間，估計剛果的超額死亡數介於五百萬至一千三百萬人。簡．萬斯納（Jan Vansina）與亞當．霍希柴爾德（Adam Hochschild）等歷史學者，大致同意一九一九年比利時政府的調查委員會指稱剛果人口約減少為一八七九年人口的一半——代表超額死亡總數約計一千萬人。

一九〇九年，顏面盡失的利奧波德過世，在他失去殖民地的一年後，當時他在剛果自由邦的行為掀起眾怒，導致群眾朝送葬隊伍發出噓聲。

有可能就到這裡為止，比利時國王利奧波德二世喪失名譽且備受鄙視。但歷史並未結束，永遠有人嘗試改變敘事，也常有人試圖樹立新的雕像。

五年後，歐洲陷入第一次世界大戰，比利時遭到德軍占領，西方戰線把這個小國摧毀。戰後西班牙流感疫情來襲，在一九一八年至一九一九年間重創比利時。

利奧波德沒有子嗣倖存，於是他的侄子繼位成為比利時國王阿爾貝一世（King Albert I）。阿爾貝在一九〇九年登基後，最初的作為包括出訪比屬剛果並提議改革。戰爭期間，他指揮比利時遠未做足準備的軍隊。許多歐洲君主未能撐過一戰，比利時國王留存下來，而且阿爾貝希望維持原狀。那意味著在當下要推行現代化（他幫助實施男性普選權），並修正歷史，企圖恢復他叔叔的形象。沒多久，雕像開始立起。

一九一四年，政府提議在布魯塞爾建一尊利奧波德二世像，公開募款籌措大筆資金，再加上阿爾貝本人帶頭捐款。戰爭結束後，比利時雕塑家湯瑪斯・文寇特（Thomas Vinçotte）接獲委託展開工作。利奧波德像以青銅塑造，高大身軀襯著飛揚鬍子和長袍，騎在一匹頭部恭敬低垂的馬背上。銅像立於御座廣場（Place de Trône），坐落在布魯塞爾市中心。一九二六年舉行揭幕儀式，數百位名人出席。阿爾貝發表一場歌頌叔叔的演說。他動作有些艱難，把幾乎跟身體一樣大的花束放上銅像基座。[9]

募來的錢多到能夠製作一尊完全相同的銅像複製品，運往比屬剛果當時的首都利奧波德城（Léopoldville）。一九二八年，在阿爾貝揭幕布魯塞爾利奧波德像約十八個月後，他出訪利奧波德城，再次為銅像揭幕。銅像設立在城中最醒目的位置，以剛果河為背景，在那時少有反對意見。已經發生一次世界大戰，很快會有另一次，而離家園更近的暴行，把剛果自由邦的暴行推往比利時的歷史記憶深處。

比利時當局在一九二〇年代末與一九三〇年代持續在國內樹立利奧波德雕像，地點包括根特、奧斯坦德（Ostend）與奧德海姆（Auderghem）。利奧波德一向設法宣揚關於自身的神話，在阿爾貝的謹慎監督下，這些雕像鞏固了迷思。奧斯坦德的雕像基座甚至描繪一群「感激的剛果人」，裸身屈膝，感謝利奧波德所謂的從奴隸制中解放他們。

就歷史名聲而言，利奧波德二世翻身扶搖直上。比利時歷史學者戴維・韋比克（Davy Verbeke）描述，剛果的銅像本身「代表一位汙點人物開始恢復名聲，像是臭排水溝上的漂亮、乾淨蓋子。」[10]

直到一九六〇年，比屬剛果獨立成為剛果共和國，利奧波德名聲排水溝上的蓋子才被掀開。當時比利時國王是二十九歲的博杜安（King Baudouin），他是阿爾貝一世的孫子和利奧波德二世的曾侄孫。一九六〇年，博杜安已在位近十年，但他依然是個年輕人，他的世代對剛果自由邦或利奧波德二世毫無記憶。在他成長的環境裡，利奧波德二世的形象已徹底恢復：利奧波德的雕像傲立於比利時全境。

或許正是這一點，導致剛果人在一九六〇年六月三十日獨立時，博杜安的演說嚴重判斷失誤。他站在利奧波德城的國家宮（Palais de la Nation）發表談話，正對著布魯塞爾同樣有一尊的利奧波德二世騎馬像。「剛果獨立是天才國王利奧波德二世最偉大的成就，他抱持堅定勇氣，加上比利時持續不懈努力才得以實現。」他的宣稱姿態高傲且內容不實。「八十年來，比利時把最優秀的子民派往你們的土地……從大幅削減人口的可憎奴隸貿易中解救剛果盆地。」博杜安說，利奧波德二世「不是以征服者的身分出現在你們面前，而是一位文明教化的代理人。」[11]

博杜安的演說顯示，歷史如何朝著利奧波德本人期盼的方向徹底改寫。眾多國際和剛果觀察員舉報過的反人類罪行隻字未提；絲毫未承認必須發明「反人類罪」一詞的罪魁禍首正是利奧波德；沒說到基於利奧波德的不當統治，比利時不得不兼併剛果的事實。利奧波德的同時代人清楚看見，他對剛果自由邦的統治只顧私人利益。關於廢除奴隸制與提倡文明的種種謬論，早在一九〇九年全數揭穿。半個世紀後，這些全都捲土重來。

即將上任的剛果總理帕特里斯・盧蒙巴（Patrice Lumumba）並未安排要發言。然而博杜安的演說實在令人憤怒，他站到台上，發表一席情感充沛的回應。他說，剛果人遠非獲得授予獨立，剛果人一直為了獨立抗爭，而且抗爭「充滿淚水、烈火與鮮血。我們對自身的奮鬥深感驕傲，因為那既公正且高尚，對於終止強加在我們身上的恥辱束縛不可或缺。那是我們在八十年殖民統治間的命運，我們的傷口還太新、太痛，所以無法忘記。」[12]

在場非洲人以響亮掌聲八度打斷盧蒙巴的演說，大部分歐洲人沉默呆坐，博杜安奪門而出。

六個月後的一九六一年一月，盧蒙巴遭到比利時和剛果官員逮捕、毆打並殺害。（美國中情局涉入決策，並將他交給政敵。）二〇〇一年，有消息指出博杜安事先得知暗殺盧蒙巴陰謀的消息，他完全沒有出手攔阻。「我們不允許跨越八十年的大業被一個人的仇恨政治摧毀。」同年十月，博杜安在信中提到盧蒙巴。[13]對盧蒙巴的反對根植於冷戰，唯恐他會傾向蘇聯。西方有些人認為，反帝國主義情緒無可避免會與同情共產主義交織，儘管事實時常複雜許多。關於剛果的過去與未來，比利時國王偏好的版本與盧蒙巴的政敵一致，而這必須挺身捍衛——即使代價是死亡。

逼迫盧蒙巴下台並成為剛果新任領導者的是約瑟夫—德西雷・蒙博托（Joseph-Désiré Mobutu）。他發起「真名」（Authenticité）計畫，依計畫將剛果更名為薩伊共和國（Zaïre），利奧波德城變成金夏沙（Kinshasa），約瑟夫—德西雷・蒙博托成為蒙博托・塞瑟・塞科（Mobutu Sese Seko）。一九六六年，當局撤下立於金夏沙的利奧波德二世像，銅像運到工務局，跟其餘殖民過往的象徵物一同棄置在棚屋後方的樹下。

蒙博托和他的竊盜統治政府在薩伊牢牢掌權，直至一九九七年被洛朗・卡比拉（Laurent Kabila）趕下台，薩伊變成剛果民主共和國。到那時候，剛果國內有些人的看法改變了。文化部長克里斯多福・穆松古（Christophe Muzungu）主張殖民時期雕像是剛果遺產的一部分，應該放回原本的位置，用他的話來說：「沒有歷史的人民是沒有靈魂的人民。」[14]二〇〇五年二月三日，在毫無預警下，利奧波德二世騎馬像再度矗立。循穆松古的個人命令，銅像重新設立在金夏沙的中央車站附近，擱置在棚屋後數十年的汙垢依然斑斑可見。

銅像周圍聚集一群憤怒群眾。「（利奧波德）害我們陷入貧窮。」一位男人告訴ＢＢＣ電視台，「他剝削我們的原物料，什麼也沒留下。」很快有人指出利奧波德像被放回錯誤位置，立在原本支撐阿爾貝一世像的基座上——現在那座銅像也在棚屋後面。利奧波德像原本的基座在國家宮對面，此刻立著卡比拉的雕像，他在二〇〇一年遭人暗殺。民主剛果當今總統是卡比拉的兒子約瑟夫·卡比拉（Joseph Kabila），人人都認為他不可能移下自己父親的雕像，好把國王銅像放回去。

數小時後，隨著利奧波德二世像再度被拆除，間雜動亂威脅的這一天淪為鬧劇。這一次，銅像僅僅樹立幾個小時。穆松古發表不太可信的聲明，宣稱立起銅像只是為了測試基座的穩固度。「我們將於日後再度放上銅像，舉辦更盛大的典禮。」他說。[15]

那從未發生，利奧波德二世像遭審慎移往剛果國立博物館（National Museum of the Congo），跟同年代雕像一起放置在博物館的場地。「瞧，雕像只是物品，破除偶像的風潮毫無用處。」博物館館長約瑟夫·伊邦果（Joseph Ibongo）說，「利奧波德二世像擺在這裡，不代表我們贊同殖民敘事。相反地，它給我們機會去談論濫權行為，並挑戰殖民時期的陳腔濫調……博物館是能賦予這類雕像系統性脈絡的唯一場所。」

已故的金夏沙大學（University of Kinshasa）歷史教授雅各·薩巴基努·奇威魯（Jacob Sabakinu Kivilu）反對把雕像安置在博物館。他指出，歷史可以用許多方式傳授：在學校，藉由廣播電視以及透過文化政策，「但是殖民雕像也對那種集體記憶有幫助，這是我認為它們應該擺在公共空間，而非博物館的原因。」[16]

儘管學者對於雕像該去的確切場所意見分歧，但他們一致認同雕像有可能成為周全剛果史觀的一部分。與此同時，在比利時國內，輿論正朝完全相反的方向發展。

一九九八年，歷史學者霍希柴爾德出版《利奧波德國王的魅影》（*King Leopold's Ghost*），這是一部新的剛果自由邦歷史書籍。這本書基於在比利時和剛果做的數十年學術研究，再度揭發利奧波德的反人類罪事蹟，並成為國際暢銷書。好幾代的比利時人在利奧波德雕像環伺下成長，如今他們面對版本歧異的驚人歷史，不過那對一九〇九年的前人來說反倒熟悉：一則恐怖、殘暴與屠殺的故事，以一籃籃砍下的人類手掌為象徵。

二〇〇四年，有人破壞位於奧斯坦德，由「感激的剛果人」撐起的利奧波德像。仔細觀察能看出來：群眾雕像最左邊的剛果男性被砍掉手。用這作為利奧波德政權的提示有效得可怕。名為勇敢奧斯坦德人（De Stoeten Ostendenoare）的團體宣告，如果比利時及其王室為殖民歷史道歉，他們會歸還斷手。遲遲等不到道歉，於是他們保留手掌，不過二〇一九年有位團體成員在根特參與辯論時展示斷手。[17]於此期間，二〇〇六年有條鎖鏈掛上位在埃克倫、年代最早的利奧波德像頸間，那尊雕像在二〇〇七年和二〇〇九年遭抹紅漆。

至於跟金夏沙相同的那尊布魯塞爾騎馬像，則在二〇〇八年九月遭到一場壯觀的攻擊。比利時社運人士希奧菲爾・德・吉魯（Théophile de Giraud）宣告要用塗鴉、象徵的絞刑與更多紅漆襲擊銅像。他邀請公眾參與：「會有刷子供應給想彩繪蓄鬍恐怖分子基座的任何人。在革命怒吼的喧鬧聲中，儀式將以集體轟炸這可恨的紀念碑收尾：期待踴躍參加，並歡迎攜帶雞蛋。」[18]

在預計的行動日，吉魯爬上銅像，澆灌紅漆，歡樂地在馬背上坐在利奧波德前面拍照。不久後他欣然接受逮捕，並於帶走時受訪。「瞧，他是個混蛋，還有一座銅像在歌頌連續殺人魔和反人類的罪行，（朝逮捕他的警察比了比）以及不公義的守護者，瞧，這不正好總結了我們社會的一切矛盾。」吉魯說，「看著，我們會繼續抗議這些矛盾，用更正面人物的雕像取代這座垃圾銅像。」[19]

在比利時，利奧波德的名聲顯然再度滑落。現名為中非皇家博物館（Royal Museum of Central Africa）的剛果博物館在二〇一三年閉館全面整修，新館於二〇一八年重新開放，展品重新考量歷史脈絡，並獲得剛果歷史學者的貢獻。二〇一五年，當布魯塞爾市計畫在利奧波德像前向他「致敬」，這項想法廣受抨擊。布魯塞爾市議員布魯諾・德・里爾（Bruno De Lille）形容這項舉動「應受道德譴責」，並與「嘲笑大屠殺受害者及其家屬的苦難」相提並論。[20]社運人士再次朝利奧波德的布魯塞爾銅像潑紅漆。二〇一八年，名為公共空間解殖公民（Citizens for a Decolonized Public Space）的團體，在附近的杜登公園（Duden Park）拆除一尊利奧波德胸像。

二〇二〇年六月，蓄奴者與殖民者的雕像在全世界遭到拆除之際，布魯塞爾的利奧波德像又一次被潑漆。如今雕像呈現紅色的時候似乎跟青銅色一樣多。當局把油漆洗掉，他們一清理完，銅像基座就出現新的塗鴉：「停止清洗，開始反省。」[21]

在剛果獨立六十週年的二〇二〇年六月，比利時國王菲利普（King Philippe）對利奧波德統治下發生的暴行表達「最深切的遺憾」。這不太稱得上道歉，卻是重要的一步。國王的阿姨瑪麗—艾絲梅哈達公主（Princess Marie-Esméralda）是一位作家與氣候變遷倡議者，她呼籲移除雕像。「雕像並不中立，它們代表某些事物，它們傷害人民。」她告訴BBC的節目《新聞之夜》（*Newsnight*）。她說，在學校「沒有人學習殖民時期的歷史。有許多謊言、許多迷思，而那必須改變。」[22]

一個多世紀以來，比利時王室積極促成關於利奧波德二世的神話。到頭來，一場最後的審判展開。不過，比利時的情況是否跟民主剛果國內不同？殖民主義受害者的後裔而今是否準備好面對這些公共空間或博物館的雕像，加害者的後裔卻堅持把它們全部拆除？

不用說，實際情況比那更複雜。一位擁有剛果血統的十四歲男生發動病毒信連署，主張移除比利時所有的利奧波德二世像，在二〇二〇年夏季間獲得八萬四千多個簽名。更年輕的比裔剛果世代較不畏懼挑戰成見。「父母告訴我們不要抗議，因為他們恐懼我們蒙受暴力。」比裔剛果倡議者米海耶—祖希・羅伯特（Mireille-Tsheusi Robert）告訴半島電視台（Al Jazeera），「我們眼睜睜看過親生父母被羞辱貶低，他們是我們的英雄，我們不想容忍他們跟比利時社會其他人的這種關係重演。」[23]

「布魯塞爾成為當今的歐洲首都要感謝剛果民主共和國。」剛果藝術家卡本德・阿卡邦（Kabund Arqabound）說，「大多數比利時人不敢來剛果，因為他們的祖先犯下暴行——擔心假如來這裡，我們會對他們不利。事實上，他們獲得國王一般的待遇。但是他們仍然蒙羞……我們可以原諒，剛果人一直在原諒。要獲得原諒，你必須承擔對他人所做惡事的責任。」[24]

目前沒有什麼壓力要把利奧波德二世像移出金夏沙的博物館場地——主要原因是博物館在二〇一九年搬遷到閃閃發亮的新建物。在博物館舊址，利奧波德像與逝去年代的其餘文物擺在一起，它已經從基座兩度被拉下，而今實際情況是它只能自求多福。

另一方面，移走布魯塞爾御座廣場相同那尊利奧波德二世像的壓力不小，尤其是因為時常刷洗銅像紅漆的費用必定愈積愈高。「我想我們需要為這舉辦一場辯論會。」布魯塞爾文化遺產局長保羅・史莫特（Paul Smet）說，「你看得出來這有兩種層次的辯論。如果移走雕像，你會遺忘它；如果保留雕像，你至少必須賦予它脈絡。」史莫特強調，他希望辯論會能迅速做出決策。「我們要怎麼處理自己城市中的利奧波德二世像？我們要怎麼處理依然存在的街道名稱……我們又要怎麼從過去的作為記住殖民主義，記住比利時過去鑄下的錯誤？我們要如何在我們的城市中將這些展現出來？舉例來說，從去殖民化的角度出發，我想這座城市需要某種紀念性質的雕像。」[25]

比利時歷史學者韋比克也提議在利奧波德像的地點新立紀念碑。「我夢想一座令人景仰的二十一世紀剛果—比利時紀念碑，展現普世的抱負。」他描述，「一個寧靜的療傷與和解之地，由比利時政府委託，剛果人和比利時人攜手構思與實現。」[26]

「我要引用一句諺語——魚從頭部開始腐爛。」阿卡邦說，「如果改變會發生，我們需要政治領導階層承認，這個世代必須知道它的由來。一旦我們有總統譴責比利時人犯下的暴行，比利時也開始承認自身的歷史，那會是個開始。」[27]

全球舉足輕重的剛果史學者喬治・尼桑戈拉—尼塔拉哈（Georges Nzongola-Ntalaja）教授提出一種不同的和解形式。「假如多數比利時人想要這麼做，在比利時移除利奧波德二世像毫無問題，」他書寫，「但是表態和聲明無法改變民主剛果的一切。剛果人民要的是再分配的正義與賠償，既為了他們先祖蒙受的不當對待，也為了此刻利奧波德遺緒在他們國家造成的後果。」[28]

二十一世紀初，諸如比利時等殖民強權開始面對自身歷史。到頭來，拆除一座雕像很容易——或立起一座雕像也是，真正做到彌補過去才是更艱鉅的挑戰。

第七章
瞻仰遺容

弗拉基米爾．伊里奇．列寧

地點：蘇聯／設立時間：一九二六年起／倒下時間：自一九九一年至二〇一七年

史達林設法創造圍繞自身的個人崇拜，列寧主動拒絕這麼做，直到他病得太重，無法為此提出異議。這是關於一個從來不想要雕像的人，最終卻得到數千座雕像的故事——就此成為史上受到熱烈緬懷的人物，連他自己的身體，都在死後成為「活的雕塑品」。

在蘇聯時期，數百座史達林、馬克思、恩格斯和各種大人物的雕像立起，遍布蘇聯及其衛星國。不過最重要的是蘇聯建國者列寧的雕像。列寧有稜有角的臉孔、水手帽和飛揚大衣成為蘇聯的地景要素，在每座城市、小鎮、村莊複製重現。列寧胸像深入北極圈，南極附近也有一尊；一九六〇年代末金星計畫探測器載著列寧浮雕發射後，列寧像上了外太空。[1]

對雕像的執迷深植於俄國歷史。多個世紀以來，沙皇委託製作自身的雕像。舉例來說，據聞聖彼得堡有「三騎士」。第一座設立於一七八二年，凱薩琳大帝在參議院廣場（Senate Square）樹立彼得大帝騎馬像。凱薩琳謹記自己以日耳曼伯爵之女的身分嫁入王室，地位並不穩固，利用雕像讓自身與俄國連結：銘刻她的名字，與彼得大帝並列。這尊雕像很成功，一八三三年亞歷山大・普希金（Alexander Pushkin）寫給聖彼得堡的頌詩〈青銅騎士〉（The Bronze Horseman）鞏固它在大眾想像中的地位，騎士在詩中活了起來。[2]

第二位騎士是沙皇尼古拉一世（Tsar Nicholas I）的笨拙青銅像，一八五九年設立在聖以撒廣場（St Isaac's Square）。沙皇在一匹抬起前腿的馬上僵硬端坐，兩隻後蹄是雕像與基座的唯一接觸點。最後的第三位騎士在一九〇九年立起，是一尊亞歷山大三世（Alexander III）的雕像，即使以沙皇的標準而言，他依然算是保守且不受愛戴。基座上形塑僵硬、健壯的亞歷山大騎在同樣僵硬、健壯的馬上，激發廣泛嘲笑與一首民間詩謠：

這裡立著一座矮衣櫃，
衣櫃上面有匹河馬，

河馬背上又坐一個笨蛋。

一九一七年二月二十三日，彼得格勒（聖彼得堡當時的名稱）發生浩大示威。社會主義煽動者擁向雕像，攀爬「矮衣櫃」。人群遭到驅散時，「河馬」的字眼已經刻在基座上。[3]

三尊騎士像全都挺過蘇聯年代，不過河馬在一九三七年移入博物館，如今安放在大理石宮（Marble Palace），其餘的雕像則否。一九一七年二月革命期間，全俄國的沙皇象徵物遭到搗毀，包括莫斯科一尊亞歷山大三世坐於王座的龐大雕像。一組工人拿繩索綁住雕像頭部，再用炸藥炸掉一部分。事後的照片顯示巨大頭顱側躺在街上，孩童從旁觀看。

事實上，真正的沙皇尼古拉二世（Nicholas II）被同一場革命趕下王位，他在一九一七年三月退位。退位後的尼古拉．羅曼諾夫（Nicholas Romanov）和家人淪為囚犯並遣往西伯利亞，隔年遇害身亡。到那時候列寧已從流亡處回國，布爾什維克黨人接管權力，蘇聯的控制延伸至大片領土，一場內戰持續上演。

處決王室家族的不久後，弗拉基米爾．伊里奇．列寧宣告：「我們畢生都在從事意識型態鬥爭，對抗崇拜名人與個人，很久以前我們就解決了英雄這個問題。」[4]可是他知道自己建立的蘇聯政權不能在昔日沙皇的位置留下空缺，如果他不決定用什麼去填補，便會另外有人來決定。「我剛見過弗拉基米爾・伊里奇，」教育人民委員部主席安納托利・盧納察爾斯基（Anatoly Lunacharsky）在一九一七年至一九一八年冬天告訴會議上的藝術家和雕塑家，「他再度提出那種常常使我們既吃驚又開懷，帶來好運且令人大為振奮的想法。他打算用獻給革命和社會主義偉大鬥士的雕像與紀念碑裝飾莫斯科的廣場。這麼做同時能替社會主義打氣，也是展示我們雕塑才能的睿智場域。」[5]

紀念碑政治宣傳計畫通常簡稱為「列寧的計畫」，目標是加速拆除帝俄紀念碑，並以社會主義的紀念碑取代。列寧核准適合塑造雕像的六十六人名單，其中以馬克思和恩格斯的地位最重要。名單囊括世界史上的革命與社會主義代表人物：奴隸領袖斯巴達克斯（Spartacus）、法國大革命的喬治・丹東（Georges Danton）、威爾斯社會改革者羅柏特・歐文（Robert Owen）；另有多位俄國與國際的文學、藝術、音樂名家，包括菲爾多・杜斯妥也夫斯基（Fyodor Dostoevsky）、安德雷・魯布列夫（Andrei Rublev）、莫德埃斯特・穆索斯基（Modest Mussorgsky）、亨里奇・海涅（Heinrich Heine）、列夫・托爾斯泰（Leo Tolstoy）和弗瑞德里克・蕭邦（Frédéric Chopin）。這是有意賦予社會主義一種文化系譜。歷任沙皇曾禁止托爾斯泰和蕭邦的雕像，布爾什維克黨人企圖表現得更加進步。

一九一八年四月十二日，列寧發布一項命令：「蘇聯人民委員會表明希望在五月一日，最醜陋的膜拜偶像已拆除，新紀念碑的首批模型則設立供大眾評判。」[6]那年雕像在全蘇聯立起，多半採用便宜、容易雕塑的材料，例如赤陶和石膏。這些雕像選在週日揭幕，提供宗教習俗以外的選項，同時舉辦小規模慶典、演說、音樂演奏並發放說明文宣。列寧的計畫意圖打造具有教育意義、而非僅具象徵意涵的雕像。[7]

這項計畫的公共藝術成就包括弗拉基米爾・塔特林（Vladimir Tatlin）的第三國際紀念碑，一座高四百公尺螺旋塔的設計圖。儘管從未興建，但這座塔的模型啟發了全世界的藝術家和建築師。然而天平只要有絕美的一端，就往往也有可笑的一端，在列寧的計畫中，許多品質低劣的雕像草草擺在詭異的場所。列寧親赴莫斯科的馬克思與恩格斯新雕像落成典禮上演說，慶祝十月革命的首週年。慘啊！雕像是用石膏製作，它們遠遠不能象徵革命的力量與永恆，反倒在雨中消溶。[8]

有些列寧的計畫的雕像很快遭毀：其一是法國革命人士馬克西米連・侯貝斯畢爾（Maximilien Robespierre）的雕像，他在列寧批准的名單上，被一位把布爾什維克革命比擬為法國恐怖時期的反共者炸毀。[9]

列寧強烈反對設立布爾什維克在世領導者的雕像，包括他自己。儘管如此，一九一九年莫斯科勞農委員會（Moscow Soviet）委製列寧的第一尊官方雕像，複製品送往二十九個城市。一九二〇年四月，時逢他的五十歲生日，大批人潮蜂擁膜拜雕像——這使他感到極其尷尬。[10]已經太遲了，自一九二〇年代初開始，隨著列寧的健康走下坡，他的身影在蘇聯政宣中變得常見。列寧避居莫斯科南邊的高爾基鎮（Gorki）莊園。醫生堅持要他限縮跟朋友、家人和同志的接觸。「我還沒死，」他埋怨，「但是在史達林的督導下，他們早已試圖埋葬我。」[11]

到了一九二三年春天，列寧遭到隔絕與仔細管控。然而當真實的列寧隱身時，一個新的列寧塑造成形。列寧的著作經審查與修改：他有了新的見解，他的身影到處受到吹捧。「列寧主義」一詞出現，真實列寧的恐懼應驗。但是真的列寧再也不怎麼重要，他也毫無機會進一步抗議，他在中風後喪失說話、閱讀和寫作的能力。現在重要的不是列寧，一八七〇年生為弗拉基米爾．伊里奇．列寧的那副血肉之軀，仍算是活在高爾基鎮。「列寧」才重要：一位供人崇拜的偶象，可以因應黨的需要建構與再建構。[12]這構成赫魯雪夫日後批評的「個人崇拜」基礎：利用大眾媒體把一位領袖拉抬到神的地位。廣受崇拜的領袖史達林，如我們所見，日後他把完善的技術應用在自己身上。

★

舊的列寧死於一九二四年一月，新「列寧」終於能夠完全成形。列寧的屍體開放瞻仰，首先安置在莫斯科的工會大廈（House of Trade Unions），隨後移往紅場臨時木製陵墓的玻璃棺中。數以千計蘇聯人民趕赴憑弔。

到了三月，隨著莫斯科嚴寒的冬天遠離，列寧的屍體開始腐化。托洛斯基（Trotsky）和布哈林（Bukharin）反對保存屍體，理由是它可能成為宗教遺骨。如果那種情況發生，克里門特·沃羅希洛夫（Kliment Voroshilov）說：「我們將不再是馬克思—列寧主義者。」列寧的遺孀厭惡保存屍體的做法，主張丈夫不想受到崇拜。史達林並不關注真實的列寧怎麼想，於是她遭到忽視。[13]

提議的方案包括冷凍屍體，懸掛在透明的氮氣密封艙中，或浸於裝防腐液體的金屬和玻璃棺材。祕密警察頭子菲力克斯·傑爾辛斯基（Felix Dzerzhinsky）全數否決，認為把列寧的屍體「當成某種死掉的肉」展示會引起反感。傑爾辛斯基的粗魯用語暗示，列寧的屍體漸漸成為超越死肉的某種事物——畢竟那事實上就是一塊死肉，它正在成為崇拜的對象。

致力於永久保存列寧記憶的委員會成立。「我們不希望把弗拉基米爾·伊里奇的屍體變成某種『遺骨』，」委員會在一九二四年七月宣告，「我們想要保存弗拉基米爾·伊里奇的屍體……（因為）替下一代和所有未來世代保存這位傑出領袖的容貌無比重要。」兩者間的區別也許太過微妙，導致多數人無從理解。

保存列寧屍體的最終方案由一位藥學教授和一位生物化學家策劃，屍體浸泡特殊液體並注射化學物質，有些器官移除且放進人工替代品，皮膚表面重新塑造。這道程序每隔十八個月左右必須以某種形式重來一次，至今依舊。連列寧身上看不見的部分，例如腋下和雙腳，都在他死後的百年間做過整容。這一切造就策展人所謂的「活的雕塑品」：不完全是木乃伊，也不完全是雕像。「這具屍體既是再現，也不是再現。」俄國人類學者阿列克謝・尤查克（Alexei Yurchak）描述，「『活的雕塑品』用語意欲傳達這種矛盾，似乎在說這是由屍體本身構成的屍體雕塑品。」[14]

列寧這具「活的雕塑品」實現雕像的所有功能，迫使他淪為對新任領導者有益的一種象徵、一件物品，同時遮蔽更複雜的現實。它是列寧偶像崇拜大軍的核心。新的圖像、儀式和符號呼喚列寧為「我們親愛的國父」，近似俄國東正教和民間習俗。政府鼓勵屋主設立「列寧角落」，類似東正教基督徒供奉宗教神像的「光明角落」，列寧主義者的版本則擺放他的照片和政治宣傳資料。列寧記憶永久保存委員會從一九二五年起實施列寧形象標準化的新規定。

一九二六年，第一座重要的非活體雕像樹立：芬蘭車站（Finland Station）①外的列寧紀念像，位在過去曾是聖彼得堡和彼得格勒，如今稱為列寧格勒的城市。列寧雕塑成現今標準意象慣用的姿勢：身穿大衣，右手往前伸，左手抓著外翻衣領。[15]

列寧崇拜在蘇聯內部和布爾什維克同志間引起猛烈批評。史達林不在乎，他持續建立崇拜，把那當成自身的舞台。一九三一年，他發表一封信攻擊批評列寧的人，堅稱「**老大哥**（vozhd）絕對正確」——「vozhd」指領袖或老大，這詞彙日後他套用在自己身上。列寧雕像在全蘇聯湧現，很快地，史達林像開始出現在列寧身旁。起初，列寧通常表現成父親或老師的形象，史達林則是他的忠實門徒。一九三〇年代初，這種情況漸漸轉變，於是兩人展現平等的地位。到了一九三五年，列寧常降級至次要的背景角色，史達林占據頌揚焦點。一位新聞記者利用一九三三年十一月七日一整天走遍莫斯科的高爾基街，即現今的特維爾大街（Tverskaya Street），沿路計算肖像和胸像，總共數到一百零三個史達林和五十八個列寧。[16]

一九三一年，史達林炸毀莫斯科的基督救世主主教座堂（Cathedral of Christ the Saviour），打算在原址興建新的蘇維埃宮（Palace of Soviets）。建物預計高四百公尺，頂端聳立高一百公尺的鋁製列寧像。在當時，這會讓蘇維埃宮成為世界最高的建築，冠蓋的列寧則是最高的雕像。

一九三四年設計圖在莫斯科的美術館展出，參觀者的評論不一。有個人抱怨建物不夠

---

① 芬蘭車站是聖彼得堡的鐵路大站，由芬蘭鐵路興建，開設通往芬蘭的列車得名。一九一七年列寧從瑞士回國領導十月革命，正是搭火車抵達芬蘭車站。

高，擔心沒辦法從莫斯科每個角落都看見列寧。另外有人表達舊的、真實的列寧可能也會同意的觀點：「這不是一棟雄偉建物，而是列寧紀念碑的戲劇舞台。群眾領袖升入遠離人民的雲端，他的重要意義在此完全喪失。此外，列寧被塑造成守舊演員的姿勢，誇大且陳腐得不可置信。」[17]

史達林並未氣餒。蘇維埃宮作為全世界最巨大列寧像的基座，從一九三七年開始動工。第二次世界大戰介入：施工停止，鋼造地基拆除，再利用於戰爭事務。一九五八年赫魯雪夫掌管蘇聯時，留下的地基改建成一座龐大的露天游泳池。一九九四年，泳池回填，於原址重建一模一樣的基督救世主主教座堂。

史達林在一九五三年過世時，他的屍體接受防腐處理，安放在紅場陵墓的列寧屍體旁。一九六一年，赫魯雪夫下令移走史達林屍體，葬入克里姆林宮紅場墓園（Kremlin Wall）。不過「活的雕塑品」列寧繼續留下。自一九五二年伏爾加—頓河運河（Volga-Don Canal）開通後，一座高二十四公尺的宏偉史達林像矗立在運河口。雕像在一九六一年拆除。十二年後的一九七三年，一座列寧像出現在史達林曾矗立的地點，雕像高二十七公尺，包含基座達三十公尺，成為全世界最高的列寧雕像，至今依然聳立。[18]

史達林的身影可以抹消，然而列寧像仍在設立，代表史達林的影響力延續不斷。列寧像未引發爭議的唯一理由，在於史達林的政治宣傳刻意淨空他的一切人格，把他變得毫無鋒芒而神聖。

推動虔誠崇拜的過程往往少不了嘲諷，蘇聯人民互相交換的**軼聞**般顛覆笑話，時常取笑列寧像無所不在。一則笑話描述選出詩人普希金最佳雕像的競賽，「三獎是閱讀普希金的列寧像；二獎是閱讀列寧的普希金像；首獎頒給列寧像！」[19]

蘇聯領導階層知道這已經變得有些愚蠢。在尤里．安德羅波夫（Yuri Andropov）執政的一九八三年，除非得到莫斯科的「例外」批准，否則禁止設立新的紀念碑。不過僅僅在三年後，米哈伊爾．戈巴契夫（Mikhail Gorbachev）再度放寬規定。戈巴契夫希望連結回蘇聯建國者，好為他的改革計畫賦予正當性，他的照片常在向列寧的雕像和紀念碑獻上花圈。[20]

一九八七年，詩人葉夫根尼．葉夫圖申科（Yevgeny Yevtushenko）寫下〈紀念碑仍未建〉，主張「若沒有重建記憶，就不可能有重建。」他呼籲以「真誠的大理石」真正清算蘇聯歷史：要蘇聯說出過去的真相。戈巴契夫關鍵的**公開政策**（Glasnost）冒險摧毀的列寧主義幻象，正是他希望利用的社會順從與延續。

「共產黨員，你們沒有幻象。你們破產了。」一九九〇年勞動節，抗議者在紅場列寧陵墓外舉起的布條和海報寫著。「打倒列寧崇拜。」戈巴契夫迅速意識到招數玩完了，他不再扮成列寧的繼承者，並宣告現在「是時候停止對列寧的荒謬偶像崇拜」。[21]那年夏天，蘇聯各個共和國開始拆除雕像，包括立陶宛、拉脫維亞、喬治亞、摩爾多瓦和烏克蘭。在俄國，一項公投的投票者中，百分之五十五贊成把城市名稱列寧格勒改回聖彼得堡。

俄國倡議人士在一九八七年創立名為「紀念」（Memorial）的團體，立意承認蘇聯歷史的黑暗面。他們從一處古拉格營地拿取石頭，擺在莫斯科祕密警察頭子傑爾辛斯基像旁邊。[22]一九九一年，俄國最有助宣洩情緒的雕像倒下場景，或許是傑爾辛斯基的雕像。八月的一個夜晚，莫斯科當局派吊車去拆除蘇聯壓迫象徵時，數百人觀看並反覆高喊「打倒KGB！」

整個一九九一年，列寧雕像持續倒下。東柏林的列寧廣場有一座龐大的列寧像，自一九七〇年起矗立於此。柏林市議會決議雕像必須移除，但說比做容易，這座列寧像高十九公尺，用實心花崗岩刻成。三個月間，雕像被敲鑿成一百二十九塊。石塊運出柏林，埋進沙地樹叢。拆除列寧像的影像對歐洲電影產生重大影響：日後巨大列寧像在電影銀幕上拆除，諸如《大猩猩在正午洗澡》（*Gorilla Bathes at Noon*，南斯拉夫，一九九三年）、《尤里西斯的凝視》（*Ulysses' Gaze*，希臘，一九九五年）、《再見列寧》（*Good Bye, Lenin!*，德國，二〇〇三年）。

市議會拒絕柏林歷史學者與美術館界挖出列寧頭顱的請求，主張沙地樹叢是一種受保護蜥蜴的家園——牠們的棲地埋入龐大的列寧，想必早已帶來不便。蜥蜴沒有得到安寧，二〇一五年蜥蜴遷離，議會終於讓步，列寧頭顱從土裡挖出來，自二〇一六年起展示在斯潘道要塞（Spandau Citadel）。一旁有許多德國歷史上的其他棄置雕像，包括十九世紀末的布蘭登堡—普魯士（Brandenberg-Prussian）一系列統治者，以及納粹政權為一九三六年奧運委託布瑞克製作的十項全能運動員像（Decathlete）。列寧的頭顱並未直立展示，反而側躺著，巧妙避免美化，並讓參觀者想起雕像的命運。[23]

蘇聯在一九九年底解體後，社會全面興起對共產主義的強烈抵制，列寧尤然。「自稱為共產黨員的人，突然間開始自白從出生那天起就痛恨共產主義。」一位前共產黨公務員告訴作家斯維拉娜・亞歷塞維奇（Svetlana Alexeivich）。[24]

就心理層面而言，可以理解在蘇聯時期忠貞信仰列寧個人崇拜的許多人，如今感到尷尬、羞愧，偶有深切的失落感，有些人把這些情緒發洩到列寧本人的身影。眾多共產主義紀念碑遭毀，融成廢金屬或賣掉。舉例來說，一座九噸重的列寧青銅像設在立陶宛里加（Riga）的國家安全委員會總部外，遭商販以廢金屬的價值買下：時價約一萬英鎊。銅像列入蘇富比（Sotheby's）的一場庭園擺設品拍賣會，英國議員夏舜霆（Michael Heseltine）出價兩萬英鎊買下，他是瑪格麗特・柴契爾（Margaret Thatcher）保守黨政府的內閣大臣，而今銅像立於議員的北安普敦郡（Northamptonshire）花園。[25]

列寧崇拜者洗心革面後的尷尬感受，有時展現於偷偷摸摸的雕像移除。位於克里姆林宮庭院的一尊坐姿列寧沉思像，起初移往花園較不顯眼的角落，接著封進木柵欄後方，據說正在「修復」。柵欄拆除時，消失的魔術上演。重二點二噸的列寧沉思像神不知鬼不覺一舉運往高爾基鎮，即真實列寧過世的地點。[26] 如同人物本身，當雕像造成不便時就被請出視線外。

有些雕像被扔在莫斯科河（Moskva river）南岸、中央美術館（Central House of Artists）後方的空地，位於高爾基公園的正對面。這開創一個新機會：打造一處雕像墓園。「這開啟一個畢生的夢想，」莫斯科市長尤里・盧日科夫（Yury Luzhkov）宣告，「蒐集所有蘇聯領導者、英雄、農民的青銅和花崗岩像，用柵欄圍起來，讓孩子在那裡玩耍。」[27]

事實證明園區不太吸引兒童，反倒成為觀光客的景點，他們喜歡跟模範工人往前伸的大理石手掌擊掌合照，攀登史達林，用手指幫列寧加上小小的兔耳朵。在冷戰結束後第一部發行的龐德電影《黃金眼》（*GoldenEye*，一九九五年），片頭中女性剪影在倒下的共產主義雕像上扭動曼妙身姿。在電影的轉折點，〇〇七發現自己在雕像墓園遭逢勁敵〇〇六。[28]

隔年，莫斯科當局開始整理真正的雕像墓園，修復雕像，並增設同時扮演政治免責聲明的識別牌：「它具有歷史與藝術價值，紀念碑採蘇聯時期政治意識型態設計的懷念風格，受國家保護。」[29] 雕像墓園改名為藝術公園（Park of Arts），不過更常稱為倒塌紀念碑公園（Fallen Monuments Park）。共產雕像墓園也在匈牙利布達佩斯設立（寫史達林的第三章提過），以及立陶宛德魯斯基寧凱（Druskininkai）。

然而，最迷人的雕像墓園必定是克里米亞西端塔克漢庫特角（Cape Tarkhankut）海邊的領袖小徑（Alley of the Leaders）。一九九二年，當地的潛水員弗拉基米爾・波魯緬斯基（Vladimir Borumensky）買下一尊列寧胸像，擺放到這處風景如畫的海底位址，兩旁有珊瑚和發光的魚群。收藏品漸增，如今水下約有五十座共產主義舊紀念碑，僅有潛水員和海中生物造訪。蘇聯版亞特蘭提斯的居民包括數尊列寧，以及史達林、馬克思、傑爾辛斯基和馬克西姆・高爾基（Maxim Gorky），曾為英雄的一系列大人物，現在爬滿籐壺和擺動的海藻森林，逐漸變得難以辨認，從記憶裡緩緩消失。[30]

儘管許多這類紀念碑遭到遷移、重新利用或拆毀，但絕大多數俄國境內的列寧像依然維持原狀。據網站leninstatues.ru指出，一九九一年有七千座列寧紀念碑；到了二〇一五年十一月，仍有六千座留在原地。其餘前蘇聯共和國的情況則非如此，如波羅的海三國的這類雕像已全數消失。不過現今在莫斯科，遊客依然能在數十處荒郊野外看見列寧像。

殘存的列寧像偶爾遇上麻煩。二〇〇九年四月一日愚人節，第一座重要的列寧雕像遭放置炸藥，也就是一九二六年設立在聖彼得堡芬蘭車站的那座。後續的爆炸在雕像背上炸出一個大洞，無可避免引人發笑，當局修復列寧的背部。隔年，聖彼得堡郊區的一座列寧像也被炸（本身就是用來取代搗亂者在二〇〇四年拆除的另一尊列寧像），上半身水平移位。「向紀念碑動手的任何人是在違背歷史和我們市民的情感。」聖彼得堡市長瓦蓮蒂娜·馬提維延科（Valentina Matviyenko）說，對於西方邦聯人士或蓄奴相關雕像爭議的關注者而言，這些用語熟悉得驚人。「無論他們對列寧有什麼看法，我們城市的所有人民都被這項行為激怒。」[31]

★

二〇一三年十二月八日晚上，兩百人頭戴蒙面罩聚集在高聳基座上的列寧大理石像周圍，地點在烏克蘭基輔的謝夫欽科大道（Shevchenko Boulevard）。這座列寧像在一九四六年設立，用來慶祝三年前蘇聯從納粹軍隊手裡奪回基輔。抗議群眾架梯子爬上雕像，往頸間套上繩索。他們一拉，列寧像應聲倒下——從基座往後倒下，並在地面彈跳，過程中頭部斷裂。歡呼的群眾拿斧頭和錘子對付剩下的雕像。[32]

反對俄國干預烏克蘭的抗議領導階層發布聲明，表明並未謀劃毀損雕像：「我們可以說是人民自行發起行動。」[33]俄國人自身也許從蘇聯解體開始對列寧抱持複雜情感，但是對烏克蘭人而言，列寧象徵俄羅斯。抗議者把列寧當成烏克蘭總統維克多·亞努科維奇（Viktor Yanukovych）的代理人，他親俄但遠非列寧主義者。同年十二月間，烏克蘭另有三座列寧像遭到攻擊，二〇一四年一月再多九座受襲。不過要到二〇一四年二月，稱為**列寧像倒塌事件**（Leninopad）的現象真正上演，三百七十六座列寧像淪為攻擊目標，大多遍布在烏克蘭中部和西部區域。

並非所有的列寧像都被拆除，札波羅熱（Zaporizhya）的一座列寧像穿上傳統烏克蘭繡花衫；另一座在敖得薩（Odessa）的雕像受到雕塑家的創意改造，覆上鈦合金表層，把列寧完美轉變《星際大戰》（*Star Wars*）的反派達斯・維達（Darth Vader），他的飛揚大衣變為斗篷；在西伯利亞，一座列寧像漆成藍色和黃色聲援烏克蘭抗議者，並出現「榮光歸烏克蘭」的塗鴉文字；在鄰近俄國邊界的哈爾科夫（Kharkiv），二〇一四年二月有群眾在列寧像周遭連成人牆，擋住想來拆除雕像的抗議者，最終抗議的一方取勝：雕像在九月被拆除，暫時換上一座基督教十字架。[34]

瑞士攝影師尼爾斯・阿克曼（Niels Ackermann）和法國新聞記者塞巴斯蒂安・高柏特（Sébastien Gobert）蒐集烏克蘭列寧像的照片與故事，日後出版成書《尋找列寧》（*Looking for Lenin*）。他們透過Google圖片搜尋來追蹤雕像，「但這常常很困難，因為以死人來說，列寧移動得相當快。」他們告訴《壞習慣》（*Vice*）雜誌。「他的紀念碑遭到搬移、改造、毀損、偷竊、出售……有時我們恰好只晚到幾天。」他們發現列寧依然引發強烈反應，「有時候我們遇見的人開始說話、傾訴、埋怨、尖叫，共同傾向是每一個人都對列寧有些話要說。你講出『列寧』這個字，人們就有反應要表達。」在他們的驚人照片中，有一張是掀開的後車廂裝著五顆列寧斷頭，亂成一團。[35]

二〇一四年二月二十二日亞努科維奇遭革職，列寧像倒塌的速率減緩成每月十幾、二十座。那年四月九日，烏克蘭的新政府禁止共產和納粹主義的政治宣傳，包括雕像在內。據估計，一九九一年烏克蘭有五千五百座列寧像。到了二〇一五年十一月，仍有一千三百座矗立，而在二〇一七年的十月革命一百週年紀念日，它們幾乎全數移除。據信烏克蘭如今只剩下兩座列寧像：皆位於車諾比強制疏散區（Chernobyl Exclusion Zone）內，棘手得難以處理。[36]

至於在這一切之中最引人注目的列寧像，從他的肉體精心雕刻修飾而成那具「活的雕塑品」狀況如何？一九九三年，列寧陵墓外的警衛縮減，隨後裁撤。每十八個月維護遺體一次的實驗室經費大幅削減，傳聞說遺體會移走並安葬。共產主義人士輪班守在周圍保護。

二〇一二年，俄國總統普丁質疑展示一具屍體算不算違反東正教基督徒的戒律。二〇一七年，他所屬的統一俄羅斯黨（United Russia Party）聯合其他政黨，在俄國議會提出法案要求安葬列寧。他們遭到共產黨的強烈反對，形容這是「挑釁」，並斷言將引發動亂。俄國的新聞通訊社塔斯社（TASS）委託執行一項民調，發現百分之六十三的俄國人認為列寧應該下葬，其中約半數認為應該立即安葬他，另一半覺得可以等到「維護列寧的人不再對這議題敏感」再下葬。僅有百分之三十一的人希望維持原狀。[37]

不過在撰寫本書的當下，列寧過世已近一個世紀，他的「活的雕塑品」依然在紅場的大理石陵墓裡。這一切必定讓真實的列寧感到驚恐：這些偶像崇拜、雕像、陵墓，以及他死後象徵的事物。然而真實的列寧早已落幕，被他的繼承者吞噬殆盡。

第八章
「現實的沙漠」

薩達姆・海珊

地點：伊拉克巴格達／設立時間：二〇〇二年／倒下時間：二〇〇三年

獨裁者薩達姆・海珊（Saddam Hussein）的雕像倒下，構成二〇〇三年伊拉克戰爭的永恆畫面。這幅畫面在全世界轉播，象徵著美國帶領的聯軍打勝仗，以及伊拉克人民得到解放。但那是事實嗎？如我們所見，設立雕像是企圖創造關於歷史的敘事。入侵伊拉克期間，**拆除雕像**也是企圖創造關於歷史的敘事。海珊雕像的故事帶我們進入兔子洞，同時展現創造一則迷思的可能性和限制。

推動者所稱的「自由伊拉克行動」（Operation Iraqi Freedom）從二〇〇三年三月二十日

開始，行動由美國帶頭，率領一支「志願聯軍」，包括來自澳洲、波蘭和英國的部隊。美國總統喬治·W·布希（George W. Bush）宣稱這項行動的目標明確：「解除伊拉克的大規模毀滅性武器，終止薩達姆·海珊對恐怖主義的支持，以及解放伊拉克人民。」他接著說：「美國和我們友邦和盟國的人民，不會任憑以大規模殺傷性武器威脅和平的非法政權擺布……這是一場維護我們國家安全與世界和平之戰，我們不接受勝利以外的結果。」[1]開戰的這一正當理由在當時與此後皆引發熱議。

儘管遭到伊拉克軍隊抵抗，入侵部隊迅疾越過國土。地面作戰兩個半星期後的四月七日，他們抵達巴格達。矗立於天堂廣場（Firdos Square）的海珊像①就在那裡，正位於市中心。兩天後，雕像將轟然倒塌。

一九三七年，海珊出生在伊拉克北部提克里特市（Tikrit）附近的務農家庭。度過不快樂的童年後，二十歲的他加入阿拉伯復興社會黨（Ba'ath Party）。這個政黨的意識型態是泛阿拉伯民族主義，並混雜些許社會主義、世俗主義和伊斯蘭教的影響。接下來二十年間，海珊在黨內晉升，於一九七九年掌權。他的野心宏大：放話要成為阿拉伯世界的領袖並控制波斯灣。一九八〇年，海珊入侵伊朗油田，引發一場漫長、昂貴且破壞慘重的戰爭。一九九〇年入侵科威特，受到聯合國譴責。一九九一年一月，美國為首的國際聯軍給予軍事回應，陣中包括埃及、法國、沙烏地阿拉伯、英國部隊。海珊被趕出科威特。伊拉克在國際上受辱：施加禁飛區與災難性制裁，禁止發展核子、化學或生化武器。國內則遭到叛亂重創，海珊動用殘暴手段鎮壓。

扮演總統時，海珊在某些方面以史達林為榜樣。兩人都是農民出身的局外人，冷酷無情得異乎尋常，一路爬到頂峰。海珊模仿史達林的政治宣傳風格，廣發自己面帶微笑，並讓伊拉克人民富裕的身影：一個好心的叔叔。[2] 他甚至留起類似的鬍子。

某些伊斯蘭傳統禁止人物畫像，尤其是宗教人物——近年來，穆罕默德像時而招致暴力反應。不過以伊拉克的歷史來看，伊斯蘭教是相對晚近的後到者。曾名為美索不達米亞的地區擁有古老輝煌的藝術傳統，包括雕像，可上溯至數千年前。人物畫像深深根植於美索不達米亞文化，不可能加以禁止。在海珊的統治下，有可能、甚至有必要製造他的人像，所有的學校、公共建物和商業空間都必須展示他的肖像。

海珊政宣裡的歷史淵源根植於中東，有些騎馬像塑造他拔出長劍，指往耶路撒冷的方向：抬起前腿的馬有火箭彈簇擁兩旁。有時他雕塑成頭戴岩石圓頂（Dome of the Rock），把伊斯蘭教的聖殿重新設計成頭盔。他的畫像利用服裝和道具，讓人聯想至巴比倫的立法者

① 本章作者行文多稱薩達姆，中譯改稱台灣讀者較熟悉的姓氏海珊。

漢摩拉比（Hammurabi）；征服奴役猶太人的尼布甲尼撒（Nebuchadnezzar）；多位伊斯蘭領袖哈里發；跟海珊一樣出生在提克里特市、擊敗基督教十字軍的薩拉丁（Saladin）；甚至穆罕默德本人。據說這是希望把上述歷史人物的特質提煉到海珊身上，團結伊拉克人民與美索不達米亞的歷史，並向外觸及整個中東。[3]

海珊從執政的開端就為伊拉克的浩大勝利設立紀念碑，有時候他熱切到在贏得勝利**之前**就立起紀念碑。最著名的案例是巴格達的凱旋門，正式名稱是卡迪西亞之刀（Swords of Qādisiyyah）②。凱旋門在一九八六年發包興建，用來紀念兩伊戰爭，時間是戰爭結束的兩年前。正式名稱的典故來自七世紀的卡迪西亞戰役，當時阿拉伯人大勝波斯人。對海珊來說，很遺憾兩伊戰爭以僵局收場。拱門由兩隻結實手臂握著的兩把軍刀交錯構成，海珊與雕塑師密切合作：兩隻手臂完全依照他的雙臂開模，他的指紋還出現在其中一隻手上，據說軍刀是用俘虜的伊朗武器鑄造而成。[4]

一九九一年的波灣戰爭後，國際社會制裁禁止跟伊拉克的所有貿易，僅符合人道主義條件者除外。在處處艱困下，導致藝術家和雕刻師難以取得製作材料，獲得顏料、畫布、青銅和石材的其中一個方式是為海珊作畫或製造雕像。[5]倘若藝術正確，政權自會供應。

當伊拉克人民因制裁受苦時，海珊卻興建宏偉宮殿，充滿自身的雕像和獻給自己的紀念碑。據稱資金來自石油走私，並轉售聯合國供輸的人道救援物資。美國國務院開始懷疑這些宮殿用來存放大規模毀滅性武器。實情不然：海珊真的只是在享樂。

一九九九年美國國務院提出一項報告，估計海珊在八處主要位址興建建築群，各地皆由宮殿、房舍和紀念碑組成一個聚落。報告推估自一九九一年起，他在這些位址蓋了四十八座新的宮殿，耗資二十二億美元，外加他在波灣戰爭前擁有的二十座。（「我們是基於該區域的施工成本估算，」一位官員告訴國家廣播公司新聞台（NBC News），「不包括裝潢在內。」）[6] 這段期間設立的海珊雕像數量未明，不過光是在巴格達就有數百座。

二〇〇二年四月設立在天堂廣場，慶祝總統六十五歲生日的海珊像沒有什麼特別之處。一九八二年，海珊政府拆除廣場上的無名戰士像（Unknown Soldier），蓋了兩間新飯店：巴勒斯坦飯店（Palestine Hotel）和伊什塔喜來登（Sheraton Ishtar）。海珊用三座更雄偉的新紀念碑取代無名戰士像：前面提到的凱旋門、新的無名戰士紀念碑、殉教者紀念碑（Martyr's Monument），以巴格達最著名的慶典大廣場（Great Celebrations Square）為中心。

天堂廣場的位置沒那麼重要，因此那裡的海珊像顯得平凡：一尊站姿青銅像，高十二公尺，重約一噸。它不怎麼重要的事實，也許是銅像倒塌後人們對製作者是誰感到混

② 卡迪西亞是美索不達米亞南部古城，卡迪西亞戰役由新崛起的正統哈里發擊敗波斯薩珊王朝，將現今的伊拉克納入國土，是穆斯林的早年重要勝仗。

淆的原因之一。二〇〇四年伊拉克雕刻家哈爾德·伊扎特（Khaled Izzat）接受《衛報》（*Guardian*）採訪，談論這尊銅像。印度雕刻家夏凡·普拉嘉帕提（Shraavan Prajapati）以銅像創作者的身分數度受訪，包括二〇〇八年在《獨立報》（*Independent*）、二〇〇九年在《印度快報》（*Indian Express*）、二〇一〇年在《印度時報》（*The Times of India*）。伊扎特詳述細節：他宣稱依照一張相片製作銅像，可是恐怖的評論者海珊會不時親自造訪工作室，對他的作品說三道四。他埋怨天堂廣場的雕像讓自己賠錢，因為有個工人毀了第一尊鑄像。《印度快報》在一九九七年見過普拉嘉帕提一次以後，認定是他製作天堂廣場的銅像和另外幾尊青銅海珊像。[7]

然而完全不同的兩個人皆獲稱為銅像創作者的事實，正是這則故事的特點。什麼是真、什麼是假之間的界線，很快就會徹底消失。

★

法國哲學家尚·布希亞（Jean Baudrillard）界定「超真實」——在這樣的狀態中，你無法分辨真實和擬仿間的差別，或稱擬像（simulacrum）。在第一次波灣戰爭的一九九一年，他撰寫三篇處理這個主題的文章，隨後收錄在《波斯灣戰爭不曾發生》（*The Gulf War Did*

Not Take Place）出版。言之鑿鑿的書名對許多人來說顯得荒謬，而且文章的風格難懂又流於理論。即使如此，要理解往後三十年間出現的網路年代，布希亞的概念變得重要至極。

儘管書名挑釁，但事實上布希亞並未主張波灣戰爭真的沒發生，他主張的是就人們普遍理解的「戰爭」而言，一九九一年前幾個月的相關事件並不是真的戰爭：它們是戰爭的**擬仿**。

這項論點有兩個原因。首先，這些事件經由媒體精心設計：聯軍控制可以播映的影像，以及新聞記者獲准報導的內容。收看電視的西方公眾得到煙火般的轟炸片段不停輪播，還有導彈朝目標飛去的主觀鏡頭。效果就像在打電動遊戲：乾淨俐落，毫無後果。戰爭**有**後果，但軍方選擇不宣傳摧毀家園或受傷人民的影像，所以大部分觀眾從未目睹。聯軍多半透過遙控武器系統進攻，例如導彈，在他們跟事件之間創造真正的與情感的距離，至少對聯軍陣營的部隊是如此。

其次，布希亞主張這場戰爭的結局從未真的存疑：戰爭已經「提前打贏了」。聯軍必勝，而成天裝模作樣的海珊毫無回擊能力。布希亞批評海珊的行徑，尤其是利用人質勒索，他描述這是「墮落的戰爭形式」。對陣雙方都用操弄，而非真正搏鬥，進行一場擬仿戰爭。這樣的戰爭「被剝除激情、幻象、盛裝、面紗、暴力、意象：甚至可以說戰爭遭到軍方技術人員剝個精光，再被他們重新穿上各式電子人造物，彷彿有第二層皮膚。」[8]

布希亞描述的波灣戰爭超真實特質，引起作家、藝術家和電影工作者的熱烈興趣。隨著網際網路開始連結世界，他的論點看起來更具先見之明。真實對抗虛擬經驗的相關興奮感與焦慮漸增。一場超真實的戰爭在一九九七年的政治喜劇片《桃色風雲搖擺狗》（*Wag the Dog*，大幅改編自一九九三年的一部小說）中上演，電影裡的美國總統捏造海外的虛構戰爭，好為國內的性醜聞分散注意力。超真實是科幻動作賣座片《駭客任務》（*The Matrix*，一九九九年）的基礎，片中角色莫菲斯（Morpheus）引述布希亞的話：「歡迎來到真實的荒漠。」

二〇〇三年，當美國領軍的部隊展開自由伊拉克行動並入侵伊拉克時，情況變得不同。這場戰爭既在「真實的荒漠」，也在真正的沙漠開打。地面入侵行動是焦點，伊拉克軍隊布署抵抗，隨後領土被聯軍占領。從這些角度來看，二〇〇三年的戰爭比一九九一年更接近布希亞所謂的真實戰爭，不過實際上也「提前打贏了」。

伊拉克發言人穆罕默德．薩依德．薩哈夫（Mohammed Saeed al-Sahaf）活力四射的新聞記者會，宣稱海珊打勝仗，但很容易分辨他企圖捏造違背事實的擬仿勝利。「巴格達很安全，戰鬥還在打。他們異教徒有好幾百人在巴格達的城門前自殺。別相信那些騙子。」他在巴勒斯坦飯店頂樓告訴國際新聞團隊。觀眾看得見，他身後的伊拉克部隊正在逃離河對岸的美軍坦克車。[9]薩哈夫成為某種名人，暱稱「巴格達鮑伯」和「滑稽阿里」（用海珊情報首長的暱稱「化武阿里」玩文字遊戲）。

拉倒海珊銅像是更大的超真實壯舉，作為事件高潮呈現在世人面前：自由伊拉克行動的勝利。聯軍扮演解放者，終於讓伊拉克人民翻身，拆除壓迫他們的獨裁者最有力的象徵。但真相遠沒這麼簡單。

由於聯軍部隊從三月二十日開始入侵伊拉克，他們已拆除數十座海珊像。舉例來說，在三月二十九日，英軍在巴斯拉（Basra）炸毀一尊海珊鑄鐵像。「那麼做的目的在於心理層面，」一位軍隊發言人表示，「要讓人民看見……他失去勢力，而且我們會打擊那股衰頹勢力的任何代表象徵。」[10] 儘管BBC和其他新聞機構發布相關報導，但沒人拍下事發經過，因此在巴斯拉以外的地方並未造成什麼迴響。

在巴格達淪陷揭開序幕的四月七日，美軍士兵拿下共和國宮（Republican Palace）。他們的指揮官命令部隊去找一尊能夠破壞的銅像，並且等到福斯新聞台抵達才開始破壞。沒多久，他們找到一座海珊騎馬像，電視台工作小組出現，士兵適時發射一枚炮彈。影像片段並不刺激，只是美軍在破壞東西，沒有戲劇場面、沒有心懷感激的伊拉克群眾，所以播放次數不多。[11] 同一天，美國海軍陸戰隊和伊拉克平民在卡巴拉（Karbala）拆除另一尊海珊像，隔天英軍又在巴斯拉拆除另一尊。伊拉克有太多海珊像，基本上天天都有雕像倒下。[12]

報導入侵行動的許多位國際新聞記者搬進天堂廣場的巴勒斯坦飯店，也就是「滑稽阿里」舉辦搞笑記者會的飯店。他們從更豪華也更靠近政治中心的拉席德飯店（Al Rasheed Hotel）搬來，那個地區大半已遭轟炸摧毀。雖然巴勒斯坦飯店是眾人皆知的媒體庇護所，但一輛美軍坦克車在四月八日朝飯店發射炮彈，誤將陽台的相機當成伊拉克監視設施。兩位記者遇害、三人受傷，其餘的記者氣壞了。

後來，所幸有一則新聞將在隔天發生，使他們對國防部的怒火得以分心。而且事件發生在天堂廣場，就在他們的飯店外。說起來很幸運，但不是由美國國防部策劃。這則新聞出自當地美軍士兵的自發擬仿，藉著國際新聞媒體的助力，編織成火力全開的全球事件。

二〇〇三年四月九日，率領海軍陸戰隊第四步兵團第三營的中校布萊恩・麥克科伊（Brian McCoy），從巴勒斯坦飯店的一位記者得知天堂廣場沒有伊拉克部隊。《時代雜誌》（*Time*）記者賽門・羅賓森（Simon Robinson）表示麥克科伊知道記者在那裡，所以「有機會」。

麥克科伊的坦克連長布萊恩・路易斯（Bryan Lewis）上尉封鎖通往廣場的街道。一輛M-88裝甲救濟車上的槍炮軍士長里翁・蘭柏特（Leon Lambert）用無線電向路易斯提出一個想法：他們該不該拉倒海珊像？路易斯回答：「不可能。」

麥克科伊走進巴勒斯坦飯店見記者。剛過晚上五點，蘭柏特再度呼叫路易斯，告訴他現在當地的伊拉克人自己想要拉倒銅像。廣場上有些伊拉克人，還有眾多記者。

蘭柏特主張有些伊拉克人想要拉倒銅像的說法，在某種程度上獲得當地技工卡辛・夏利夫・哈桑・賈博里（Kadhim Sharif Hassan al-Jabouri）的證實。卡辛宣稱自己曾替海珊和他的兒子烏代（Uday）修理摩托車，卻為了錢起爭執，烏代把他關進牢裡。卡辛告訴BBC，在海珊執政期間，「我自己的家族就有超過十四、十五人被海珊處決。」他聽說美軍進城時很開心，說他拿起鐵錘，從附近的家中車庫走去天堂廣場。

蘭柏特問路易斯：「如果有鐵錘和繩索從M-88裝甲車掉出去，你介意嗎？」

「我不在乎。」路易斯回答，「但別用到M-88裝甲車。」

蘭柏特說他把自己的鐵錘給伊拉克人，不過卡辛宣稱自己帶了錘子。此外，並不清楚攻擊銅像的想法究竟來自一位相當低階的美國士兵，還是一位伊拉克公民，或兩者都有。

卡辛開始錘擊銅像，但他真正能做到的只是把基座的幾塊銘牌敲下來。蘭柏特的繩索被拋起套上銅像頸間，這一小群人能拉倒那麼大青銅像的機會渺茫。一小時過去了，海珊毫不讓步。「我們看著他們拉繩索，我知道那永遠不會成功。」蘭柏特告訴彼得・馬斯（Peter Maass），這位記者撰寫二〇一一年銅像倒下的詳盡調查報導，「他們永遠沒辦法讓它倒下。」

這時，嘗試撼動銅像的一小群伊拉克人似乎傾向就此放棄回家。就在此刻，麥克科伊走出飯店。「我意識到這是一件大事，」他說，「你有全部的媒體在那裡，而且當下人人都在喝酒，你有一種巴黎在一九四四年的感覺[3]。我記得心中想著，媒體目睹伊拉克人試圖拉倒這座海珊的象徵，讓我們幫他們一把。」此外，他擔心要是記者拍下伊拉克人放棄拉倒銅像，畫面會不好看。麥克科伊透過無線電聯絡一位高階官員，對方授權他命令部隊直接參與拉倒銅像。麥克科伊通知部隊，他們終於可以動用M-88裝甲救濟車，以不造成死傷為前提。

在鏡頭面前，美軍開始動工。下士愛德華．欽（Edward Chin）攀爬M-88的吊臂，帶著鏈條和一面美國國旗抵達海珊頭部。他說自己在上面的時候，風吹起旗幟翻到海珊臉上。這段影片在電視上直播，有些觀眾，也有些廣場上的伊拉克人覺得看起來像是刻意拿美國國旗蓋住海珊的臉。

麥克科伊抬頭看見星條旗。這是錯的畫面：留下美國帝國主義的印象，揭露正在發生的事並非真正屬於伊拉克的勝利。麥克科伊和國防部都瘋狂下達拿掉國旗的命令。欽聽不見指令，不過他自發地取下國旗，旗幟掛在那裡大約一分半鐘。

不久後，更能擬仿伊拉克勝利的新畫面被創造出來。欽換成拿一面伊拉克國旗蓋住海珊的臉，並且像餐巾般塞進它的衣領。那是誰的國旗？海軍陸戰隊上尉凱西．庫爾曼（Casey Kuhlman）告訴馬斯，那面國旗是他的並經由人群傳上去。領導心理作戰的上士布萊恩．普列區（Brian Pleisch）說，他叫自己的通譯去找一面伊拉克國旗，所以覺得那是依照自己的命令掛起。卡辛宣稱那是他的國旗。如果提供這面伊拉克國旗的確實是一個美國人，也就構成另一項擬仿元素。

晚上六點五十分左右，M-88拖著套在銅像頸間的鏈條從前方駛離銅像。青銅像慢慢往前倒向膝蓋和腳踝，海珊的巨大人像處在水平位置晃動了幾秒，在場的一小群伊拉克人吹起口哨歡呼。最後銅像從基座斷開，只剩雙腳留在上面。伊拉克人衝向前，躍上銅像跳舞，它摔碎毀壞。[13]

那天早晨，新聞攝影記者派崔克・巴茲（Patrick Baz）在薩達姆城（巴格達的一區，日後改名為薩達爾城）。在那裡，他看見一位伊拉克男人拉倒另一尊海珊像，銅像用一條電纜綁在那人的汽車後方。每當男人看見一群人，他就停車。人們全都擠在海珊周圍，開始拿自己的鞋扔它。（在中東，鞋子被視為不潔：讓別人看見你的鞋底是粗魯舉動，拿鞋丟他們則是重大侮辱。二〇〇八年，一位伊拉克記者朝美國總統布希扔鞋子，釀成國際新聞。）

「因為沒有美國士兵在場，使得畫面顯得更強烈，」巴茲日後描述，「只有當地人在表達他們對國家長期獨裁者的感受。」[14]

巴茲匆匆趕往巴勒斯坦飯店，要回房把照片傳給編輯，恰好聽見外面的喧譁聲，並目

③ 指二戰時盟軍從德軍手中解放巴黎。

睹天堂廣場的銅像倒下。只有其中一座海珊像倒塌成為頭條新聞，結果不是伊拉克人獨立完成的那座。在薩達姆城拉倒銅像的真實故事存在，全球媒體偏好天堂廣場的擬仿。

天堂廣場銅像倒塌有多少程度算美國或伊拉克人的主動行為存在疑問，儘管少了美方涉入，這件事極其不可能完成，然而全世界的電視台不太探討這個問題。相反地，媒體判定拉倒海珊像代表另一件事，對他們來說，那代表戰爭的結局。

許多專家和政治人物認為這座海珊像是伊拉克的柏林圍牆。「你會想起一國歷史上的開創時刻，」比爾・海莫（Bill Hemmer）在CNN電視台上說，「像柏林圍牆倒塌那種難以忘懷的時刻，而那正是我們正在目睹的情況。」《紐約每日新聞》（*New York Daily News*）則報導：「一個讓人想起柏林圍牆倒塌的場景開始上演——伊拉克人就像過去的東德人一樣拿出十足勇氣。」美國國防部長唐納・倫斯斐（Donald Rumsfeld）贊同：「看著他們（拉倒銅像），任何人都忍不住會想到柏林圍牆倒塌。」安東・安托諾維茲（Anton Antonowicz）在《鏡報》（*Mirror*）撰寫一篇慷慨激昂的文章：「對一群受壓迫的人民來說，在漸暗日光下的這場最後行動，扳倒這政權的醜惡象徵，就是他們的柏林圍牆時刻。」即使在兩年後，總統布希對著部隊說：「巴格達的海珊像倒塌將寫入史冊，跟柏林圍牆倒塌一起，成為自由歷史上的重大時刻之一。」[15]

然而事與願違，因為這不是自由的時刻：這是自由時刻的**擬仿**。總統布希陷入自己創造的超真實，再也分辨不出差別。

但顯然，當天堂廣場的報導那晚在全球不停輪播兩小時，新聞台急切要賦予它意義。CNN的沃夫・布里澤（Wolf Blitzer）描述影像片段是「總結這一天，以及在許多方面總結這場戰爭本身的影像。」福斯新聞台的主播紛表贊同。「這超越了我見過的任何事。」布里特・修姆（Brit Hume）說。她的同事覆議：「今天的重要新聞是你正在收看的這幅歷史畫面，一條繩索繫在海珊脖子上，由巴格達人民套上去。」那是一條美國人的繩索，由美國士兵套上去。

現場的新聞記者試圖報導事實，勢必將削弱種種恢宏詮釋。「企圖拉倒銅像的人太少，他們只靠自己做不到。」全國公共廣播電台（NPR）的安娜・葛瑞兒（Anna Garrels）描述。來自《舊金山紀事報》（*San Francisco Chronicle*）、《新聞週刊》（*Newsweek*）和第四頻道新聞台（Channel 4 News）的記者都在天堂廣場，並持懷疑態度報導銅像倒塌，卻被社內位於美國和英國的編輯責備，罵他們看不出這件事有多重要。[16] 四月九日早上十一點至晚上八點間，福斯新聞台每四點四分鐘重播一遍海珊像倒下的片段，CNN則每隔七點五分鐘重播一次。[17]

天堂廣場的報導著重在海珊像被一大群歡呼的伊拉克人拉倒，暗示戰爭已經結束。當銅像倒下，象徵著可恨的獨裁者遭到罷黜。現實中，這不是結局，戰鬥仍在持續。天堂廣場展開喧騰慶典時，巴格達和伊拉克北部正在武裝交火。

海珊要再過七個月才遭到逮捕。他有替身的傳聞甚囂塵上：一個德國電視節目在二○○二年論斷替身至少有三人。一位伊拉克醫生宣稱真正的海珊死於一九九九年，此後都由替身扮演。荷蘭研究者弗洛里安・戈特克（Florian Göttke）描述：「海珊已藉助雕像使他的身體倍增，並將他的存在擴展到全國各處，基於同樣的道理，藉助分身的多個活體，他變得超越人類，將他的存在擴展到神話的領域——他甚至能夠在遭到暗殺後繼續活下去。」[18]

海珊的無所不能也是一種假象。當真正的海珊從藏身的地洞被拽出來時，就像是《綠野仙蹤》（*The Wizard of Oz*）中布幕揭開的時刻，突然間人人都能看見巫師不是什麼全能的半神，而是塑造自身神話的一個平凡小人物。真正的海珊邋遢、髮鬚不整、皮膚乾癟，跟展現他跨騎火箭動力馬匹的自負銅像天差地遠。

然而在當時，海珊像倒塌被塑造成令人滿意的結局。銅像倒下的數週後，福斯新聞台和CNN的伊拉克戰爭報導減少比例達驚人的百分之七十，[19]在他們看來這則新聞已經結束。二○○三年五月一日，美國總統布希站在亞伯拉罕林肯號航空母艦（USS Abraham Lincoln）甲板上，離伊拉克半點也不近，而是安全停泊在聖地牙哥外海。他發表演說，宣告在伊拉克的主要行動已停止。至於現在，他站在巨幅星條旗前方再次強調訊息：「任務完成了。」[20]（這跟一九四五年二月，喬．羅森道爾〔Joe Rosenthal〕拍攝美國海軍陸戰隊員在硫磺島升起美國國旗的著名照片形成歷史呼應。普遍認定那張照片代表太平洋戰事的勝利已近：但事實上硫磺島之戰還要再打一個月，照片中的六位海軍陸戰隊員有三人會陣亡，太平洋的戰事直到一九四五年九月才結束。）[21]

布希亞對一九九一年波灣戰爭沒有發生的論點，並不完全適用於二〇〇三年入侵伊拉克。這次有一場真正的戰爭發生，並且在布希演說的當下與之後依然上演。但是拉倒天堂廣場海珊像指涉的**戰爭結束**，則屬完美的布希亞式擬仿。媒體把幾位美國士兵的即興演出變成極度可信的電視連續劇結局，劇中伊拉克人民擊敗他們的獨裁者，情節在全世界的電視台和報紙反覆重述。那不是事實。

對於打仗的部隊和歷經戰事的平民來說，戰爭才剛開始。聯軍對於如何結束戰事毫無計畫：他們缺乏一致願景，期許從困境走出的是什麼樣的伊拉克。海珊將接受審判，並在二〇〇六年底吊死。美軍部隊留在巴格達，直到二〇一一年十月二十一日，距離銅像倒塌已過八年半。死掉數千聯軍士兵和數十萬伊拉克人後，在軍隊撤離時，伊拉克仍舊分裂、頹圮且不穩定。二〇一四年，美軍士兵將重返對抗伊斯蘭國造成的威脅，那股勢力從廢墟中崛起，使情況變得更加惡劣。

「現在當我走過那座銅像，我覺得痛苦又羞愧。」卡辛在二〇一六年說。「我問自己，為什麼我要拉倒銅像？」他惋惜海珊政權垮台，在他看來，後續的發展是一場災難：「海珊走了，可是我們現在得到一千個海珊來取代他。」卡辛甚至希望銅像回來。「我想重新立起銅像，重建它，」他說，「但我擔心自己會被殺。」[22]

在超真實的狀態下，真實與真實的擬仿間無可分辨。不過，真實的特點是它會持續進展。擬仿則遲早開始閃現差錯，隨後終究分崩離析。

第九章
巨人

塞西爾・羅茲

地點：南非開普敦／設立時間：一九三四年／倒下時間：二〇一五年

卡萊爾在一八四〇年提出英雄史觀，塞西爾・羅茲（Cecil Rhodes）要到一八五三年才出生，不過他體現英雄以意志力量塑造歷史的概念。羅茲生於英國赫福德郡（Hertfordshire）的牧師家，戲劇性的短暫人生中，他在非洲南部擄獲難以想像的財富與權勢。羅茲告訴長年夥伴利安德・史達爾・詹姆森（Leander Starr Jameson），他希望能被記得「四千年」。[1]

《胖趣雜誌》（*Punch*）①替羅茲取了「羅茲巨人」（Rhodes Colossus）的綽號：挪用自古代七大世界奇觀之一的羅德島太陽神巨像（Colossus of Rhodes）。原本的巨像是在羅德島港邊的太陽神海利歐斯（Helios）青銅與鐵鑄像，銅像建於西元前兩百九十二年至兩百八十年間，可是僅僅矗立五十四年就在地震中倒塌。羅茲想被記得四千年的志向，也許不算朝他期盼的方向發展，但倘若得知自己的雕像大多比太陽神巨像屹立得更長久，他或許會感到欣慰。開普敦大學（University of Cape Town）的那座雕像延續了八十一年——隨後遭潑灑人類排泄物並蒙羞撤離。

這則故事關於追求成為象徵代表的人為何該謹慎許願。

開普敦大學委製的羅茲像，是為了紀念羅茲捐贈土地給學校。雕像的不尋常坐姿出自前印度總督寇松侯爵的建議，以解決「現代服飾帶給羅茲站姿雕像的難題」。[2] 在許多人眼裡，雕像穿西裝看起來就是很怪。十八和十九世紀的服飾有斗篷、長外衣和帽子，都對外表有幫助：這些裝扮為人物增添分量，讓雕像顯得雄偉。到了二十世紀，國王和統治者時常表現成身穿飄逸禮袍，列寧的塑像習慣穿他那件飛揚的大外套。相反地，穿西裝的人可能看起來矮小且平凡得可笑。十八和十九世紀常見的一種選項是表現當代人物身穿古典服飾，就像古代雕像一樣。邁入二十世紀，這種做法已經退流行。如果一個人活到見證電話、汽車和電影設備的時代，還用古羅馬長袍裝扮未免顯得矯飾。英雄裸體當然已徹底淘汰，西裝必須適時出場。

羅茲唯一親自當模特兒的雕像也遇到這個問題，那座雕像表現他穿西裝，雙手在背後交握。雕塑師約翰・特威德（John Tweed）試圖讓布料飛揚以增加分量，遺憾的結果是使羅茲好似穿上寬鬆服飾，並面臨一陣強風。儘管如此，羅茲一開始看到時喜歡那尊黏土模型，直到他的一位仰慕者設法把話說得婉轉，描述它「近乎相貌平平」。這句評語判定了死刑，羅茲立刻決定自己終究厭惡那尊雕像，在一八九九年寫信給特威德：「至於你正在創作那貌似蓋伊・佛克斯（Guy Fawkes）的我，我只能說會盡我所能阻止它擺在我的國家。」[3]儘管如此，雕像完工時羅茲已過世，所以他們還是在一九〇四年把雕像立在辛巴威（Zimbabwe）的馬塔貝列省（Matabeleland）布拉瓦約市（Bulawayo）。

寇松侯爵提議的開普敦大學雕像解決方案高明至極：讓羅茲坐進王座般的椅子，西裝就不致削弱他的存在感。雕塑師馬利翁・沃格特（Marion Walgate）讓羅茲效仿奧古斯特・羅丹（Auguste Rodin）的沉思者銅像姿勢：上身前傾，下巴倚在右手上。不過羅茲並非沉思者，他是行動派。相應地，他的雕像並未低頭沉思，而是抬頭前傾，往地景的另一端熱切眺望。

雕像在一九三四年揭幕，設立位置阻隔了從校園看向開普敦周圍山脈的視野。若拍攝同時納入校園和山景的照片，不可能避開位於兩者之間的羅茲像。一九六二年，雕像的

①英國諷刺雜誌*Punch*的名稱來自Punchinello，指矮胖小丑，故譯為胖趣。

位置稍微挪移以便拓寬車道，但效果不變。任何學生抗議都集中在雕像附近並不令人意外——無論作為集會地點、大學的代表標誌，或是一位極具爭議人物的象徵物。

想瞭解羅茲為何如此受到喜愛與痛恨，我們不妨回顧他的生命故事。虛弱肺部讓他從英國輟學，青年時期就到氣候對他較健康的非洲南部棉花田工作。當鑽石熱興起時，他搬到金伯利（Kimberley）投入鑽石業。一八七〇與一八八〇年代期間，羅茲來回穿梭在金伯利和牛津大學奧里爾學院（Oriel College）之間。他在兩地都被視為異類。

羅茲在一八七七年透過「信條」（Confession of Faith）陳述他的帝國野心。縱然年僅二十三歲，但這項文件不只是年少的一頭熱：羅茲將投入餘生追求信條的理想。因此正如歷史學者鄧肯・貝爾（Duncan Bell）所述：「它是維多利亞時代的重要烏托邦文本。」[4] 信條根植於羅茲相信「盎格魯—撒克遜（Anglo-Saxon）種族」較為優秀。「我主張我們是世界上最優良的種族，我們居住在世界上愈多地方，就對人類愈有利。」他寫道，「只要想像此刻最低劣人類種族居住的那些部分，假使受到盎格魯—撒克遜的影響，將帶來何等改變。」羅茲想成立一個擴張大英帝國的「祕密社團」，特別執著要把美利堅合眾國「恢復成」英國殖民地。他主張「低等的愛爾蘭和德國移民」糟蹋美國，而英國人可以「讓它成為更傑出的國家」。同一年，他立遺囑捐贈財產創辦這個祕密社團。[5]

羅茲沒有學術天賦，在牛津勉力就讀，花了八年完成學業。不過他對賺錢擅長得不可思議。他在鑽石礦和金礦的投資興隆，逐步收購小公司併入自己的企業。到了一八九一年，他的戴比爾斯礦業（De Beers）控制全世界百分之九十的鑽石生產。他在一八八九年成立不列顛南非公司（British South Africa Company），確保公司拿到皇家特許權。這些事業都放眼往北擴張，進入貝專納（Bechuanaland，現今的波札那）、馬紹納（Mashonaland）和馬塔貝列（兩地都位於現今的辛巴威）。

羅茲多半獲得英國政府的支持，儘管他從非洲領袖手中獲得土地控制權的手段，普遍認定為心理操縱且合法性存疑。羅茲向馬塔貝列的洛班古拉（Lobengula）等領袖提供英國「保護」交換採礦權，由他的公司開採。然而一旦協議達成，他強迫實行進一步的殖民與控制。這種手段藉由軍事行動鞏固，遂行我們當今指稱的種族清洗。羅茲派傭兵攻擊馬塔貝列人和馬紹納人，奪取他們的土地。他拿礦坑用的炸藥去炸馬紹納婦孺躲藏的洞穴：羅茲的一位手下記錄倖存者逃出時「全身是血，榨藥（原文寫錯字）剝下或燒熔他們身上的皮膚。」[6]如同《曼徹斯特衛報》（*Manchester Guardian*）②日後刊出的尖銳訃聞，羅茲「經常參與金融投資計畫，與各種毫無良知的心靈交涉，導致他在許多方面變得跟他們一樣失去

② 一九五九年改稱《衛報》。

良知。」[7]

不列顛南非公司獲得非洲南部大片區域的控制權，並將這些土地以羅茲之名重新命名。南羅德西亞（Southern Rhodesia，現今的辛巴威）位於尚比西河（Zambezi river）南邊，東北羅德西亞和西北羅德西亞（一九一一年併為北羅德西亞，現今的尚比亞）則在河北岸。羅茲胸懷抱負，想蓋一條連結英國領土的鐵路，從開羅貫穿非洲大陸，直抵開普敦。整段路程在當時並非全屬英國領土，他決心改變那一點。

羅茲自一八九〇年至一八九六年擔任開普殖民地（Cape Colony）總理。那些年間，他對占多數的黑人採取歧視措施。《選舉投票法案》（Franchise and Ballot Act，一八九二年）提高經濟和教育資格以限縮黑人選民；《葛倫格雷法案》（Glen Grey Act，一八九四年）限制能夠擁有土地並在那裡居住的非洲黑人數量，強迫不符合資格的人離開，進一步削減黑人選民。這項法案起初僅涵蓋葛倫格雷一區，但是起草者羅茲稱它為「非洲法案」，期盼見到法案廣泛推行，作為殖民的榜樣。這是邁向種族隔離的明確舉動：「我認為當地人應該跟白人隔開，不跟他們混在一起。」羅茲向開普殖民地議會遊說法案時如此表示。有些歷史學者把這項法案視為日後南非種族隔離制度的部分基礎。[8]

一八九五年底，羅茲做得太過火，他支持詹姆森突襲行動（Jameson Raid）入侵波耳人（Boer）的川斯瓦共和國（Transvaal），突襲的目標是引發起義並推翻川斯瓦總統保羅．克魯格（Paul Kruger）。羅茲並未就這次入侵取得英國政府的授權，而後行動慘敗。羅茲不得不辭去總理與不列顛南非公司的職位，但是他堅持為突襲行動的帶頭者詹姆森背書。詹姆森返回英國為自己的行動坐牢，不過他也拒絕牽連羅茲。羅茲和詹姆森住在一起，有些歷史學者深信他們是一對愛侶。[9]

儘管羅茲在詹姆森突襲行動後持續涉入非洲南部政治，但他的健康情況惡化。他死於一九〇二年，年方四十八歲。據身為羅茲友人的記者W．T．史戴德（W. T. Stead）描述：「他一直受到忠實老友詹姆森醫師③的看顧，詹姆森的名字是從他口中吐露的最後一個字。」[10]

一樁關於羅茲的巨大謊言在書本和媒體上一次又一次重述，主張羅茲是他那個時代的人。這種說法值得深究，通常用來為他辯護，對抗指稱他是種族主義與帝國主義者的控訴。措辭暗示**時代本身**即為種族主義與帝國主義當道，羅茲不可能抱持別種思想。時代當然沒有觀點，所以這是無稽之談。

人們出言辯護羅茲是他那個時代的人，意指羅茲是他身處社會的產物，不過即使那麼說也算誤導。造就他的同一個社會，也造就許多反對他的人，他最激烈的批評者包括同時

③ 詹姆森自醫學院畢業、踏入醫界不久就因過勞病倒，因而前往非洲南部。

代的英國人G・K・崔斯特頓（G. K. Chesterton）和J・A・霍布森（J. A. Hobson）。歷史學者G・P・古奇（G. P. Gooch）在一九〇一年敘述，羅茲的「文明教化理論嚴重簡化，道德標準極其低下，使他完全不適合掌控任何國家的命運。」[11]史戴德在他死後寫道：「必須承認，比起在他身邊領受魅力贏得的喜愛，他在厭惡他那些人之間引起的恐懼更普遍。」[12]

關於羅茲的關鍵點，在於羅茲**並非**他那個時代的人，因為他一點也不平凡。這是羅茲的崇拜者和批評者擁有共識的一件事。他格外具有魄力和顛覆性格；他打破規則，在社會、文化與政治層面皆然：他不曾娶妻也從未親近女人，卻持續與男子同居，包括他熱烈摯愛的詹姆森。[13]羅茲掌管企業、軍隊和整個國家。他改變地圖疆界，也改變了世界。

羅茲的種族歧視究竟本色為何，存在不同的詮釋。有些歷史學者指出，他能夠得體對待個別黑人，不過他的多本早年傳記出現的家長式「本地人之友」謊言已遭揭穿。[14]他的看法和行為震撼了許多同時代人，南非小說家暨社運人士奧莉芙・席瑞納（Olive Schreiner）起初欽佩羅茲，但在一八九〇年代間變得愈來愈厭惡他。「我們對抗羅茲，因為他代表對南非的諸多壓迫、不公義與道德淪喪，」她在一八九七年描寫，「即使他明天就死去，依然存在一項可怕的事實，也就是我們社會的某些事物構成了餵養、壯大與造就這麼一個人的環境！」[15]她認為，假使羅茲**是**他身處社會的產物，那麼社會必定腐壞了。

儘管羅茲不再受到敬重，但他死後湧現眾多哀悼群眾。他的屍體在開普敦開放瞻仰：

四萬五千人排隊上前弔唁。羅茲埋葬在馬托波斯山（Matoppos Hills，即現今辛巴威的馬托博山〔Matobo Hills〕），他親自選的地點坐擁壯闊景色。儘管羅茲和詹姆森占領馬塔貝列，但有些馬塔貝列人出席他的葬禮。[16]數十年後，詹姆森過世時下葬在羅茲不遠處，位於同一座山頂的同款墓地。

羅茲的「信條」顯示他一向在意自己的歷史地位。他想創立「祕密社團」以擴張英國統治的渴求，並未隨著年紀增長而減弱，一八九〇年代仍向史戴德遊說這件事。[17]他堅信牛津大學是發揮這種影響力的最佳媒介。在遺囑中，他捐贈十萬英鎊給母校奧里爾學院。另外留下數百萬英鎊給牛津大學設立羅茲獎學金計畫，藉此強化全球各地未來領導者對大英帝國的情感：「我認為在英國其中一所大學接受教育，對年輕的殖民地居民有莫大好處，可以在生活與禮儀教育層面拓展他們的見解，並將維護帝國統一對於殖民地及英國的益處灌輸到他們心中。」

他不再明確闡述自己的目標是讓美國恢復殖民地狀態，反倒提及「我斬釘截鐵相信全世界說英語人口團結將形成的優勢」。羅茲的獎學金得主必須是未婚的年輕男子：他們要展現學業成就，但不該「只是書呆子」，他認為他們應該「愛好並擅長具有男子氣概的戶外運動」，並擁有「男子漢的特質」。

羅茲的遺囑特別註明：「學生皆不應基於他的種族或宗教觀點獲得或失去獎學金入選

資格。」[18]現今的羅茲捍衛者多提出這一點當作他並非種族主義者的證據，然而他心目中的種族區別，可能僅限於英國白人與非洲南部的白皮膚波耳人。羅茲設想獎學金能讓非白人受益是不太可能的事：他描述他們是「年輕的殖民地居民」，毫未提及當地人。羅茲獎學金的黑人得主沒有一位出身非洲，直到一九六〇年代才破例。[19]羅茲獎學金的第一位黑人得主是美國人：一九〇七年哈佛大學的阿蘭・勒羅伊・洛克（Alain LeRoy Locke）。在他之後，一九六三年才再有史丹・桑德斯（Stan Sanders）和約翰・F・魏德曼（John E. Wideman）④兩位美國黑人獲選。一九六〇年代以前，有幾位來自其他國家的黑人或混血兒獲得獎學金，例如後來成為牙買加第一任首相的諾曼・曼利（Norman Manley，一九一四年）。[20]然而，若說羅茲規劃的獎學金方案毫無種族歧視，顯然並非事實。

羅茲成年後的人生目標，皆放眼擴展「盎格魯—撒克遜種族」和英國的勢力範圍到全世界。他得到驚人成就，至少到詹姆森突襲行動的窘境前皆然。他企圖藉由遺囑讓自己成為這些目標的永恆象徵——創立羅茲獎學金、羅茲信託基金、羅茲之家、羅茲樓等等，再加上非洲大片地區如今稱為東北羅德西亞、西北羅德西亞和南羅德西亞。據羅茲的前私人祕書戈登・勒・蘇爾（Gordon Le Sueur），他「著迷於一個念頭，死後要葬在以自己命名的地方」。[21]

羅茲不需要設立自己的雕像，如果你富有到足以買下夠宏偉的歷史名聲，其他人會替你去做。

羅茲的遺囑公諸於世後，他的慈善捐贈廣獲讚揚。一九〇七年有座巨大的羅茲青銅騎馬像設立於金伯利；另一座雕像在一九〇八年立於開普敦的公司花園（Company's Garden）⑤。一九一二年，羅茲紀念館設立在魔鬼峰（Devil's Peak）的山坡上：一座古希臘風格的神殿，裡面有羅茲的青銅胸像。

牛津大學奧里爾學院的羅茲樓在一九一一年落成，立面上方有羅茲身穿西裝的灰褐色小雕像，讓人想起寇松侯爵在意的「現代服飾難題」。次要的六位尊貴人士站在羅茲腳下：英王愛德華七世、喬治五世與學院的四位前任院長。由於拆除原址七棟古色古香的老房子，好挪出空間給新的浩大建築群，奧里爾學院蒙受批評。當時有些學生和教職員評論以羅茲作為建物標誌不盡理想。有位校友在一九〇六年看過藍圖，寫下他「但願通往大街的門扉上出現的不該是羅茲雕像。我並不熱愛『帝國』精神。」[22]

④ 洛克成為深具影響力的哲學家，桑德斯成為積極參與公共事務的成功律師，魏德曼則是關注非裔美國人處境的作家。

⑤ 公司花園是南非最古老的公園，十七世紀由荷屬東印度公司興建，供應新鮮蔬菜。

對羅茲的關注於第一次世界大戰期間下降，不過他的神話在一九二〇年代和一九三〇年代重振，構成齊心協力為大英帝國號召熱情的一部分。當時的威爾斯親王銜命踏上漫長的一系列殖民地宣撫旅程。一九二四年至一九二五年間，聲勢浩大的大英帝國博覽會（Empire Exhibition）在倫敦展開。大英帝國電影協會（British Empire Film Institute）在一九二六年建立，以有益的正面描繪來反擊批評。羅茲在一九三六年得到他的第一部傳記電影：《非洲的羅茲》（*Rhodes of Africa*），由華特・休士頓（Walter Huston）主演。電影開場是一段畫外音：「在一八七〇年，南非的一百萬平方英里領土大半未經探勘，僅有少數白人居住。」學童拿到新的教科書，書中提高羅茲的地位，與羅柏特・貝登堡（Robert Baden-Powell）、亨利・莫頓・史丹利和T・E・勞倫斯（T. E. Lawrence）等其他帝國英雄並列。當然也有更多羅茲雕像設立，包括一九二八年在索爾茲伯里（Salisbury，即現今的辛巴威首都哈拉雷〔Harare〕），以及一九三二年在梅富根（Mafeking，現拼為Mafekeng）。

利用電影做政治宣傳的原因，出自第一次世界大戰過後，以及諸如一九一九年阿姆利則屠殺（Amritsar Massacre）[6]等暴行，導致帝國出現的嚴重裂痕。甘地在印度的不合作運動加強對英國統治的反抗。與此同時，英國國內的人民或許會疑惑這些努力是否必要，表示他們對於帝國並未抱持太大的固有熱忱。英國的電影工作者多半忽視大英帝國電影協會，寧可迎合達帝國市場兩倍規模的美國觀眾。一九二四年的第一期帝國博覽會損失六十萬英鎊，並宣告企圖在一九二五年的第二期回收損失，卻只見證參觀者減半與財務赤字增加。[23]「巡訪帝國使得威爾斯親王脾氣煩躁（「我還沒上岸，心肝寶貝，但這個巴貝多看起來正是一座無用的島。」他寫給一位交往中的已婚女子）。[24]

第一部批判性的羅茲傳記由威廉・普洛默（William Plomer）在一九三三年撰寫出版，這本書在羅茲的崇拜者間引起恐慌，有七本美言的傳記在接下來三年內問世。丹麥奧胡斯大學（Aarhus University）的布莉塔・提姆・努德森（Britta Timm Knudsen）和凱斯波・安德森（Casper Andersen）指出：「在這段期間，羅茲的支持者利用可觀的政治、金錢和文化力量，產製出也許是最大一波的細瑣文章、出版物和紀念碑，以保護羅茲的遺緒與他象徵的價值觀。」他們闡述，一九三四年羅茲雕像在開普敦大學設立時，「它成為已然極度自覺的記憶政治形式一部分」。[25]

羅茲曾經想代言「盎格魯—撒克遜」種族與帝國統一的未來，那件事他做到了，對他而言，問題是真正的未來將變得面目全非。

---

⑥ 事件發生在英屬印度的阿姆利則市，印度人民示威要求釋放獨立運動人士，軍警開槍引發一連串暴力事件，最終英軍朝群聚人民掃射屠殺。

南非聯邦（The Union of South Africa）在一九一〇年成立，接著跟其他的英國領土在一九三一年完全獨立。南非國民黨（National Party）在一九四八年勝選後，實施惡名昭彰的種族隔離制度（apartheid在阿非利卡語的字面意義指「隔開」：隔離）。依照一九五〇年《人口登記法》（Population Registration Act），南非人被劃分成不同族群：白人、黑人、有色人種和印第安人。一切事務皆取決於你的族群：你可以在哪裡旅行或生活、你可以嫁娶或性交的對象、你和你的孩子可以上哪一間學校、你能做什麼工作、你獲准從事的休閒活動、你能否投票等等。這些規定以暴力強制實行，遭逢罷工、抵制、公民不服從和破壞行動等抵抗。

羅茲並未主掌種族隔離：制度在他死後超過四十年才推行。不過他是白人優越主義者，也是占少數的白人得以執政的關鍵人物。在種族隔離制度下，黑人學生遭禁止就讀開普敦大學。一九七九年，開普敦大學的抗議學生（白人）把校內羅茲雕像漆成粉紅色，「因為他代表開普敦大學曾經做過與仍然在做的事，也就是促成對於南非多數人的剝削。」[26]

對羅茲像的攻擊在當時的南非並不常見，在人們被強行帶離家中，社會運動人士遭到監禁、刑求與謀殺，警察槍殺學生之際，雕像的優先順序不高。此外，對種族隔離的政權來說，羅茲不怎麼算是英雄人物。那個政權的主要成員是阿非利卡人（Afrikaner）——波耳人的後裔，也是羅茲作戰的對象，羅茲或許是白人優越主義的象徵，但他不是**他們的**象徵。

在鄰近的南羅德西亞，主政的白人少數族群是英國血統，羅茲的名字依舊是國家的名稱，關於他的記憶更具爭議性。一九六一年，年輕社運人士羅柏特・穆嘉比（Robert Mugabe）放話要挖羅茲的墓，再把屍體運回英國。一九六五年，南羅德西亞的白人少數政權單方面宣告從英國獨立，改國名為羅德西亞，不過世界上其他國家拒絕承認。國內歷經多年內戰，一九七九年短暫重返英國統治。到了一九八〇年，南羅德西亞在黑人多數執政下獨立為辛巴威。穆嘉比當上第一任總理後，羅茲雕像遭到移除，包括在布拉瓦約穿寬大西裝的那一座。唯獨拆除那座雕像或許能逗羅茲本人開心。

一九九〇年代晚期，另一位年輕的辛巴威社運人士勞倫斯・查卡瑞薩（Lawrence Chakaredza）發起抵制羅茲的運動，他昭告英國人：「如果沒有誰來領走羅茲的遺骨，它們會被扔進尚比西河餵鱷魚。」[27]到那時候，羅茲已過世近一個世紀：鱷魚可能對他不屑一顧。然而在一個不久前仍冠有羅茲名號的國家，他依然是有力的象徵。「羅德西亞自身就成為一種與白人優越主義相連的身分，特別是以白人移民的殖民資本主義。」席穆凱・齊古度（Simukai Chigudu）闡述，他在那個年代的辛巴威長大，「羅茲屬於並體現了那種傳統。」[28]一九八〇年代和一九九〇年代，種族主義白人在辛巴威俚語中稱為「羅迪」（Rhodies）。不過有些本地的恩德貝列人（Ndebele，先前稱為馬塔貝列人）反對移除當地的羅茲墓，因為它為該區域帶來遊客。「羅茲不再受到尊崇，」歷史學者保羅・梅蘭（Paul

Maylam）觀察，「但他依然具有某些商業價值。」[29]至於現在，羅茲仍在他的墓中，有詹姆森從旁陪伴。

在南非，種族隔離終究在一九九〇年代初落幕。社運人士尼爾森・曼德拉（Nelson Mandela）自一九六四年遭到監禁，一九九〇年獲得釋放。《人口登記法》於一九九一年廢除。南非在一九九四年舉辦後種族隔離時代的首度大選，曼德拉當上第一任黑人總統。種族隔離人士的雕像紛紛移除：多由官方辦理，然而有些拆除案例屬於臨時起意。一九九四年的一個週五下午，黑人抗議者拆除前總理亨德里克・維沃爾德（Hendrik Verwoerd）的雕像，在它的胸膛上起舞。[30]

退休三年後，曼德拉在二〇〇二年宣布創立名稱驚人的新組織：曼德拉羅茲基金會（Mandela Rhodes Foundation）。依羅茲遺囑設立的羅茲信託基金，在他死後自行展開某種旅程，目標不再是宣揚英國的帝國理念，因為大英帝國已蕩然無存。事實上，它對未來的包容願景恐將嚇壞羅茲，變得擁抱全世界各地的多元獎學金得主，甚至是女性。

「（跟曼德拉）結成夥伴關係是經過深思熟慮的和解行動，具體來說更是要彌補。」羅茲信託基金宣告，「把羅茲的某些財富，歸還它的非洲根源的一種方式。」連結曼德拉和羅茲的名字使某些人震驚，但那正是重點：「曼德拉羅茲基金會挑釁意味十足的名稱，意在號召殖民主義的獲益者參與，並致力於修復殖民年代的傷害，同時建立一個更公正的社會。」[31]

曼德拉形容羅茲是「俗稱的帝國主義『強盜貴族』」，「犧牲與排除他人」好讓自己致富。他指出：「就歷史與國家的發展而言，我們代表截然不同的時期——彼此的年代和立場展現基本的歷史對立與矛盾。」不過他稱讚羅茲信託基金的成就，並強調他期盼新的夥伴關係有助於南非的發展。[32]

曼德拉羅茲基金會顯然不打算恢復羅茲的名聲。然而，倘若任何人希望羅茲如今或能靜靜受到歷史淡忘，他們勢必失望。十多年後，當開普敦大學的後種族隔離世代開始審視過去，對羅茲的批評將急遽升溫。

二〇〇五年興起移除開普敦大學羅茲像的呼籲，但是這項議題直到十年後才獲得認可。二〇一四年五月，學校職員和學生辯論是否該移除雕像。隔年，一場取得共識的行動展開，取名為「羅茲必須倒下」（Rhodes Must Fall）。「當我看著它，」其中一位行動領導者拉瑪巴尼·馬哈帕（Ramabani Mahapa）說，「我覺得有種受到驅逐的感覺，這座雕像在對我說，我不屬於這裡。」[33]

二〇一五年三月九日，一群抗議者聚集在羅茲像周圍，不僅呼籲移除雕像，還訴求大學校園中更廣泛的社會態度轉變。「當我們喊出『羅茲必須倒下』，」學生奇勒波加·拉馬魯（Kealeboga Ramaru）說，「我們指的是父權必須倒下、白人優越主義必須倒下，必須不計代價摧毀基於任何差別權力關係產生的一切制度性壓迫。」[34]然而，吸引媒體關注的是另一位學生丘馬尼・麥克斯威爾（Chumani Maxwele），他走近羅茲像並往雕像傾倒一桶人類排泄物。各地皆報導這起「潑糞」事件。不容忽視的細節是麥克斯威爾特意赴開普敦郊外，帶來窮黑人住宅區流動廁所裡的糞便，代表殖民主義與種族隔離遺留的貧富不均現象。[35]

抗議群眾說，羅茲雕像「對眾多黑人學生而言，不斷提醒數百年的種族隔離、種族歧視、壓迫與殖民主義，導致黑人據於現今的社會地位」。[36]

三月二十日，學生衝進校園一棟大樓，打斷副校長的演說。他們留在那裡好幾天，唱歌、打鼓、跳舞，並以藝術來示威。在大學圖書館，他們抗議莎拉・巴特曼（Sara Baartman）的裸體雕像，這位科伊科伊族（Khoikhoi）女性曾於十九世紀初在歐洲的怪胎秀中展出，取名為「霍騰托的維納斯」（Hottentot Venus）⑦。

這不是一尊尋常的雕像：它出自南非傑出黑人藝術家威利・貝斯特（Willie Bester）之手，以焊接鋼材製成。儘管如此，雕像仍引發強烈反應。「我們反對以裸體站姿來紀念她與保有她的尊嚴。」抗議者蕾伊—安・奈度（Leigh-Ann Naidoo）主張，「此外，我們認為她在開普敦大學奧本海默圖書館（Oppenheimer library）的呈現方式，跟法國和英國人在怪胎秀景點使用的種族、性別歧視取徑沒有差別。」[37]他們替巴特曼雕像包上傳統的頭巾和印花布裙（kanga）。[38]「羅茲必須倒下」由此展現行動的願景廣度：不只要打倒羅茲，還要「解殖」心靈。學生的目標是重塑大學的整體文化，讓大學放下包袱，甚至是殖民過往的父權凝視。

大學迅速採取行動。在占領行動滿一週的二〇一五年三月二十七日，校務會議投票決議移除羅茲像，沒有出現顯著的反對意見。二〇一五年四月九日，大學當局把雕像裝箱運走。從潑糞到拆除，整個過程只花了一個月。當天貼出來的一張海報寫著：「接下來，輪到看不見的雕像。」[39]

「羅茲必須倒下」的顯著成果激勵牛津大學的學生，他們已經著手從事自己的種族平等運動。那尊灰褐色的羅茲小雕像依然位於奧里爾學院的樓宇立面，如今罩在紗網後方隔絕鴿子。二〇一五年十一月六日，兩百五十位學生聚集在那堵立面外，提交一千九百人連署要求移除雕像的請願書給學院當局。牛津的運動開端是要支持「羅茲必須倒下」，並抱持類似的寬廣願景。在牛津發生過爭論，關於採用「羅茲必須倒下：牛津」（Rhodes Must Fall

---

⑦ 霍騰托是英國殖民者對南非科伊科伊人的舊稱。

Oxford）的運動名稱是否太過侷限，恐將注意力集中於雕像，而非更廣泛的大學文化議題。齊古度是當時參與運動的牛津學生，他屬於抱持保留態度的陣營：「但因為羅茲像在南非倒下了，才有這麼多力量。所以結論出來了，我們沿用『羅茲必須倒下』的名稱向南非的人致敬，並且表示團結。這是強而有力的框架手法。」[40]

請願書由南非的羅茲獎學金得主尼托科佐・克瓦比（Ntokozo Qwabe）宣讀。「牛津大學藉由視覺圖像、課程中的觀念與歷史往事、教職員和學生群體中有色及其他邊緣族群人種的總體代表性不足、排他的權力網絡、文化資本，持續殖民未來領袖的心靈。」請願書聲明，「如果種族主義者與凶殘害命者的雕像保有它們的位置和能見度，繼續構成牛津的一部分，現況將永遠無法改變。」[41]

右翼媒體出現一波憤怒反擊。攻擊針對克瓦比個人，基於他身為羅茲獎學金得主，既獲益又控訴羅茲的遺產。「我不是羅茲的獲益者，」克瓦比回應，「我是祖國人民資源和勞動力的獲益者，它們受到羅茲掠奪並奴役。」[42]

常見的泯滅歷史論述現身。聖保羅中學（St Paul's School）歷史老師魯波特・費茲西蒙斯（Rupert Fitzsimmons）在《今日歷史》（*History Today*）雜誌主張，移除牛津的羅茲像「等同是在審查歷史」。[43] 劍橋大學古典學者與電視節目主持人瑪莉・畢爾德（Mary Beard）把這形容成「泯滅過去的危險嘗試」。相對於移除雕像，她建議牛津的學生在看待它時應該

「抱持無堅不摧的愉快與自信感」。[44]

「人們會說，『你們在取消辯論』，而我們說，『不，事實上呢，我們是在開啟辯論』。」齊古度陳述，「我們這群人主張的是，我們需要辯論羅茲的遺緒。」[45]

奧里爾學院在十二月十七日發布聲明，承認羅茲像可能被視為在頌揚殖民主義與壓迫黑人族群。聲明指出，移除雕像或改建樓宇，甚至是加釘一塊銘牌，都需要建築許可，因為這堵立面受到英格蘭歷史遺產保護局（Historic England）列管——「有部分正是因為圍繞羅茲的諸多爭議」。院方承諾自二〇一六年二月起展開六個月的「傾聽活動」，調查學生、教職員、校友、遺產機構、市議會和當地居民的看法。[46]

這似乎是相當合理的回應，不過在傾聽活動開始前的二〇一六年一月，奧里爾學院斷然取消計畫，雕像留下來。外洩給《電訊報》（*Telegraph*）網站的文件指出，政策轉彎原因是不具名的金主威脅收回捐給學院的一億多英鎊資金。[47] 取消辯論使羅茲必須倒下：牛津的倡議者震驚失望，但多數右翼媒體稱許這項決定——普羅大眾也一樣。二〇一六年民調機構「你主導」（YouGov）的調查顯示，百分之五十九的英國人不想移除雕像，百分之四十四的人認為「我們該對大英帝國的殖民主義感到驕傲」。[48]

民調機構詢問受訪者雕像的問題前，預先提供三段關於羅茲的資訊：「一位重要的大英帝國殖民者、政治人物與企業家」。他們得知他創立戴比爾斯鑽石與羅茲獎學金，也被告知「有些人認為羅茲象徵大英帝國殖民主義的種族歧視與不公」，卻未能得知原因。必須提供受訪者這一切資訊才能詢問羅茲雕像的問題，原因在於他已或多或少淡出英國大眾的歷史記憶，多年來他在學校的歷史課程中缺席。自二十一世紀初，就沒有英國作家新寫的羅茲傳記流傳市面。從一九九六年ＢＢＣ電視台由馬汀．蕭（Martin Shaw）主演的迷你影集《羅茲》（*Rhodes*）以後，電影或電視都沒有他的傳記片。若不是二〇一六年的「羅茲必須倒下：牛津」運動，英國根本不太可能有誰在談論他，少數幾位學者除外。

在南非，「羅茲必須倒下」贏得多數人支持，「羅茲必須倒下：牛津」卻未能如此。《表面》（*Skin Deep*）雜誌[8]編輯阿努拉哈．亨里奎斯（Anuradha Henriques）認為這說明事實上在牛津更有必要讓辯論發生：「你在南非有占多數的原住民，你有人民已經知道有些事有問題，有必要採取行動。二〇一五年在南非說雕像必須移走根本不費力氣。在牛津，你仍然不得不談論種族主義是什麼！」[49]

此外，正如「你主導」的民調結果所顯示，在英國，這變成一個僅與羅茲自身鬆散相關的問題，反倒成為對於英國歷史的愛國情操測驗。然而，這件事不會陷入僵局太久。

二〇二〇年，美國掀起「黑人的命也是命」抗議後，突然間從英國到紐西蘭都有雕像被拆除。在牛津，人們再度關注起羅茲雕像。二〇二〇年六月，奧里爾學院外有兩波大規模的和平抗議呼籲拆除羅茲像，如今許多大學教職員和資深學者公開支持學生。有些參與初始運動的學生這一次自己成為學術工作者，例如齊古度，他現在是牛津大學聖安東尼學院（St Antony's College）的非洲政治副教授。「首要重點絕非衡量羅茲的靈魂，查明他究竟是不是一位『真正的』種族主義者。」他闡述，「重點是試圖根除內建在他形象機制靈魂深處的種族主義。」[50]

這一次，他們似乎更接近目標。抗議活動約一週後，奧里爾學院的管理階層投票贊成移除雕像，使許多人詫異不已。學院設立獨立的諮詢委員會來決定如何執行。

「我想我們有許多人不得不接受，把這看成未竟的志業。」二〇一五年運動的一分子西茲威．姆波富—沃許（Sizwe Mpofu-Walsh）說，「所以現在目睹這波再起的浪潮獲得遠遠更多動能與同情，而且比我們原初的志業得到深切許多的細緻對待，老實說相當不可思議。」[51]

然而，英國政治領導者的反應跟二〇一五年如出一轍。「我們不能改寫我們的歷史。」學務大臣蜜雪兒．杜納蘭（Michelle Donelan）表示。[52] 牛津大學副校長露易絲．理查森（Louise Richardson）抱持類似觀點，她告訴《每日電訊報》（*Daily Telegraph*），拆除雕像是

⑧ 立意成為串連黑人創意工作者的文化平台，除了紙本和網路發行外，亦舉辦現場活動。

「拒絕承認我們的過去」。理查森援引曼德拉在二〇〇三年對羅茲的評論，企圖用作保留雕像的論證，主張曼德拉「是一個思考極其細微的人，看得出複雜問題的本質，我不認為他企求過分簡化的解決方案。遮蔽我們的歷史不是通往啟蒙的途徑。」[53]十四位牛津大學的教授投書報紙，譴責她對於曼德拉的「不當仿造發言」。[54]曼德拉羅茲基金會發表一則批判聲明：「利用合作關係為持續陳列殖民象徵辯護，是對於這種合作的基本誤解。」[55]

「我會把它拆下來。」即將就任倫敦大學學院（University College）校長的瓦勒莉・阿莫斯（Valerie Amos）說，她也是在牛津大學九百多年歷史中首位當上學院院長的黑人。「他創立的公司利用奴役礦坑工人賺錢，然後你告訴我，我們必須為這個人設立雕像，歌頌他們的記憶，好擁有關於我們歷史的對話？」[56]

我們不這麼認為，但顯然為了激起那樣的對話，必須讓一些人面臨拆除雕像的威脅。二〇二一年五月，奧里爾學院的獨立委員會建議移除雕像。不過學院迅速宣告不會這麼做，而是要尋求「脈絡化的選項」作為替代。

羅茲像的故事向我們揭示，即使是歷史上最富有的那些人，也無法控制自己被記得的方式。到頭來，他可能實現某種不朽，只是也許並非他想要的那種。

第十章
獻給未竟的志業

羅柏特．E．李

地點：美國路易斯安那州紐奧良／設立時間：一八八四年／倒下時間：二〇一七年

羅柏特．E．李還在世時，就已享有不朽的形象。就讀西點軍校時，他的冷靜沉著贏得「大理石人」的綽號。這很合適：日後他成為最受緬懷的南方邦聯人物，數百座雕像奉獻給他，大部分在他過世的數十年後立起。常有人說歷史由贏家撰寫，這是一則關於輸家如何重寫歷史的故事。

一八八四年二月二十二日，一場數千人的集會預計在紐奧良的提沃里圓環（Tivoli Circle）舉辦。邦聯戰敗近二十年後，一群殘存的支持者要為邦聯最著名的將領羅柏特．

E・李揭幕雕像，這是李將軍較早期的一座紀念像。出席賓客包括前邦聯總統傑佛遜・戴維斯（Jefferson Davis）。

隨著群眾填滿座位，天色暗下來。典禮正要開場之際，一場暴風雨猛烈襲來，挾帶傾盆雨幕。一位失望的觀禮者描述，致敬禮炮敵不過「上天的炮擊」，耐人尋味暗示了他認為上天可能會站在哪一邊。人群四散，典禮中止。[1]

幾小時後，羅柏特・E・李紀念協會（Robert E. Lee Memorial Association）在華盛頓火炮廳（Washington Artillery Hall）會面，企圖挽回這一天。協會主席查爾斯・E・芬納（Charles E. Fenner）法官撰寫一席花俏且冗長得驚人的講稿，準備在李將軍的雕像前致辭。若非雨勢阻撓，群眾就能享受芬納法官約兩小時的演說。芬納開場追溯李將軍繼承的遺緒，一路遠至中世紀：「與征服者一同登陸」的蘭斯洛・李（Launcelot Lee）、「與獅心王（Coeur de Lion）作戰」的里歐尼爾・李（Lionel Lee）、「查理一世（Charles I）的騎兵」的理查・李（Richard Lee），諸如此類。

「我們今日在此地所為何來；為一個逃兵或背叛者樹立紀念碑嗎？」他主張真相遠非如此：「羅柏特・李熱愛邦聯。」芬納重述單一面向的內戰軍事史，吹捧邦聯，重提顯然自奇幻文學亞瑟王版的中世紀英格蘭承接到李將軍的騎士精神。最後，他論斷李將軍的落敗其實是成功——指出漢尼拔（Hannibal）[①]和拿破崙的生涯也以敗仗收場。他宣稱，李將軍是「紳士的最高級類別……紀念碑應當為這麼一位人物設立再恰當不過。」

紐奧良市長回以更多浮誇頌揚，不過他的結論是，理論上，羅柏特．李不需要雕像：「他的事蹟是他的紀念碑，在這大理石碎裂成灰之後，它們仍會長久留存並持續受到緬懷。」[2]

市長無意間碰巧提到重點。倘若羅柏特．李的德行廣獲認可，倘若邦聯的志業如此高貴，這一切的辯解有何必要？

事實是無論邦聯的志業或羅柏特．李的德行皆未廣獲認可：在一八六一年沒有，一八六五年沒有，一八八四年沒有，一九五〇年代、一九七〇年代、一九九〇年代都沒有，顯然二〇一七年也沒有，當時紐奧良的羅柏特．李雕像在一群喧騰歡呼的民眾眼前拆除。為何羅柏特．李的雕像立起，為何其他許多的邦聯雕像隨之立起，它如何成為三K黨（Ku Klux Klan）與「黑人的命也是命」等團體的行動爆發點，而最終它為何倒下，這些真實故事全都關乎一項始終貫穿美國歷史的議題——儘管基於某些原因，芬納法官找不到機會在兩小時的演說中提及。這則故事當然關乎種族。

① 迦太基的名將領，與崛起的羅馬共和國周旋多年，終至西元前二〇二年扎馬戰役吞敗。

一八六一年，南方十一州脫離美利堅合眾國，並組成美利堅邦聯（Confederate States of America），或簡稱邦聯。反對奴隸制的林肯及所屬的共和黨勝選，導致這次分裂。（習慣二〇二〇年代美國政治結構的國外讀者可能會訝異發現，在一八六〇年代，南方的民主黨人支持白人優越主義。）

儘管關於南北戰爭的成因存在諸多迷思建構，當時聯邦與邦聯之間真正的分歧議題卻毫無疑問。「過去十年間，在非洲奴隸的問題上，我們對於非蓄奴邦聯州有諸多嚴正的不滿肇因。」喬治亞州宣告。

「我們的立場是完全認同奴隸制——世界上最大的實質利益。」密西西比州主張。

德州以詭異的第三人稱女性口吻宣告加入邦聯：「她作為一州，維持並保護通稱為黑奴的制度——在她的設限下，由非洲人為白種人提供勞役。這種關係從第一批白種人定居她的荒野就已存在，且她的人民傾向在未來所有時間內應當存在。」[3]

邦聯副總統亞歷山大．H．史蒂芬斯（Alexander H. Stephens）於一八六一年三月二十一日在喬治亞州薩凡納（Savannah）演說時，把這一點展現得明確無比。「新憲法永遠解決與我們獨有制度相關的一切紛擾問題——存在於我們身邊的非洲奴隸，即黑人在我們文明形式中的適當地位。這是近日分裂與當前革命的直接原因。」史蒂芬斯繼續描述新的邦聯政府：「它的基礎奠定於、基石安放於黑人不與白人平等的偉大真理；從屬於優越種族的奴隸身分是他的自然與正常情況。我們的這個新政府，在世界史上率先立基於這一偉大的身體、哲學與道德真理。」[4]

羅柏特．李是北維吉尼亞州軍隊指揮官與後來的邦聯軍總司令，即將成為南方志業的代表人物。他英俊且有魅力；他的軍事才能連對手都稱讚。李將軍以「天神般的不凡人物」自居，超越單純的政治，致力於高尚光榮。當時流傳的故事揭露更加殘酷的一面。李將軍的其中一位奴隸威斯利．諾里斯（Wesley Norris）憶述，他逃脫又被抓回來後，李將軍殘暴施虐，下令凡逃跑者抽五十鞭。監工拒絕鞭打，於是有個叫迪克．威廉斯（Dick Williams）的治安官被召來。「在這段時間，李將軍站在一旁，常吩咐威廉斯『好好打』，他並未辜負這道命令。」諾里斯回想，「李將軍不滿足於僅僅劃傷我們裸露的肉體，接著命令監工用鹽水沖洗我們整個背部，這也照辦不誤。」[5]南方不太同情像諾里斯這樣的逃跑黑奴，因此這類證詞沒有什麼影響，日後有些傳記作者乾脆忽視他們。

在許多邦聯成員眼中，羅柏特．李成為他們的終極英雄。儘管邦聯士兵與支持者橫跨社會各階層，李將軍的貴族形象、深刻的亞瑟王式騎士精神，正是邦聯對自身的寫照。這個深深浪漫化的觀點，會在數十年後的一九三九年改編電影《亂世佳人》（*Gone With the Wind*）中集大成：「這片充滿騎士和棉花田的土地叫作老南方。在這美麗世界，翩翩騎士風度展現最後的致意。在此地最後一次見證騎士和他們的美麗女士，以及主人和奴隸。」

一八六五年四月九日，內戰開打的四年後，羅柏特．李在維吉尼亞州阿波馬托克斯（Appomattox）向聯邦將軍格蘭特投降。同年十一月六日全面停火，南方州回歸聯邦。奴隸制在《憲法第十三條修正案》下廢除。

邦聯在戰場上落敗，奴隸制在立法機關敗退。然而，用它們自己的措辭來說，「完全認同」奴隸制的這個社會，建立在白人優越主義與打壓黑人人權的基礎上。

戰後，羅柏特．李和邦聯總統戴維斯雙雙遭控叛國罪，兩樁案件都沒有進入審判階段。打勝仗的格蘭特將軍插手拯救羅柏特．李，戴維斯入獄兩年，隨後獲釋。一八六八年耶誕節，總統安德魯．強森（Andrew Johnson）對已定罪與未受審的邦聯人士發布全面特赦。

當時許多人認為，延續多年的叛國罪審判與相互指責只會加深分歧。不過回頭來看，特赦是一場災難。倘若叛國者面對司法，被迫為他們的行動承受後果，或許這件事能就此結束。相反地，他們獲得寬恕——縱使他們顯然連一絲歉意都沒有。羅柏特．李和戴維斯以自由之身持續推動白人統治的志業，戴維斯對此直言不諱；李將軍則較為隱晦，然而他的觀點仍舊是南方適合由白人統治，黑人懶惰又不負責任，欠缺足以投票或參政的智識。[6] 李將軍告訴戴維斯，表面上採取與北方和解的態度是恢復白人統治的確鑿道路：「從停戰那一刻起，我一直在想，南方保持沉默與耐心是正確的方向。」[7]

不過，南方既不沉默也沒有耐心。一八六五年內戰結束的不久後，邦聯退役軍人在田納西州組成三K黨，企圖藉由法外制裁恢復白人優越主義。在三K黨的傳說中，羅柏特・李本人提議用「隱形帝國」(Invisible Empire）作為組織的別名，並且基於投降條件的緣故，他才婉拒成為組織的第一任大巫師。沒有證據顯示李將軍涉入三K黨，但他們崇拜他的證據比比皆是。[8]

重建時期提出一系列政府新措施，企圖改善全美各地非裔美國人的政治、經濟與社會條件。[9]有些保守派白人覺得這難以接受，因為他們熱衷相信黑人比自己低劣。在紐奧良，黑人在內戰結束後擔任陪審團成員和警察。黑人男女要求在學校、電影院、餐廳和髮廊解除隔離。這嚇壞了保守派白人，有些人訴諸恐怖行動和謀殺。

在紐奧良，一八六六年七月三十日那天，一群白人優越主義暴徒獲得警察和消防員的協助，在一場普選集會屠殺約四十位黑人與三位白人。[10]這段期間的暗殺、政治暴力與游擊戰超越了犯罪活動，足以形容為武裝叛亂：有些歷史學家把這稱為「第二次內戰」。[11]一八六七年十一月至一八六八年十一月間，準軍事部隊攻擊導致路易斯安那州約一千人遇害，遭到騷擾、毆打或鞭打的人更多。[12]

政治宣傳隨暴力到來，並聚焦於歷史記憶。一八六六年，愛德華・A・波拉德

（Edward A. Pollard）出版《敗局命定：邦聯戰事的新南方史》（*The Lost Cause: A New Southern History of the War of the Confederates*）。這是提出「敗局命定論」迷思的幾本書之一：分裂並非真正關乎捍衛奴隸制，儘管各分離州與運動領導者在當時常大肆宣揚那正是他們的用意。相反地，敗局命定論迷思想方設法淡化奴隸制，主張分裂是南方州面對高壓聯邦政府的正當回應：重點在於各州自行制定州法的權利。這種說法主張羅柏特·李代表的南方是騎士風度與光榮之地；邦聯站在對的一方，卻被裝備更精良的聯邦擊敗。這樣的迷思認為奴隸制只是次要爭議，根本不值得為此做出激烈反應。

羅柏特·李在一八七〇年十月十二日過世，保守派白人間爭相哀悼，商店、銀行和電影院休息；住家、公司和教堂在立面垂掛黑布。「這一切胡鬧有什麼用處？」紐奧良的共和黨市長質問，拒絕降下市政府大門榮耀一個他視為叛國者的對象。對於南方民主黨人與邦聯支持者而言，用處在於哀悼能團結圍繞在羅柏特·李和敗局命定論四周的社群。[13] 羅柏特·E·李紀念協會紐奧良分會希望在城市裡為他建造永久的紀念碑——也許是一座雕像。

包括邦聯退役軍人在內的某些南方白人，在戰後跟白人優越主義保持距離。羅柏特·李的前同袍詹姆士·隆斯崔特（James Longstreet）是住在紐奧良的前邦聯將軍，他樂見重建時期並加入紐奧良市警局。敗局命定運動憎恨他，企圖抹黑他的戰時經歷。一八七四年，他捲入或許是紐奧良最激烈的一次白人優越主義者暴行：自由之戰（Battle of Liberty

Place）[2]。

這場戰役是對抗路易斯安那州共和黨政府的武裝叛亂，由新月城白人聯盟（Crescent City White League）[3]成員領軍。白人聯盟是一個準軍事組織，由一群出身良好的富裕年輕人籌組，以回應黑人男性襲擊白人女性的可怕傳聞。他們已有訴諸恐怖主義的紀錄：一八七四年八月，在日後稱為庫沙塔屠殺（Coushatta Massacre）的事件中，他們殺害六位共和黨白人與多達二十位黑人目擊者。兩週後，他們企圖在紐奧良發動政變。

一八七二年在紐奧良舉行的大選選出共和黨州長威廉．皮特．凱洛格（William Pitt Kellogg），但是結果具有爭議。此時白人聯盟計畫推翻凱洛格，並讓他們偏好的民主黨候選人就任。九月十四日，前邦聯將軍弗瑞德里克．奧頓（Frederick Ogden）領兵的白人聯盟英勇迎戰前邦聯將軍隆斯崔特帶領的紐奧良民兵和警察。交戰二十分鐘，擁有八千四百人的白人聯盟輕易擊退三千六百人的民兵和警察，三十二人送命，七十九人受傷。

隆斯崔特勇猛戰鬥，但被拉下馬背並中彈負傷。凱洛格設法發電報向總統格蘭特報

② 自由之戰又稱運河街之戰（Battle of Canal Street），發生地點在運河街，自由之戰由支持開戰的民主黨人命名，意指他們是爭取自由的一方。

③ 新月城是紐奧良的別名，源自最初建城的區域外觀呈新月狀。

訊，格蘭特派出戰艦與聯邦軍隊。白人聯盟撤退。保守派白人政權只延續了幾天。[14]

雖然政變失敗，但白人優越主義者把自由之戰吹噓成對抗「北方暴政」的象徵性勝利。自由之戰週年紀念日成為歡慶的一天，在聖路易主教座堂（St Louis Cathedral）舉行彌撒，到白人聯盟死者的墓地辦儀式，以及一場遊行，伴奏著〈三K黨波卡舞〉和〈白人聯盟華爾茲〉等輕快流行曲。[15]

在叛亂期間，芬納接管羅柏特・E・李紀念協會。芬納心中有一個目標：在這座城市設立羅柏特・李的雕像。

芬納是一位律師和邦聯退役軍人，內戰期間曾帶領一支白人菁英階層組成的炮兵隊。[16]他是前邦聯總統戴維斯的密友，有一次戴維斯造訪紐奧良時病倒，住進芬納的大宅；他沒能復原，就在那裡過世。芬納家成為邦聯支持者的聖地。

芬納認為「不接納」黑人與共和黨人的說法「極度誇大」，選擇忽視不理。他為白人在紐奧良的叛亂辯護：「當人們發現任何尋常且和平的補救手段皆遭到剝奪時，他們變得憤慨，心思自然轉向暴力與異乎尋常的解決辦法。」[17]他籌募一千美元，以利羅柏特・E・李紀念協會著手製作雕像。他也說服市議會重新命名提沃里圓環：此後，這裡就是李廣場（Lee Place）。

芬納聘僱一位本地建築師設計一根圓柱，柱體採用喬治亞花崗岩，基座採用田納西大理石，成本近兩萬六千五百美元。他另撥一萬美元委託來自紐約的年輕雕塑師亞歷山大・道伊爾（Alexander Doyle）製作雕像。道伊爾尚未成為名家，不過他的收費低廉且有求必應。[18]包括基座在內，雕像成品近二十五英尺高，聳立於六十英尺的圓柱上。

羅柏特・李的雕像穿戴軍服和帽子，長劍插於腰帶，雙臂環抱胸前，這奇特的內向姿勢是讓成本壓低的選擇。雕像先做成石膏模型，貼著模型打造鑄模，移除石膏像，接著灌注青銅。倘若李將軍雕塑成更躍動的姿勢，例如一隻手臂往外伸或拔出長劍，勢必導致鑄造過程艱困得多。模具窄細、外伸的部分可能堵塞或斷裂，讓李將軍的形體或多或少維持圓柱形就能避免。不過那確實意味，從地面往上看，他似乎戒備遲疑地站在圓柱上——彷彿擔心自己會掉下去。

基於天氣的緣故，一八八四年的羅柏特・李雕像揭幕淪為不折不扣的落花流水，然而這座雕像是敗局命定迷思的里程碑。在它樹立前，邦聯人士的紀念碑不多，他們也相當謹慎。這座雕像讓羅柏特・李幾乎拔升至天際，在城市中顯眼無比。李將軍畢生鮮少踏足紐奧良，有些人說他在那裡只待過一晚，不過事實上他有幾次途經紐奧良。如今他位居全城的主宰。一八九一年，另一座白人優越主義紀念碑立在附近的運河街：一座緬懷自由之戰的宏偉方尖碑。

重建時期在一八七七年結束，即羅柏特・李雕像委託製作的同一年。黑人社運者與作家W・E・B・杜波伊斯（W. E. B. Du Bois）總結重建時期的實驗以及後續的發展：「奴隸獲得自由；站立在陽光下片刻；隨後再度退回奴隸制。」[19]接下來數十年，南方各州的《吉姆・克勞法》（Jim Crow laws）帶來種族隔離。（「吉姆・克勞」是對黑人的貶稱，出自一八二八年的一首黑臉秀④歌曲。）

芬納在南方種族主義史的戲分還沒完。一八九二年，他在路易斯安那州普列希訴弗格森案（Plessy v. Ferguson）擔任宣告判決的法官。一八九〇年頒布的法律規定，路易斯安那州的火車車廂實施種族隔離，三十歲的鞋匠荷馬・普列希（Homer Plessy）刻意搭乘白人車廂挑戰法律。芬納以婉轉措辭主張「隔離卻平等」的種族隔離能促進公共福祉，因此裁定這條法律符合憲法。[20]這起案件在美國最高法院維持原判。這是南方各州《吉姆・克勞法》提倡者的重大勝利。對於南方黑人而言，則代表又從自由後退了一步。

在一八八〇年代和一八九〇年代，每年僅有少數邦聯紀念碑立起。內戰結束的數十年後，邦聯雕像狂熱於一九〇〇年至一九二〇年間真正展開。設立它們的世代在成長期間並沒有奴隸制，甚至未必經歷過重建時期。然而隨著那些事件愈發隱淡於歷史，保守派白人間漸漸興起對奴隸制的懷舊與對於重建時期的憂懼。

敗局命定論擁護者主要透過四種方式提倡他們的歷史版本。首先，他們凝聚退伍軍人及其後代的社群，包括創立邦聯退伍軍人聯合會（United Confederate Veterans）、邦聯遺族聯合會（United Daughters of the Confederacy）、邦聯退伍軍人遺族會（Sons of Confederate Veterans）。其次，他們撰寫書籍與文章，以偏袒南方的方式扭曲歷史敘事，並攻擊觀點相反的書籍與文章。邦聯退伍軍人聯合會譴責《大英百科全書》（*Encyclopaedia Britannica*）呈現反南方的偏見：百科全書斷言哈莉葉・比徹・史托（Harriet Beecher Stowe）的《湯姆叔叔的小屋》（*Uncle Tom's Cabin*）展現「美好的公平精神」，從而激怒他們。第三，他們鎖定校園，遊說校方變更課程和教材，並成立課後社團倡導他們自己版本的歷史。第四，他們透過紀念碑和雕像使邦聯記憶成為公共地景的一部分。[21]

隨著南方各州制定並實施更多《吉姆・克勞法》，邦聯紀念碑以飛快的速度立起。一九一四年，《邦聯退伍軍人》（*Confederate Veteran*）雜誌估計約有一千座邦聯紀念碑。有些人將邦聯志業連結至基督教的象徵。在阿肯色州埃爾多拉多（El Dorado），一座紀念邦聯的大理石飲水台引用《聖經》的用語，宣稱飲用水象徵邦聯士兵潑灑的「忠誠寶血泉源」，飲水

④ 黑臉秀（minstrel）指白人塗黑臉扮演黑人的表演，成為美國的劇院傳統，甚至躍上電視節目，常帶有取笑黑人的種族歧視意味。

者藉此實踐一種近乎偶像崇拜的交流。其餘的邦聯紀念碑則挪用古典意象。一九一一年紐奧良設立一座戴維斯雕像，為原有的羅柏特・李雕像增色。戴維斯像仿造羅馬的政治家西塞羅（Cicero），呈現戴維斯向聽眾伸出一隻手，另一手安放在展頁的史書上。白人社群凝聚在這些雕像周圍。一九〇七年，另一尊戴維斯像在維吉尼亞州的里奇蒙落成時，二十萬人到場參與。[22]

回到一九三二年的紐奧良，自由之戰方尖碑改立新的銘文。銘牌的緬懷訊息並未軟化或賦予脈絡，而是在種族層面甚至更挑釁。即使政變失敗，銘文宣稱一八七六年大選「承認南方的白人優越主義，把我們的州給我們」。[23]

到了一九五〇年代，爭取民權的奮鬥踏上開端，而紐奧良原本的羅柏特・李雕像漸漸自行塌落。支撐圓柱的木樁腐朽，有一側下沉六英寸。唯恐大理石人從基座翻覆，導致懺悔星期二（Mardi Gras）嘉年華會的狂歡人群被南方的驕傲壓扁，市政府移除雕像進行修復。羅柏特・李的雕像搬下來後，有些人主張永久搬遷。一位匿名居民投書《紐奧良新聞報》（*New Orleans Item*），提議將雕像移出市中心：「這代表我們城市的進步，別活在過去，尤其是為了一樁失敗的志業。」

這類意見被公然**反對**民權的更大聲浪淹沒。雕像擺回原位，且於一九五四年一月十九日羅柏特・李誕辰重新揭幕。「現今，我們南方人在太多方面備受考驗，」邦聯遺族聯合會的A・D・卡特夫人（Mrs A. D. Carter）在典禮中表示，「多方勢力採取行動破壞我們南方的理念與傳統，但正是在此刻，勇氣與尊嚴的遺緒挺身而出。」[24]雕像重新立回老位子，支撐白人反對眼前廢除種族隔離威脅的決心。

然而，這一次種族優越主義者不會贏。在那同一年，最高法院對布朗訴托彼卡教育局案（Brown v. Board of Education）⑤的判決，實際上開始逐步廢除芬納爭取的「隔離但平等」法律。隨著一九五〇年代和一九六〇年代的一系列非凡運動，種族隔離在學校和公共設施廢止，並禁止基於種族或其他特徵的歧視。

如同一個世紀前的重建時期，同樣有些人不願接受種種改變。紐奧良的白人優越主義者每逢一月十九日持續赴羅柏特・李的雕像前慶祝。一九七二年，紐奧良三K黨帝國巫師⑥羅斯威爾・湯普森（Roswell Thompson）與帝國牧師雷奈・拉寇斯特（Rene LaCoste）籌劃一場步往雕像的遊行。

巫師與牧師身穿白長袍，跟他們的黨徒同志緩緩走向羅柏特・李的雕像，並將一面邦

⑤ 案名來自種族隔離下，布朗必須就讀離家遙遠的小學，她的父親在全國有色人種促進協會幫助下，於一九五一年提起訴訟。布朗的案子和當時多樁其他案件同時送到最高法院審理，主張「隔離絕不可能平等」，最終以九票對零票獲勝。

⑥ 帝國巫師（Imperial Wizard）和下文的帝國牧師（Imperial Kludd）皆為三K黨的領導階層頭銜。

聯軍旗掛於圓柱。根據拉寇斯特所述，這時有群黑豹黨人（Black Panthers）朝他們扔磚塊。

「只有我一個有把那些黑豹黨的打跑。」拉寇斯特在一九七六年宣稱（他的說法只有一項書面紀錄，且採用口語的拼字法）。他指稱抗議者是黑豹黨人的主張難以驗證。拉寇斯特宣稱一位三K黨員拔出手槍對空鳴槍，一場鬥毆爆發。「接著，我捅了丟我兩塊磚頭的黑鬼一刀。」拉寇斯特憶述，「我捅他，然後他一**路**跑跑跑，跑下樓梯，跑進警察隊裡。」

「這些人裡面是誰丟你磚塊？」拉寇斯特說有位警員問他。

拉寇斯特回答：「人？你稱呼黑鬼是人？」[25]

拉寇斯特的描述聽起來有些許想像成分，不過有一點屬實，即一九七〇年代白人優越主義者與新納粹愈來愈常在邦聯紀念碑周圍集會，例如羅柏特・李雕像和自由之戰方尖碑。「市長和其他人說過，紀念碑並不構成任何問題，它只是一個歷史建物。」一位市政顧問在一九七六年表示，「但是，如果三K黨繼續在它周圍集會，而且我們清楚三K黨的立場是什麼，那麼它必定代表那些價值觀的某個部分。」[26]

一九七八年，以路易斯安那州為據點的三K黨騎士團大巫師大衛・杜克（David Duke），帶領另一場步往自由之戰方尖碑的遊行。「我們的人天天在受苦。」他告訴介於八十五至一百二十五人的三K黨群眾。「我們會站在這裡，因為我們是不受威嚇、絕不退縮的那幾個白人。我們在這裡，我們不會離開。」另一場反對三K黨遊行的抗議擁有兩倍規模，揮舞的標語寫著「打倒三K黨恐怖分子」和「拆掉自由紀念碑」。[27]

就像這些案例中極其常見的情況，市政府在一九七〇年代的妥協做法是補上另一塊說明牌。這塊銘牌宣告，儘管自由之戰對紐奧良的歷史意義重大，但「該事件表達支持白人優越主義的觀點，跟紐奧良當今的哲學和信念相違背。」這塊行文拘謹的注腳，相對於精心刻寫「白人至上」字眼的三十五英尺白色圓柱，不太具有抵消效果。

一九八一年，紐奧良首任黑人市長恩奈斯特・N・莫里歐（Ernest N. Morial）表示方尖碑即將移除，引發市議員與某部分民眾的憤怒反應。「他企圖改寫歷史。」一位打電話到當地廣播電台節目的聽眾發言。[28] 方尖碑繼續留下。

一九九三年，市政府嘗試另一項妥協做法，把方尖碑從運河街遷往一座停車場旁。支持白人優越主義的銘文與後來的銘牌撤除：現在，有一塊大理石板刻上因戰殉職的警員姓名，以及一段新的銘文，獻給「對戰雙方陣營為自由之戰犧牲的美國人……一場過去的衝突，當能帶給我們對於未來的教訓」。[29]

再一次，妥協未能發揮作用。重新落成典禮上，杜克帶著一群揮舞邦聯軍旗的白人優越主義者現身，反對他們的反種族主義者又再抗議並發生衝突，八十二歲的民權運動老將艾維利・亞歷山大（Avery Alexander）被拿警棍的警察鎖喉拖走，四位黑人抗議者遭上手銬帶走。[30]

事實證明，就邦聯紀念碑而言，種族隔離的歷史遺緒極難撼動。

最終開始撼動天平的決定性事件並未發生在紐奧良，而是佛羅里達州桑福德（Sanford）。二〇一二年二月二十六日，名叫崔溫・馬丁（Trayvon Martin）的十七歲少年去那裡的便利商店買些甜食和飲料。他走回父親的未婚妻家途中，當地的守望相助人員喬治・齊莫曼（George Zimmerman）看見他。人們對後續發生的事說法不一，但齊莫曼開槍射殺馬丁毫無疑議。因二級謀殺與過失殺人受審時，齊莫曼主張正當防衛為自己辯護，他獲判無罪。

齊莫曼是西裔，馬丁是黑人，這起謀殺案震撼全美。二〇一二年三月，紐奧良羅柏特・李雕像的基座遭塗寫「為了崔溫・馬丁」和「把警察全關起來」的字句，自由之戰紀念碑和戴維斯紀念碑同樣受到汙損。[31]

三位黑人女性派翠西・庫勒斯（Patrisse Cullors）、艾莉西亞・加爾薩（Alicia Garza）和歐普・托梅蒂（Opal Tometi），發起#BlackLivesMatter（黑人的命也是命）主題標籤。這先演變成全國規模，接著成為廣泛擁護公平正義，並反對種族歧視倡議團體的國際運動。

不久後，黑人的命也是命抗議活動在紐奧良展開。二〇一四年十一月三十日，為了回應警員達倫・威爾森（Darren Wilson）在密蘇里州弗格森槍殺麥可・布朗（Michael Brown）的不起訴判決，社運人士赴李圓環遊行。約三百位抗議者排成人環圍繞羅柏特・李雕像，高舉「黑人的命也是命」和「免費擁抱」的標語。

「諸如此類的紀念碑毒害了人民的民主思想。」社運人士里翁・溫特斯（Leon Winters）對群眾說，「絕不要再花國庫任何一分錢來維護這些種族主義的象徵。」移除羅柏特・李雕像的連署書四處傳遞。[32]

幾個月後，南卡羅萊納州查爾斯頓（Charleston）一間教堂舉辦《聖經》共讀時，二十一歲的白人優越主義者迪倫・路夫（Dylann Roof）朝九位黑人開槍。為了回應這樁事件，紐奧良的三位社運人士安吉拉・金洛（Angela Kinlaw）、麥可・「你猜」・摩爾（Michael 'Quess' Moore）⑦和麥爾坎・薩柏（Malcolm Suber）組成倡議組織「拆光它們紐奧良分會」（Take Em Down NOLA）⑧。歷史學教授薩柏是這場鬥爭的老將：他曾參與一九七〇年代移除羅柏特・李雕像的運動。「在美國的奴隸制與種族殘殺史上，這些紀念碑作為對於黑人的直接粗暴戰爭象徵，代表打壓國內黑人的永恆心理戰。」拆光它們紐奧良分會如此主張。他們認為，這些雕像為「種族優越主義的惡毒觀念（辯護），造成世界上的迪倫・史東・路夫、達倫・威爾森和喬治・齊莫曼們堅信黑人是劣等種族。」[33]

---

⑦ 麥可・摩爾的綽號「Quess」一字由Queer（酷兒）和Guess（猜測）組成，指的是猜測酷兒的性向。

⑧ 原書注：NOLA指紐奧良（New Orleans）＋路易斯安那州（Louisiana）。

從歷史層面來看，這些雕像有意作為白人優越主義的象徵的確屬實（即使自由之戰方尖碑不再標示那些實際字眼），它們也成為一代代白人優越主義者的集會點。有所改變的是，許多白人如今願意捍衛或忽視那一點。二〇一五年七月九日，紐奧良的白人市長米區·蘭德里歐（Mitch Landrieu）請求市議會著手移除敗局命定論的四座雕像：羅柏特·李、傑佛遜·戴維斯、自由之戰方尖碑，以及P·G·T·貝勒加（P. G. T. Beauregard）將軍的雕像。

「這不僅關乎這些雕像代表的人物，」蘭德里歐說，「這次討論的重點在於，這些紀念碑設立是為了鞏固為奴隸制興戰的虛假英勇，這究竟是否真正屬於紐奧良，因為這座偉大城市的生命力脈動源自我們的多元與包容。」[34]

隨後展開公眾諮詢。雕像的批評者包括爵士樂小號手溫頓·馬沙利斯（Wynton Marsalis），他憶述在羅柏特·李雕像設立前一年在種植園出生的伯公，曾表達自己厭惡那座雕像。八月，諮詢結果贊成移除雕像。十二月，市議會以六比一的票數通過把四座雕像全部移除。僅有的反對者是一位白人議員，他主張這些紀念碑的歷史重要性未獲公允考量：「我認為我們將會徒留痛苦和分歧。」市議會主席不同意：「如果這件事有誰是贏家，那必定是南方，因為南方總算奮起。」[35]

雖然是經由民主程序做出移除雕像的決策，法律戰隨之展開。紀念碑工作會

（Monumental Task Committee, Inc.）、路易斯安那州地標協會（Louisiana Landmarks Society）、路易斯安那州歷史基金會（Foundation for Historical Louisiana, Inc.）、貝勒加一三〇號軍營（Beauregard Camp No. 130, Inc.）等四個組織提起訴訟，阻止移除雕像，主張此舉違反《國家歷史保護法》（National Historic Preservation Act）。一位地方法官駁回這項訴求，但是雕像支持者提出上訴。與此同時，拆光它們紐奧良分會等社運人士與南方貧困法律中心（Southern Poverty Law Center）合作，對這宗訴訟案提交一份非當事人意見書。「企圖阻止市政府拆除紀念碑的那些人，憑恃的是扭曲的美國史觀。」南方貧困法律中心法律總監朗達・布朗斯坦（Rhonda Brownstein）表示，「事實是這些紀念碑在《吉姆・克勞法》的年代興建，用來宣告白人優越主義宰制與種族從屬關係在南方回歸。我們早該把這段種族歧視的歷史拋在腦後，拆除紀念碑是值得嘉許的一步。」[36]

一位共和黨籍路易斯安那州參議員試圖挽救雕像，他起草法案，設立一個有權審查任何移除紀念碑決策的州委員會。「歷史比單一族群或一時的情緒重大。」她說。法案支持者拿合乎民主的邦聯雕像移除，跟幾個月前伊斯蘭國在中東毀壞歷史遺跡相比擬。五位民主黨人和四位共和黨人組成的委員會依政黨路線對立投票，以五比四否決法案。路易斯安那州眾議員聯合提出的另一次闖關遭到擱置。[37]

正當法院和立法機關爭論之際，位於路易斯安那州首府巴頓魯治（Baton Rouge）的

H&O投資工程公司（H&O Investments）獲選為移除紀念碑承包商。消息一公告，公司老闆大衛．馬勒（David Mahler）立即接到多通電話，威脅他、他的妻子和家人的生命安全。這已經夠讓人不安了，然而在某個人燒毀他的藍寶堅尼颶風（Lamborghini Huracán），使價值二十萬美元的亮麗跑車淪為四個輪圈、兩個座椅骨架和一堆灰燼後，絕無可能對他們置之不理，[38]馬勒和H&O公司在二〇一六年一月退出專案。

最終在二〇一七年三月，上訴法院駁回雕像捍衛人士的訴訟案。紀念碑工作會董事長皮爾．麥克葛勞（Pierre McGraw）挾帶失望與混雜的隱喻回應：「這是真正的滑坡效應，事實上，在這極度滑溜的垂直平面，什麼東西都留不住，人們並未察覺，但是紀念碑的潘朵拉盒子開啟了。」麥克葛勞企圖主張紀念碑應該保留，只是要加上新的銘牌，或者該為新的英雄設立更多雕像。不過這些做法以往嘗試過了，完全無法動搖白人優越主義者崇拜這些紀念碑的方式。拆光它們紐奧良分會的社運人士摩爾回應：「當人們談論滑坡效應，我敢說那些遭到征服的人，也就是這座城市中的多數黑人，在過去一百多年間，無論如何一直處於滑坡的最底端。」[39]

市政府持續接到雕像支持者發出的死亡威脅。二〇一七年四月二十四日，自由之戰方尖碑在夜色掩護下拆除，工人戴面罩隱藏身分，並穿上全套防彈衣作為保護。規模不大但樂於表達意見的一小群人為方尖碑發起燭光守夜活動。

次月，戴維斯和貝勒加的雕像也在夜間移除。到這時候，其餘數州也在商討要移除邦聯紀念碑。五月十三日，白人優越主義者在維吉尼亞州寧靜的大學城夏洛地鎮（Charlottesville）高舉火把集會，抗議鎮上的羅柏特・李雕像遭提議移除。隔天傍晚目睹數百人走上街頭，回敬一場反種族主義的抗議活動。

回到紐奧良，五天後，市長辦公室宣告將在隔天移除羅柏特・李雕像。五月十九日凌晨，李廣場周圍的街道封鎖。把雕像拆下基座的工程在即將破曉時動工。漸漸聚集了數百人，這次大多數支持移除。現場有種開派對的氣氛，圍觀者分享含羞草調酒⑨，隨著詹姆士・布朗（James Brown）的歌曲〈大聲說〉（Say It Loud）——「我是黑人我驕傲」（I'm Black and I'm Proud），以及全民公敵嘻哈樂團（Public Enemy）的〈對抗權力〉（Fight the Power）起舞。

「這是路易斯安那州史上悲傷的一天。」共和黨籍路易斯安那副州長比利・農傑瑟（Billy Nungesser）說，「人們為了我們豐富的文化和歷史來到路易斯安那州，其中有些令人不舒坦，但這是歷史，你無法藉由拆除紀念碑改正一件錯事。」

⑨ 含羞草是調酒的名稱，用柳橙汁和香檳調製。

拆除羅柏特・李雕像的工程持續一整天，直到當天傍晚，一輛起重機終於吊走李將軍的人像。人群歡呼並高唱「哪哪哪哪，哪哪哪哪，嘿，嘿，嘿，別了」（na na na na, na na na na, hey, hey, hey, goodbye）[10]。起重機把雕像吊上卡車，雙臂永久擺出戒備環抱姿勢的羅柏特・李被運走。[40]

紐奧良市長蘭德里歐對雕像發表一席有力而激昂的演說，他要聽眾設想，如何對一位黑人孩童解釋羅柏特・李雕像的意義，「你能看著那女孩的雙眼，說服她羅柏特・李在這裡鼓勵她嗎？你覺得那則故事會讓她受到啟發並滿懷希望嗎？」

他駁斥任何企圖改寫歷史的控訴：「讓基座上的邦聯人士聳立在我們最顯著的榮耀位置，是不正確地朗誦我們的整個過去，冒犯我們的現在，也是對於我們未來的不良處方箋。」[41]

蘭德里歐的演說在全世界廣受頌揚。日後他把講稿的議題擴寫成一本回憶錄，書名叫《在雕像的陰影下：一位南方白人正視歷史》（*In the Shadow of Statues: A White Southerner Confronts History*）。市長把這則敘事變成關於他自己，拆光它們紐奧良分會的社運人士不以為然。「拆除雕像讓市長獲得讚賞，可是要有我們的督促和推動才成為可能。」薩柏說。摩爾則評論蘭德里歐「幾乎奪走所有功勞，表現得全憑他自身的英勇才得以移除紀念碑。」[42]

包括羅柏特・李、貝勒加、戴維斯的雕像，加上自由之戰方尖碑，二〇一七年移除的四座紀念碑全部運往地點保密的一處倉庫，據說同時在尋找永久擺設位址。二〇二〇年，市長蘭德里歐在那處倉庫接受電視台採訪，其餘時間則維持大門深鎖。沒有線索透露這批雕像或許會在哪裡或何時再度公諸於世，也可能永遠不會，龐大尺寸使它們無法安放於博物館。

儘管羅柏特・李不再矗立於紐奧良，但二〇一七年南方各地仍有他的多座雕像。然而原則已確立，許多雕像不會再留太久。二〇一七年八月，關注焦點移往維吉尼亞州夏洛地鎮，白人優越主義者與新納粹分子再度舉辦集會捍衛當地的羅柏特・李雕像。一位白人優越主義者駕駛自己的車，衝進抗議集會的反種族主義群眾間，導致十九人受傷，並害一位年輕女生送命。

這起事件引發國際的新聞報導，尤其是在美國總統川普為支持羅柏特・李雕像的抗議者出言辯護以後。在八月十五日的記者會上，川普質問如今是否該移除華盛頓和傑佛遜的雕像，因為他們蓄奴。「你知道嗎？沒關係，你在改寫歷史，你在改寫文化。」他接著說：「一件事有兩面，我認為已經發生的事是我們國家的糟糕時刻——很糟糕的時刻，但一個國家也有兩面。」[43]

⑩ 出自蒸汽樂團（Steam）的歌曲〈哪哪嘿嘿吻別他〉（Na Na Hey Hey Kiss Him Goodbye）。

川普可能原本打算重提「一件事有兩面」來總結那段評論。不過，他用的「一個國家有兩面」說法依然適用。美國總統持續為雕像辯護時，另一面的美國擺脫雕像以求進步。夏洛地鎮事件的兩個月後，整個南方又有十五個社區移除邦聯紀念碑。巴爾的摩、馬里蘭和德州達拉斯的羅柏特·李雕像遭到拆除。一座雕像由群眾拆除，發生在北卡羅萊納州德罕（Durham）的邦聯軍人像，但是其餘皆由政府機關移除。國族主義白人抗議者關注的夏洛地鎮羅柏特·李雕像暫時蓋上黑布。歷史學者湯瑪斯·J·布朗（Thomas J. Brown）主張，二〇一七年邦聯雕像移除的浪潮，「是一七七六年七月以來美國最重要的破除偶像復興。」[44]

布朗教授在二〇一九年寫下那段文字時所言不虛，當時沒人曉得有什麼事會在隔年到來。

第十一章

遇水則發

愛德華・柯爾斯頓

地點：英國布里斯托／設立時間：一八九五年／倒下時間：二〇二〇年

如同我們對列寧和羅柏特・E・李的認識，歷史人物的生命故事可能被他的後繼者改寫。以愛德華・柯爾斯頓的案例來說，太多神話重重堆疊，導致原本的人物面目模糊。柯爾斯頓及其雕像的軼事，隨著大英帝國本身數世紀來的發展而轉變。這是一個群體對於公民認同的長久艱難搏鬥，以及誰奪下掌控權的故事。

二〇二〇年初，一種新發現的冠狀病毒散播到全世界。三月十一日，世界衛生組織（World Health Organization）宣告這種病毒為全球流行病。四月初，在美國明尼蘇達州的明尼亞波利斯（Minneapolis），四十六歲的非裔美國人，身為三位小孩父親的喬治・佩里・佛洛依德（George Perry Floyd）因嚴重特殊傳染性肺炎（COVID-19）的症狀倒下。他生病數週，餐廳門房的工作遭到開除。[1]

二〇二〇年五月二十五日近晚間八點，佛洛依德走進一間雜貨店，拿二十元美鈔買一包菸。收銀員堅信那張鈔票是假鈔，警察接獲通知前來。保全監視器和目擊者的影片都顯示警察與坐在車內的佛洛依德拉扯，隨後把他拽往車外的地面。警員德瑞克・查文（Derek Chauvin）跪壓佛洛依德的脖子達八分鐘。佛洛依德一次次喘著氣說：「我不能呼吸。」圍觀群眾顯得愈來愈慌張擔憂。佛洛依德停止求饒，靜靜躺著動也不動良久，直到查文把膝蓋從他的頸間移開。佛洛依德被送去醫院，醫護人員描述的情況是「沒有知覺也沒有脈搏」，近一小時後宣告死亡。[2]

這起事件的影片在社群媒體瘋傳。一股公眾憤慨的浪潮從明尼亞波利斯開始，擴散遍及整個美國。佛洛依德說的「我不能呼吸」成為「黑人的命也是命」運動的一個口號。儘管疫情流行的威脅持續存在，反對警察暴力的抗議者仍集結數十萬人湧上街頭，許多戴著口罩，同時為感染與身分辨識提供保護。警察時常以反倒更加激烈的暴力回敬。

怒火延燒到美國之外。二〇二〇年六月七日早上，也就是佛洛依德死後十三天，抗議者遊行至英國西部布里斯托的中心區（The Centre），那是城市的開放空間與交通轉運站。

他們群集圍繞十七世紀商人柯爾斯頓的青銅像，它頭戴假髮，聳立於石製基座上。銅像在群眾的吶喊歡呼聲中遭到拆除。

布里斯托的這位十七世紀商人，以及近四千英里外明尼亞波利斯的二十一世紀警察，兩人的敘事產生連結，他們攜手訴說一則關於帝國、奴隸與歷史如何塑造的故事。

萊茵的魯珀特王子（Prince Rupert of the Rhine）是英王查理一世（Charles I）的外甥，也是他麾下的一位將軍。魯珀特王子有沒有見過柯爾斯頓並不清楚，然而他們的命運密切交織，雙方的人生道路在一六四三年七月中首度交會。柯爾斯頓時年六歲，住在布里斯托。二十四歲的魯珀特隨英國王室住在牛津，享受與人稱「蝴蝶」的年輕女子調情樂趣。英國內戰激烈開打，他被派往西南部並圍攻布里斯托，敵軍投降。這對身為保皇派的柯爾斯頓一家人來說是好消息。

兩年後，國王的命運驟變，魯珀特王子和柯爾斯頓家的命運隨之生變。國會勢力圍困布里斯托，魯珀特出城投降，他騎著一匹阿拉伯黑馬，戲劇性地披掛緋紅與銀布，布里斯托人的憤怒吶喊在他背後響起。[3] 布里斯托落入克倫威爾①的掌控後，柯爾斯頓一家人逃往

① 查理一世在位時期的國會議員，英國內戰中擔任國會一方的軍事領袖。

倫敦。

魯珀特王子以傭兵身分替法國的路易十四（Louis XIV）打仗。然而第二次英國內戰在一六四八年爆發時，他誓言為叔叔查理一世再次征戰。查理一世在一六四九年初遭到斬首，英國成為共和國。此刻魯珀特與保皇派海軍位於愛爾蘭南部外海，柯爾斯頓十二歲。

一六五二年，魯珀特沿西非海岸往南航行。深入內陸之處有「一大塊金黃色堅硬岩石」的當地傳聞使魯珀特感到嚮往，他沿甘比亞河（Gambia River）上溯探險。似乎有可能是當地人騙魯珀特去尋找未知事物：「土著斷言他們國家有許多獨角獸，」他的旅途日記中記載，「描述了牠們的外型、牠們如何行走，跟其他野獸一起待在水邊，在雄獨角獸把角浸入水中前，其他野獸不會喝水。」

魯珀特王子在非洲內陸既未找到獨角獸，也沒有發現黃金，不過他倒是洗劫了幾艘歐洲船隻。可是有種宿命般的聯想在他腦海中成形：非洲是財富的來源。[4]

英格蘭共和國垮台，查理二世在一六六〇年復辟重返王位。當時柯爾斯頓二十三歲，在倫敦的榮譽布商公會（Mercer's Company）實習，展開他的商人職涯。魯珀特王子也回到倫敦：他與查理二世有段時間交好，也跟新國王的弟弟約克公爵詹姆士（James, Duke of York）非常親近。魯珀特是皇家探險者公司（Company of Royal Adventurers）背後的一股推動力量，這間公司以查理二世和詹姆士的資金設立，並獲得皇室特許權，得以壟斷英國與非洲的一切貿易。[5]皇家探險者公司最初的目的，是要尋找魯珀特仍舊相信位於甘比亞河上游的「一大塊金黃色堅硬岩石」；相反地，公司找到奴隸。

跨大西洋奴隸貿易起始於一個多世紀前。起初，對非洲奴隸的需求大多來自西屬加勒比海地區和巴西。到了一六二〇年代，布里斯托碼頭可見奴隸身影，不過當時城裡也有自由黑人居住。[6]十七世紀初，英屬加勒比海殖民地開始增加奴隸出口數，多半送往種植園工作。奴隸制在某些非洲社會長久存在：可能遭到奴役的人之中包括戰俘或欠債者。但是在皇家探險者公司等來自歐洲和美洲的商販，開始向非洲擄掠者購買空前大量的奴隸時，對奴隸的需求才爆炸成長。

熟悉的奴隸船景象大部分源自奴隸貿易高峰的十八世紀，不過在魯珀特的時代，號稱中央航線（Middle Passage）的非洲至美洲航海路途艱難。遭到奴役的非洲人如貨物般被迫擠進船艙，可能少至數十人，但更常介於一百至五百人間。奴役者把他們塞得愈密愈好，並鏈住他們以防暴動。人們一律躺在地上，每個人的空間比棺材還小，疾病迅速擴散。腹瀉和嘔吐的人不得不躺在自己的穢物間，絕望同樣迅速蔓延。拒絕進食或不服從其他命令的奴隸，遭受鞭打和拇指鑽②懲罰。他們常遭到強暴。跨越大西洋需時約兩個月。

② 這種刑具把人的指頭固定住，再旋轉尖銳金屬條壓碎指甲。

近四個世紀的跨大西洋奴隸貿易期間，一千兩百四十萬人被當成私人財產從非洲運往美洲。其中一百八十萬人在抵達美洲前死亡：往往由於疾病或疏於照顧，有時是自殺。他們的屍體被拋進海中，據說有鯊魚群跟在奴隸船後方吃丟棄的人肉。[7]

這種跨海航程正是喬治・佛洛依德祖先的命運。他的高祖父老希雷利・湯馬斯・史都華（Hillery Thomas Stewart Sr）是北卡羅萊納州的奴隸，在他八歲時因《憲法第十三條修正案》獲得自由。史都華結婚，育有令人欽佩的二十二個小孩，並買下五百英畝的地。這家人原本有指望興盛，但是白人農夫強行闖入並奪走土地。過了三個世代，佛洛依德父母那一代在種族隔離下成長。到了二十一世紀，這段歷史的影響力依然帶給佛洛依德的家庭（以及許多相似的家庭）深切感觸。[8]

一六七二年，皇家探險者公司改稱皇家非洲公司（Royal African Company）。跨大西洋奴隸貿易期間，這間公司比其他任何組織運送更多非洲奴隸到美洲。在它從非洲掠奪的成千上萬男女和孩童身上，許多人遭烙印字母「RAC」（皇家非洲公司的縮寫）或「DY」（約克公爵的縮寫），燒灼進他們的肉體：無法抹滅的印記，提醒他們自己不再是人，而是財產。一六八〇年，萊茵的魯珀特王子、英國皇室和柯爾斯頓的命運終於交會在奴隸貿易。

★

柯爾斯頓過去在地中海地區買賣葡萄酒與織品，直到他涉足奴隸貿易。最初他在一六八〇年投資皇家非洲公司，並於接下來十年間晉升至高階職位。他數度任職公司的理事會（Court of Assistants），接著在一六八九年當上副理事長（也就是實際上的總經理）。在那時候，查理二世已逝世，約克公爵短暫登基為詹姆士二世（James II）。一六八六年，有位朝臣在白廳[3]設立詹姆士雕像。

詹姆士二世的雕像立起僅僅兩年後，他遭到推翻。詹姆士二世的雕像被拆除，不過繼任者又將它重新立起。到了十九世紀末，詹姆士二世像被棄置在白廳外的一座庭園，背部貼地躺平，埋沒在野草之間。幾年後，雕像清洗乾淨，再度設立於新海軍部大樓外。第二次世界大戰期間，雕像移入奧德維奇（Aldwych）地鐵站以策安全，戰後重新安置在特拉法加廣場（Trafalgar Square）。詹姆士像現今依然在那裡：被推翻的奴役者國王矗立在倫敦市中心。

詹姆士二世曾是皇家非洲公司的最大股東，柯爾斯頓順利投向新的國王威廉三世（William III），提供國王大筆股份。威廉收下股份，但是皇家非洲公司失去壟斷權。私人

③ 英國國王的主要居所。

奴隸商販紛紛投入。柯爾斯頓在一六九二年辭去公司職位，不過他繼續以私人身分買賣奴隸。英國商販在一七〇〇年以前運往美洲的四十萬非洲人中，大部分經由皇家非洲公司交易，為英格蘭與蘇格蘭君主牟利。[9]

時常聽聞在十七世紀和十八世紀初，社會廣泛接受奴隸貿易。奴隸本身並不接受，英國歷史上記載的第一次奴隸抗爭發生在一六三八年五月一日，地點在加勒比海的普羅維登西亞島（Providence Island）。史冊草草帶過實際發生情況，抗爭迅速遭到鎮壓。不過在近一年後，當地總督仍在日記中描述「我們對反叛的黑人進行一波全面追捕，可是他們太敏捷了，導致我們難得目睹他們的行蹤：只在高聳山頂發現一間他們的小屋並放火燒毀。」[10] 美洲各地的奴隸抗爭與逃跑歷史，顯示一代又一代的奴隸爭取自由。[11]

普羅維登西亞島暴動的傳聞，印證英國本土對於奴隸制風險的擔憂。隔年，拉夫·弗里曼爵士（Sir Ralph Freeman）發表劇作《帝國，一齣悲劇》（*Imperiale, A Tragedy*），主角是非洲奴隸莫洛索（Molosso），振振有詞反對奴隸制：

我們
擁有意志和力量去解放自己，看哪
我們的自由；這些行動現在要讓我們重拾

自然界給予的平等。[12]

莫洛索把對於自由的信念歸功於他的非洲遺產——「我們國家的傳統」，他不需要向開化的「白人救星」學習高尚道德：尊嚴承襲在他的血脈之中。弗里曼的劇作並未簡化成支持非洲人或反對奴隸制，故事結束在一場可怕的血洗殺戮，因為莫洛索攻擊他的主人。相反地，這齣劇本意味深長，描繪奴隸制對於奴隸和主人同樣是一場災難。劇作完成時柯爾斯頓年僅三歲，在他成長的世界，跟他擁有相似階級與教育程度的人厭惡奴隸制，認為那不公且醜陋是絕對有可能的事。沒有理由主張他不可能瞭解非洲人擁有靈魂、智識，以及對自由的渴望。

柯爾斯頓以個性頑固著稱，強烈贊成社會秩序並反對異議者。他天天上教堂做禮拜。他不曾婚配，不過年屆七十時，與一位女子在薩里郡（Surrey）「非常自在地」同居。[13] 據瞭解他並未養育任何子女，由於沒有直系繼承人，他捐贈了大筆財產。他在一六八〇年代幾度重返布里斯托，成為布市的商人投資會（Society of Merchant Venturers）成員，並且成立救濟院、醫院、慈善機構、學校等等。一七二一年柯爾斯頓過世時，他的屍體運回布里斯托，在聖公會教堂（All Saints' Church）舉辦盛大葬禮並安葬。[14]

柯爾斯頓有意讓名聲流傳後世。到他死時，他的名字已經掛在布里斯托的學校和其他機構招牌上。然而作為這則故事核心的柯爾斯頓像，要到一百七十二年後才由另一位布里斯托企業家暨慈善家提議設立：詹姆士・艾洛史密斯（James Arrowsmith）。

一八九三年的布里斯托跟柯爾斯頓的時代迥然相異。大英帝國已擴張成國際間的龐然巨獸。斯圖亞特王朝被奧倫治—拿索王朝（House of Orange-Nassau）取代，接著換成漢諾威王朝，然後是薩克斯—科堡與哥達王朝（House of Saxe-Coburg and Gotha）。維多利亞成為大英帝國女王，日後當上印度皇后。《一八〇七年奴隸貿易法》（Slave Trade Act of 1807）與更進一步的《一八三三年廢奴法案》（Slavery Abolition Act of 1833），使奴隸貿易在大英帝國得以廢止。奴隸制時常以契約取代。工業革命發生，歐洲強權陷入號稱為瓜分非洲的殖民狂熱。

縱然英國在一八九〇年代似乎發展順遂，卻存在關於英國國族認同的嚴重焦慮。對外，看起來好似所有歐洲國家都對英國虎視眈眈，企圖把帝國的一部分據為己有；對內，社會上貧富不均，充滿貧窮與不滿。[15] 反對維多利亞死板君權的共和政體觀點在一八七〇年代遽增。《一八八四年人民代表法案》（Representation of the People Act of 1884）賦予多數男性人口投票權，百分之四十的男性和百分之百的女性依舊不能投票。儘管如此，擴大的選舉權拉抬社會主義理念，在當時，某些基督教地區支持這種觀點的情況等同於，甚至高於馬克思主義者。

艾洛史密斯就在這樣的背景下靠出版業致富，他出版一連串暢銷書，包括傑若姆·K·傑若姆（Jerome K. Jerome）的《三人同舟》（*Three Men in a Boat*，一八八九年）、葛羅史密斯兄弟喬治和威登（George and Weedon Grossmith）的《小人物日記》（*Diary of a Nobody*，一八九二年）、安東尼·霍普（Anthony Hope）的《仁達的囚徒》（*The Prisoner of Zenda*，一八九四年）。[16] 艾洛史密斯推崇柯爾斯頓是布里斯托的創業精神與美德典範。柯爾斯頓死後非但沒有遭到遺忘，在十九世紀反而變得比以往更受歡迎，他的名字粉刷在布里斯托各地的公共空間、大樓和機構。他的生日十一月十三日變成人們慶賀的柯爾斯頓日，以他之名設立的慈善協會在當天舉辦奢華宴會。「一生過得正直，虔誠得無可挑剔，善良得無邊無界，且如上帝般慈善，這就是愛德華·柯爾斯頓的一生。」《西部日報》（*Western Daily Press*）在一八六八年的柯爾斯頓日喃喃道來，「他的名字受尊奉為追求繁榮成功的偉大勇氣，並環繞永恆名聲的花圈。」[17]

不過到了一八九〇年代，各個柯爾斯頓協會追求不同的政治議題並互相爭執。讓它們團結的一件事，是以憂懼面對崛起的社會主義。艾洛史密斯提議用柯爾斯頓雕像重申今人眼中的布里斯托「黃金過往」。[18] 如同布里斯托歷史學者瑪吉·德瑞瑟（Madge Dresser）指出：「這座雕像有部分是企圖作為凝聚工人去認同布里斯托菁英的方式（一起以布里斯托人的身分全心投入！），而非認同勞工運動。」[19]

柯爾斯頓涉入奴隸貿易的事實被刻意隱瞞，艾洛史密斯的募資計畫中完全沒有提及。奴隸制曾是英國帝國主義的其中一項基礎，並使許多英國人民和機構發大財。然而在一八〇〇年代初廢奴後，英國展現驚人的反轉，重新自我界定為**對抗**奴隸制的世界鬥士。一八〇七年起，英國皇家海軍巡航西非海岸攔截奴隸船。直到一八三八年，大英帝國的約莫八十萬奴隸才獲得自由。即使在解放國內的奴隸前，英國就已對**終止**奴隸制變得自以為是。

反奴隸制的聖戰不只向其他歐洲人和美國人宣戰，還包括非洲人。舉例來說，一八五一年英國政府派海軍攻擊拉哥斯（Lagos）④，原因是該城與達荷美王國（Dahomey）⑤共謀繼續從事奴隸貿易。當時的外交大臣巴麥尊子爵（Lord Palmerston）憤怒寫下，英國政府與人民的「偉大使命」是終止奴隸貿易，這不會被「兩位野蠻非洲首領的海盜行徑妄自抗命」所剝奪。[20]奴隸制曾協助建立大英帝國；而今終止奴隸制成為帝國的「偉大使命」。

帝國主義並未將自身轉化成實現自由和民主的力量，英國和其他國家繼續謀求在非洲的殖民與經濟利益。這些行徑擁有武力撐腰，包括軍事行動及歐洲個人和團體對非洲人動用的暴力與報復殘酷行為。人們持續辯論反對奴隸制的真摯程度，或者「文明開化使命」是否掩飾了換湯不換藥的帝國主義。答案並不簡單。無論如何，到了一八九〇年代，人們普遍憎惡看待奴隸貿易，並與英國特質的概念徹底對立。柯爾斯頓在其中扮演核心角色的事實，跟艾洛史密斯期望提倡的布里斯托正義英雄形象背道而馳。因此不得不粉飾真相。柯爾斯頓會被宣揚成商人與慈善家，他的奴隸貿易背景無須提起。

艾洛史密斯請託柯爾斯頓的慈善協會為雕像募款一千英鎊。首輪募款僅僅得到兩百零一英鎊，第二輪募款的成果增長一倍。艾洛史密斯開放計畫，廣邀布里斯托所有市民捐款，卻幾乎沒人響應。以柯爾斯頓基金會名號敲詐學童的嘗試也沒有好下場。一八九五年初，他依然只募得四百多英鎊。

艾洛史密斯舉辦音樂會和展覽來募款，並向雕刻師約翰・卡西迪（John Cassidy）訂購雕像。柯爾斯頓像以青銅鑄造，外型穿戴假髮和長大衣，擺出沉思姿態倚著手杖。他立在波特蘭石[6]基座上，角落飾有青銅海豚。基座浮雕呈現柯爾斯頓在發錢給孤兒寡婦，拍撫一個討人喜愛街頭流浪兒的頭。另一面浮雕描繪一對人魚和一隻有翅膀的馬頭魚尾怪，完全沒有提到奴隸制。銘文寫著「由布里斯托市民立起，紀念他們城市中深具德行與智慧的一位子嗣：西元一八九五年。」這引出一件事實：絕大多數市民表現得毫無興趣，更別提勉

④ 拉哥斯是西非的海港大城與奴隸貿易中心，後遭英國占領，現為奈及利亞前首都。
⑤ 達荷美王國是十七至十九世紀末的西非王國，東鄰奈及利亞。
⑥ 產於英國波特蘭島的灰白色石灰石，白金漢宮就是以波特蘭石建造。

強掏錢。一八九五年柯爾斯頓日當天的盛大揭幕儀式期間，沒有人魯莽到說破這一點。典禮上，布里斯托市長草草帶過不能提的事，指出柯爾斯頓「主要是在西印度群島做生意」，[21]這是僅有的暗示。

銅像的費用仍需支付。那晚，艾洛史密斯在布里斯托每一處社交宴會放置信封，直白請求大家塞入捐款。然而，布里斯托的顯要人士再一次意識到內心的抗拒。一八九五年十一月底，銅像已立起，帳單送抵，而艾洛史密斯只有五百四十八英鎊。最終一次強力募款後，有位匿名捐贈者掏出最後的一百五十英鎊，那人恐怕是艾洛史密斯自己。[22]

假使艾洛史密斯期盼設立一座柯爾斯頓像，能夠說服布里斯托人回歸父權主義、私人企業與菁英和善治理的想像過往，他終將失望。對於柯爾斯頓的崇敬在二十世紀前半葉逐漸減弱。第一次世界大戰後，人們置身迅速現代化的社會，他成為過時的維多利亞浮誇作風象徵。柯爾斯頓日的慶祝活動式微。[23]冠上他名號或有關聯的學校、機構與慈善團體繼續沿用，但是柯爾斯頓的名字不再是昔日的品牌。

維多利亞時代的柯爾斯頓崇拜明確涉及洗白他個人與布里斯托的歷史。這無法長久。一九二〇年，一部新的柯爾斯頓傳記調查他在皇家非洲公司的工作及他在奴隸貿易扮演的核心角色——由艾洛史密斯的出版社發行，不過這時艾洛史密斯本人已過世。[24]然而要到一九九〇年代，批評才開始圍繞著銅像集結。

一九九八年，布里斯托即將首度迎來重大展覽探討自身在奴隸貿易中的角色，事先舉辦一場公眾說明會。許多出席者第一次聽說柯爾斯頓在皇家非洲公司的職位。隔天早晨，布里斯托眼見新出現在柯爾斯頓像上的紅漆銘文：「奴隸販子滾蛋」。這座城市開始辯論柯爾斯頓的遺緒。報紙投書和廣播聽眾來電中，出現許多為他辯護的意見。常見的論點紛紛報到：那是不同的時代，當時沒有人曉得奴隸制是錯的，想想他做過的所有好事，我們不能用現代道德標準衡量過去，如果我們拆掉它那要換上誰，你不可以泯滅歷史，諸如此類。銅像繼續保留。

接下來幾年間，柯爾斯頓像屢遭巧思改造，在某些人眼中淪為破壞行為，其他人則視為藝術。二〇〇七年，實為更多紅漆的「血滴」潑灑遍布基座。二〇一八年，一組鮮豔的紅球與鎖鏈擺到銅像腳邊：用羊毛線織成，稱為「毛線轟炸」（yarn bombing）的街頭藝術。同一年，約一百具人體模型背部貼地躺在銅像前方，讓人想起遭奴役非洲人排列躺在奴隸船裡。[25]

在南非和牛津的「羅茲必須倒下」運動展開後，柯爾斯頓像引來更多批評，不過它依然保有為其辯護者：主要是柯爾斯頓協會和商人投資會。二〇一八年，布里斯托市議會企圖妥協。相對於拆除，他們要為銅像增設第二塊銘牌，承認柯爾斯頓與奴隸制的連結。歷史學者撰寫的原始版本如下：

愛德華·柯爾斯頓從一六八〇年至一六九二年擔任皇家非洲公司高層，深深參與奴役超過八萬四千位非洲人（包括一萬兩千位兒童），其中一萬九千多人在加勒比海與美國途中死亡。

柯爾斯頓也投資西班牙奴隸貿易與奴隸生產的蔗糖。他以布里斯托的托利黨（Tory）議員身分（一七一〇年至一七一三年），捍衛這座城市交易遭奴役非洲人的「權利」。

布里斯托人若不贊同他的宗教與政治信仰，就不被允許得到他的慈善機構幫助。

這段話掀起柯爾斯頓支持者的怒火。到了二十世紀晚期與二十一世紀之交，舊政治詞彙「托利黨」已成為現代保守黨人的暱稱，因此有些人認為形容柯爾斯頓是「托利黨議員」，即使是事實，仍在政治上造成混淆。「在柯爾斯頓銅像上安裝第二塊歷史修正銘牌的可悲決策，就歷史而言是外行舉動，也是改寫布里斯托歷史的又一噱頭花招。」保守黨議員理查·艾迪（Richard Eddy）宣稱，「倘若履行，將容許無知、左翼的外來者進一步羞辱真正的布里斯托人和我們城市的歷史。」艾迪議員先前曾在布里斯托市政廳展示黑臉布娃娃而上新聞，那是承襲黑臉秀傳統的一幅十九世紀種族歧視諷刺畫，這導致他辭去保守黨團副黨鞭。「我從來不是私刑執法的信徒，」他繼續說，「不過，假使這種偏頗且令人作嘔的銘牌通過，我無法譴責破壞或移除它的任何人。」[26]

與此同時，商人投資會找來自己的歷史學者重寫銘牌。他們的版本如下：

愛德華．柯爾斯頓，一六三六年生，一七二一年卒，一七一〇年至一七一三年任布里斯托議員，名列這座城市最偉大的慈善家之林。

他支持並捐助位於布里斯托、倫敦和其他地方的學校、救濟院、醫院與教堂。他的慈善基金會有許多延續至今。這尊雕像樹立於一八九五年以紀念他的慈善事蹟。

柯爾斯頓的一大部分財富來自投資奴隸貿易、蔗糖和其他奴隸生產的商品。

他從一六八〇年至一六九二年擔任皇家非洲公司高官，也涉入運送約八萬四千位遭奴役非洲男性、女性和幼童，其中一萬九千人死於西非赴加勒比海與美洲的航程。

這引發更多怒火。本身即為奴隸後裔的布里斯托市長馬文．里斯（Marvin Rees）發布聲明，指稱商人投資會「天真至極到認為他們應該擁有最終決定權」，並形容他們的措辭

「難以接受」。

兩個版本的柯爾斯頓銘牌基本上都正確無誤，因為兩者都由可驗證的事實構成。有兩項爭議點：柯爾斯頓旗下船隻上確切的孩童人數，以及柯爾斯頓究竟是「深深參與奴役」所述非洲人，或者僅是「涉入運送」他們。只出現在第一個版本（他是捍衛奴隸制的托利黨議員，他的慈善機構具有宗教和政治傾向歧視），或第二個版本（他是這座城市最偉大的慈善家之一，他資助多所慈善基金會）的事實皆屬實。[27]

然而擺在一起看，這兩種事實陳述創造截然不同的印象——不僅關乎柯爾斯頓，也關乎布里斯托這座現代城市，它的文化與認同，以及由誰來定義那些事物。一切取決於放進哪些事實，哪些又被遺漏；哪些獲得強調，哪些被擺到最後，並精準選擇措辭和腔調。這就是以看似妥協的做法處理一座爭議銅像（補上說明歷史脈絡的銘牌）通常沒有用的原因。什麼才是適切的歷史脈絡，沒有人能夠達成協議。柯爾斯頓銅像原本就是以十九世紀的著眼點重塑一位十七世紀的人物，它代表一種想像。銅像形塑他被神話裡的生物環繞。往這尊銅像強加歷史精確度，就像在對《魔戒》（*Lord of the Rings*）小說做事實查核。

雖然市長辦公室表明將對第二塊銘牌的措辭做後續衡量，但這項做法的概念已徹底觸礁。[28]柯爾斯頓的銅像繼續在欠缺新銘牌的情況下矗立。

十四個月後的二〇二〇年五月，當佛洛依德身亡的消息爆發時，英國正處於封城狀態以減緩新冠病毒擴散。

就種族而言，英國和美國擁有不同的歷史與文化，但是兩者相互關聯——從歷史來看，最顯著的關聯在於帝國與奴隸制。從美國發端的抗議由英國抗議者接棒，部分作為聲援美國黑人的行動，部分是要抗議英國國內的種族歧視。即使有疫情，五月三十一日在倫敦聚集了數千人，國內各地也出現較小群體。六月三日，《星際大戰》電影演員約翰・波耶加（John Boyega）向海德公園的群眾發表一席激動演說。「我要你明白這種爛事有多麼痛苦，」他說，「我要你明白，天天被提醒你的種族什麼都不是有多麼痛苦。再也不是那樣了，從來都不是那樣。」[29]六月七日，一場抗議在布里斯托展開。

當天估計有五千位抗議者遊行走向柯爾斯頓的銅像。在圍觀群眾的歡呼聲中，一條繩圈拋往柯爾斯頓像頸間。抗議者拉動繩索，雕像朝前方倒進一片歡快吶喊。抗議者衝上前去，跳躍踩踏銅像並潑灑白色和紅色油漆。他們不到三十秒就完成某些人呼籲近三十年的事。

抗議者爬上空基座：名叫珍・瑞德（Jen Reid）的女子高舉拳頭，做出黑人權力敬禮手勢。有個人把銅像基座「由布里斯托市民立起」的文字改成「遭布里斯托市民抵制」。兩位蒙面戴棒球帽的黑人抗議者，身上穿著T恤寫著「黑人的命也是命」和「川普是蠢蛋」的口號，跪壓在銅像頸間八分鐘，一如查文曾跪壓在佛洛依德的脖子上。[30]

柯爾斯頓像被踢滾越過布里斯托街道，沾滿彩漆，掉落碎片，直到抗議者抵達布里斯托港。他們把銅像扶正倚靠港邊欄杆，隨後合力把它推下海。濺起浩大水花後，銅像沉入水中。

柯爾斯頓奴隸船運送的非洲人之中，一萬九千人死在海上，他們的屍體被扔進水裡。以柯爾斯頓的銅像而言，沒有一種正義比這更詩意。

影片和照片在社群媒體瘋傳，許多人興奮不已。「他們全都將要倒下。」美國饒舌歌手冰塊酷巴（Ice Cube）在推特表示。左翼青年運動的帳號動能布里斯托（Momentum Bristol）發表推文：「噗通，種族歧視的死傢伙掰了。」有位抖音（TikTok）使用者自拍一段影片，圖說標明「愛德華．柯爾斯頓在布里斯托港醒來」，套用英國饒舌歌手阿奇（Aitch）跟A．J．崔西（AJ Tracey）合作單曲〈雨〉（Rain）裡的歌詞：「怎麼了？為什麼我溼答答？」另一位推特使用者仿造一段聲稱是柯爾斯頓銅像寫的假意見：「立刻把手從我身上移開，無禮的畜生！拿我的鞭子來，就在……噢不不不不★噗通★拜喂拜託，咕嚕嚕饒命。」[31]

然而，一群人的喜悅與另一群人的擔憂相伴。「我在布里斯托長大，我厭惡柯爾斯頓從奴隸貿易賺錢的方式。」前英國財政大臣薩吉．賈衛德（Sajid Javid）發推文述說，「但是不可以這麼做。如果布里斯托人想要移除一座紀念碑，應該透過民主方式進行——而非刑事損壞。」英國首相強森同意他的看法：「首相絕對理解情緒的強度，但在這個國家，我們用民主解決爭端，如果人們想要移除那裡的銅像有民主途徑可遵循。」問題在於數十年來，布里斯托的許多人嘗試過遵循那些民主途徑，卻被商人投資會以違背民主的方式阻撓。

令人詫異的是商人投資會此刻發布聲明，扭轉會方先前對銅像的立場。「它消失的事實對布里斯托是適合的事。」商人投資會表示，「要打造一座不再存在種族歧視和貧富不均的城市，我們必須從承認布里斯托的黑暗過往，移除靠買賣人命獲利者的紀念雕像、肖像、名諱開始。商人投資會不應在二〇一八年干涉柯爾斯頓銅像銘牌的修訂，會方聽取了過去一週提給我們的建設性見解。」[32]想法有可能隨著決心改變。

有些人依然替柯爾斯頓辯護。艾迪議員兩年前宣稱無法譴責破壞銅像增訂銘牌的任何人，突然間發現自己根本不喜歡刑事損壞，他指控抗議者做出「放肆的惡棍暴行」，接著主張柯爾斯頓是「一位英雄」。「誰在乎它關於什麼，這個人又做過什麼事？」極右派倡議者湯米．羅賓森（Tommy Robinson）說，「這是英國歷史的一部分。」奴隸制確實是英國歷史的一部分，那麼天花也是，沒有人想要天花的雕像。

常見的論點再度老調重談。「增設另一塊銘牌，說明一下縱然柯爾斯頓在國內是偉大的慈善家，在國外也涉嫌導致死亡和苦痛，這樣會有害處嗎？」威爾．黑文（Will Heaven）在

《旁觀者》（*The Spectator*）新聞週刊陳述，顯然沒有意識到這正是多年來在布里斯托引起激烈爭端的問題。他指控抗議者「試圖把他（柯爾斯頓）從歷史上抹去。這麼做不對。柯爾斯頓像應該要從碼頭區打撈出來歸位。」[33]

「現在不是長久以來捍衛無可辯解之事的那群人，把自身變造成某種新的、貌似道德的立場，或假扮受害者的時候。」曼徹斯特大學歷史學教授大衛・歐魯索加（David Olusoga）寫道，「無論接下來幾天有何論斷，這項舉動不是在攻擊歷史，這就是歷史。」[34]

六月十一日，布里斯托市議會委派司機和起重機吊起海裡的柯爾斯頓像，把銅像立回原本的基座不在計畫內。「圍綑住他的繩索、噴上的漆都還在，所以我們會讓他保有目前的狀態。」議會的文物與檔案主管瑞・巴奈特（Ray Barnett）表示。[35] 決議是把銅像重新安置在博物館。一組保存團隊著手維護銅像，包括繩索和塗鴉在內，還有抗議活動的五百張標語。

七月十五日早晨，中心區有輛卡車朝空的基座倒車，未獲授權的一小組人迅速搬下一座新雕像。那是珍・瑞德的黑色樹脂塑像，也就是柯爾斯頓像倒下後，立即在空基座上做出黑人權力敬禮手勢的抗議者。藝術家馬克・昆恩（Marc Quinn）把她的形象做成一尊雕像，立在同樣的位置。

許多人驚嘆新雕像的美好，但有些人質疑身為白人男性的昆恩是否有權製作雕像。雕塑師湯瑪斯．J．普萊斯（Thomas J. Price）形容這是「被盜用的還願雕像」。他評論：「我認為假使白人藝術家直面『白』這件事，而不是去利用藝術場域欠缺黑人表述以圖抬高他們自身，這麼做會更有幫助。」作家柏納丁．艾瓦里斯托（Bernardine Evaristo）不同意：「這是對『黑人的命也是命』志業的顯而易見投入，那不正是我們需要的嗎？盟友？」瑞德本人則評論：「我願意加入馬克．昆恩一起這麼做，因為他一向關注如何強調包容並引導人們思考。這無關黑或白。如果有人想站在我這邊，那很棒。」[36]

反正沒有多少時間可以討論新雕像。「我明白人們想要表達，但是這座雕像的設立未經許可。」布里斯托市長里斯發推文寫道，「任何未按我們現行程序放上基座的物品一律必須移除。布里斯托人民將決定它的未來。」到了隔天早晨，新雕像消失無蹤。[37]

對柯爾斯頓像最有力的回應仍是二〇二〇年六月七日的事件。當天「黑人的命也是命」抗議者的一系列行動，使柯爾斯頓、布里斯托城與喬治．佛洛依德的故事深刻交織，一舉寫入全球響應對抗種族歧視的聲明中。抗議者的每個行動階段都富含歷史與當代意義，用繩索拉倒柯爾斯頓銅像，讓人想起世界各地暴君雕像的傾覆，包括喬治三世、史達林、特魯希佑，把這麼做的權力名副其實交在人民手中。抗議者跪壓柯爾斯頓像的頸間八分鐘，發人深省且有力地向佛洛依德致敬。銅像被推下港口之際，使人屏息回想起柯爾斯頓船隻載運非洲人中近四分之一遭受的命運。二〇二二年一月，布里斯托皇家法院陪審團裁決，撤銷了對四名推倒柯爾斯頓雕像抗議者的所有指控。

若有任何人問起，十七世紀的布里斯托商人跟二十一世紀的明尼亞波利斯警衛有何關聯，抗議者表明得再清楚不過。他們的行動強調了羈絆美國和英國歷史的奴隸制，從柯爾斯頓到佛洛依德，闡明跨大西洋各地長久延續的白人優越主義與種族歧視，並堅決要求公平正義。

第十二章
美國偶像

喬治・華盛頓

地點：美國奧勒岡州波特蘭市／設立時間：一九二六年／倒下時間：二〇二〇年

本書的最後一篇故事帶我們重回起點：大陸軍（Continental Army）總司令暨美國第一任總統喬治・華盛頓。華盛頓在紐約宣讀《獨立宣言》後，他的士兵與革命組織自由之子拉倒城市裡的英王喬治三世像。如同我們所知，華盛頓不樂見「現場一片騷亂與缺乏秩序，在軍隊中，他反對此種態度」，並命令子弟兵，日後拆除雕像應該「留給適當的主管機關處置」。[1]

華盛頓沒有表示不贊成拆除英王的雕像，他反對的是手下士兵未接獲命令就行動，他並未指責涉入的平民。二〇二〇年成群公民推倒世界各地的雕像之際，已不可能得知華盛頓對這股破除偶像浪潮的看法。二〇二〇年六月十八日，奧勒岡州波特蘭市的抗議者連續二十二晚走上街頭。六月十九日凌晨，有些人前往五十七大街東北段與桑迪大道東北段（Northeast Sandy Boulevard）交叉口，拆除那裡的一座華盛頓雕像。這個日期具有特殊意義：六月十九日是一八六五年聯邦軍在德州宣告解放奴隸制的紀念日，而今全美各地把這一天視為黑奴解放日來慶祝，稱為六月節（Juneteenth）。

在成書當下，這是一則關於歷史名聲受到重新評價的故事。有些人會因此不舒坦，絕大多數美國人仍然尊崇華盛頓：每當舉辦任何形式的偉大美國人全民投票，他往往名列前茅。不過近年來對美國開國元勛的批評漸增，蓄奴尤為爭議焦點。

關於柯爾斯頓的前一章探討二〇二〇年全球破除偶像運動的開端，本章繼續訴說那則故事，回到運動發源地美國，這裡有許多座矗立數十年或甚至更久的紀念碑在數週內倒下。

雖然奧勒岡州波特蘭市的華盛頓雕像只是被抗議者破壞，或遭當局移除的眾多雕像之一，光是華盛頓像遭到攻擊的事實就代表歷史記憶的轉變。這樣的重新評價或甚至改寫歷史會不會太過頭？這是否在根本上損及美國這個國家與國內和諧？假使如此，可以做什麼來改善？當「一國之父」面朝下躺在人行道上，渾身覆滿憤怒的口號和紅漆時，這些問題變得迫在眉睫。

歷史學者亞歷瑟斯．科伊（Alexis Coe）表示，華盛頓「不惜一切要當上總統」，「就某些層面而言，他確實如此。」華盛頓就任總統前備受愛戴；到了他卸任前一年的一七九六年，他不受歡迎到眾議院拒絕休會祝賀他生日快樂。曾熱烈崇拜華盛頓的湯瑪斯．潘恩（Thomas Paine）在同一年寫信給他：「世人將難以決定究竟你是變節者或冒牌貨；究竟你是背棄高尚原則，或你是否有過任何原則。」約翰．亞當斯（John Adams）在一八一二年刻薄指責，首任總統「以他的地位和名聲而言過於外行、無知、缺乏教養。」[2]

華盛頓在一七九九年過世。一八〇〇年初期，部分開國元勛仍在世或依然存於世人記憶之時，他們就已經不受歡迎。美國獨立紀念活動傾向聚焦在一般士兵及某種程度上具有將軍身分的華盛頓，而非聚焦於政治人物。內戰開打前，反奴隸制倡議者譴責開國元勛是惡棍和無賴。一八五四年七月四日，麻薩諸塞州的反奴隸制協會（Anti-Slavery Society）集會現場，廢奴主義者威廉．洛依德．蓋里森（William Lloyd Garrison）焚燒一本《美國憲法》，稱它是「其他一切暴行之母與根源——跟死亡簽的契約，跟地獄達成的協議」。在場有些人對蓋里森發出噓聲，但大多數人歡呼喝采。[3]

然而到了內戰之際，開國元勛的名聲節節上揚。林肯對他們採取較溫和的路線，在他們的文字與契約中找尋廢止奴隸制的意向：「因此這件事隱藏於憲法之中，就像飽受折磨的人隱瞞粉瘤或惡性腫瘤，他不敢立刻切除，唯恐自己流血至死；儘管如此，許下承諾在一段既定時間過後就可以著手切除。」林肯藉由講述這般歷史敘事以正當化自己的地位，好讓他成為那段歷史的自然產物：「（美國建國）那段年代對於奴隸制的精神，只好迫不得已擺明徹底違背原則，敵視寬容。」[4] 捍衛奴隸制的美國人翻遍開國元勛的文字和契約，尋找他們持反對觀點的證據，藉此主張邦聯人士是國家偉人的當然繼承人。

內戰與重建時期過後，訴諸開國元勛成為使美國恢復團結的一種方式：創造共同的歷史過往，讓過去的光榮能被所有人認同。內戰開打前的一八四八年，華盛頓紀念碑已經開始動工，那是位於華盛頓特區的一座方尖碑，預計成為世界上最高的建物一段時間。戰爭和資金問題曾使工事中斷，但施工在一八七七年重啟，到了一八八四年，紀念碑將聳立在國家首都。一八六五年，藝術家康斯坦提諾．布魯米迪（Constantino Brumidi）在美國國會山莊圓頂的眼洞窗繪製〈華盛頓的神化〉（The Apotheosis of Washington），描繪首任總統置身天堂，兩側簇擁神話中的女性人物，這幅畫展現他成為真正的神祇。

十九世紀晚期的歷史書籍跟藝術一樣熱切盛讚。歷史學者與政治家亨利．卡波特．洛吉（Henry Cabot Lodge）在一八八九年寫下，他多年來研究華盛頓的職涯，完全找不到缺點。即使是他人視為缺點的事物，諸如華盛頓惡名昭彰的傲慢行事風格，都能得到解釋：「他被推捧至孤高的境地，不自覺超脫人類經驗的範圍。」洛吉描寫，「由此產生一種普遍想法，認為華盛頓生性冷酷，欠缺人類的同情心，一如他全無人性的常見缺陷。」從洛吉的觀點看來，人們認為華盛頓冷酷的緣由單純只是因為他**過於完美**，不像「其他較卑微的人顯得在美德與缺失方面都更接近我們」。洛吉稱許一般人將華盛頓視為神聖任務：「真正的英雄無須書冊為他帶來崇拜者。」[5]

不過他可能需要雕像。華盛頓聲名大振之際，時逢十九世紀末與二十世紀初期的雕像狂熱，國際間興起設立偉人雕像的熱潮。美國有一百多座重要的華盛頓公共雕像，包括尚—安東·烏登（Jean-Antoine Houdon）著名塑像的多尊複製像。這尊雕像由華盛頓親任模特兒，在一七八五年至一七九六年間製作（原作立於維吉尼亞州議會）。奧勒岡州波特蘭市的雕像並非其中一尊複製像，而是一件原作。它是政治家暨醫師亨利·瓦爾多·科伊（Henry Waldo Coe）在一九二六年送給波特蘭市的贈禮，藉此慶祝《獨立宣言》的一百五十週年。

科伊熱衷於雕像：他送了四座給波特蘭。除了華盛頓以外，他為密友羅斯福委託製作一尊雕像，另外是林肯和聖女貞德（獻給第一次世界大戰的美國步兵）。他的羅斯福像有兩件複製品，分別為北達科他州的曼丹（Mandan）和邁諾特（Minot）製作。波特蘭的四座雕像委託給不同的藝術家（聖女貞德是巴黎金字塔廣場那尊的複製品：科伊造訪巴黎時看過它，相當欣賞，於是買下用相同模具鑄造的複製像）。

華盛頓像委託給龐培歐·柯皮尼（Pompeo Coppini），他是移民到美國的義大利裔雕刻師。柯皮尼在德州闖出名號，雕塑當地的英雄與傑佛遜．戴維斯等邦聯代表人物，他曾製作一尊華盛頓像，由墨西哥城的美國居民在一九一〇年委製，那座雕像已拆除。

柯皮尼的墨西哥華盛頓像，一九一二年在墨西哥城的華盛頓廣場揭幕，墨西哥總統法蘭西斯科．馬德羅（Francisco Madero）和美國大使出席見證。[6] 一年後馬德羅被趕下台，遭槍殺送命。一九一四年，墨西哥的情勢惡化成一場內戰。美國海軍陸戰隊占領維拉克魯茲港（Veracruz），總統維克托里亞諾．烏埃塔（Victoriano Huerta）的支持者在墨西哥城發起反美暴動作為反擊。「昨晚他們拆掉華盛頓紀念碑，」美國副領事告訴《紐約時報》，「我看見烏埃塔的兒子拿繩索套住雕像脖子。」[7] 柯皮尼的華盛頓青銅像被沿街拖拉，劈砍成碎片。（一九一六年，美國政府致贈墨西哥一座新的華盛頓像。一九七〇年代，雕像從華盛頓廣場移往市內遼闊的查普特佩克公園〔Bosque de Chapultepec〕，至今依然矗立在園中。）[8]

儘管有這不幸的預兆，但科伊決定讓柯皮尼再鑄造一次國父像。柯皮尼的波特蘭華盛頓像表現他身穿現代服飾（華盛頓本人則偏好雕像身穿古典羅馬袍），右手倚著手杖，左手拿三角船長帽。這尊雕像是青銅材質，立於花崗岩基座。科伊無法看見雕像落成：他因心臟病發死於一九二七年二月，享年七十歲。雕像在七月四日揭幕。根據科伊的訃聞，「他期盼這些已逝偉人的雕像，應當鼓舞看見雕像那些人的日常生活，靜靜矗立，沉著且長久。」[9]

近九十三年來，華盛頓像靜靜長久立於奧勒岡州波特蘭市德裔美國人協會（German American Society）戶外的整齊草地上。不過到了二〇二〇年，一切都變了。

佛洛依德的死不是唯一在二〇二〇年激起騷亂的種族極化事件。二月二十三日，二十五歲的黑人男子阿罕默德・亞貝里（Ahmaud Arbery）在喬治亞州布朗斯威克（Brunswick）慢跑時遭槍擊身亡。嫌疑人是兩位白人市民，聲稱自己認為亞貝里犯下當地多宗竊盜案，儘管警方隨後表明並未接獲任何竊盜報案。三月十三日在肯塔基州路易斯維爾（Louisville），警員衝進二十六歲黑人醫院職員布里歐娜・泰勒（Breonna Taylor）家中時，朝她開了許多槍。[10]五月二十五日，佛洛依德在明尼蘇達州明尼亞波利斯遭到殺害。六月十二日，二十七歲黑人男子雷夏爾・布魯克斯（Rayshard Brooks）在喬治亞州亞特蘭大市（Atlanta）遭槍擊殺害；嫌疑人是一位白人警員。八月二十三日在威斯康辛州肯諾夏（Kenosha），二十九歲黑人男子傑科柏・布雷克（Jacob Blake）在自己的小孩面前遭槍擊背部七次，導致他半身癱瘓，嫌疑人又是一位白人警員。

五月二十六日，「黑人的命也是命」抗議活動在明尼亞波利斯展開，遭警方以催淚瓦斯驅散。騷亂蔓延，漸趨嚴峻。全美各地至少一百四十座城市出現示威抗議。五月二十八日，美國國民警衛隊銜命調動至明尼蘇達州。隔天的五月二十九日，美國總統川普威脅要派出軍隊，表示：「開始搶劫就會開槍。」[11]有些人譴責抗議者造成破壞與洗劫，其他人則責怪總統、警方與國民警衛隊使情勢升溫。

五月三十一日在阿拉巴馬州伯明罕（Birmingham），抗議者試圖拆除邦聯士兵和水手的紀念碑。當他們發覺無法拆除時，就改去推倒附近的查爾斯・林恩（Charles Linn）雕像，這位芬蘭出生的實業家曾效力邦聯海軍。隔天，伯明罕市長蘭道・伍德芬（Randall Woodfin）移除邦聯士兵和水手的紀念碑。州檢察長判定伯明罕市違反阿拉巴馬州紀念碑維護法，處以兩萬五千美元罰鍰。伍德芬表示，他寧可付罰鍰也不願引起更多市內動盪：「我們沒時間擔心在我們城市行不通，且將黑人貶低成財產與奴隸的某樣事物，重要的是我們把這東西拆掉並往前邁進。」[12]

六月節前夕的六月十八日，美國各地已有數十座紀念碑移除或計畫在那期限前移除，它們大多數跟邦聯相關，其他多座則跟征服美洲與迫害、屠殺原住民相關。在六月十八日前，至少十九座哥倫布的雕像和半身像納入移除討論或實際受到攻擊，另有許多座已移除。

然而，奧勒岡州波特蘭市的華盛頓像遭到針對，使許多人感到驚訝。奧勒岡州跟佛洛依德、泰勒和亞貝里遭殺害的明尼蘇達州、喬治亞州或肯塔基州距離遙遠。在美國內戰中，奧勒岡為聯邦而戰。到了二〇二〇年，波特蘭是美國數一數二「白」的大城市：僅有百分之六的城市人口是非裔美國人。[13]委婉地說，波特蘭素有自由主義政治觀點的名聲。

儘管如此，奧勒岡州確實有一段令人不快的種族歧視史，仍稱為奧勒岡領地（Oregon Territory）的年代，此地受到美、英間的聯合占領協議控制，通過嚴格的排除法案，防止「任何黑人或穆拉托（mulatto）混血兒①」進入或移居領地。一八四四年，一位著名的混血開拓者被迫依上述法律離開奧勒岡領地，他的名字引人遐思，叫做喬治·華盛頓·布希（George Washington Bush）。[14] 日後奧勒岡成為一個州並採用憲法，投票反對奴隸制卻保留既有的反黑排除法案，成為唯一聯邦方實行這類法律的州。[15]

二〇二〇年六月十五日，約十五個人拆除波特蘭傑佛遜高中外的湯瑪斯·傑佛遜（Thomas Jefferson）雕像。隨後一位三十三歲的白人男性參與者匿名向《威廉梅特週報》（*Willamette Week*）描述推倒雕像的事。「那是歡快的一刻。」他說，「感覺起來不像滿心仇恨或渴望破壞，像是群眾自發聚在一起，做到在那時刻需要去做的這件事。」不過，後來他感到困惑，「我讀很多東西在講人們對特定那起事件與普遍推倒雕像的看法，好多人把這比擬為伊斯蘭國，彷彿黑人的命也是命是美國的伊斯蘭國組織，太荒唐了。我明白他們的觀點，人們會用這種想法看待這群邪惡的搗亂分子。」省思之餘，他不接受那樣的歸類，「我讀這些關於推倒雕像跟那代表什麼的文章。這不是破壞，你藉由拆除這個意象去做到某

① 穆拉托指白人與黑人的混血兒，具貶意。

些事。這跟憤怒無關。我們做的這件事早該做了，管事的人卻不去做。」他認為傑佛遜雕像立在一間主要由黑人就讀的學校外無法容忍。[16]

在傑佛遜身處的時代，他對奴隸制的態度就遭到批評，至今依然如此。他聲稱想要終止奴隸制，卻擁有六百多位奴隸。他靠著黑人嬰孩出生賺錢（每年百分之四，他在一七九二年自豪記述）。僅有十歲的奴隸男童遭到鞭打，強迫他們在傑佛遜的釘子廠工作，不過這惡劣的事實在一九五三年版的傑佛遜文集中審慎刪除。他堅稱黑人比白人低下，並反對種族混血。兩個世紀以來，傳言指稱傑佛遜跟自己的奴隸莎莉·海明斯（Sally Hemings）至少生下四位子女。一代代的歷史學者憤怒否認這件事，但是一九九八年的脫氧核糖核酸檢驗證明傳聞屬實。傑佛遜從自己四十四歲、海明斯十四歲時開始這段關係，合意與否不重要，更何況是海明斯的年齡。傑佛遜如一筆財產般擁有她，從未給她自由，[17]財產沒辦法說不。

在一九六〇年代與一九七〇年代，開國元勛變得不合時宜，因為他們大部分是奴隸主，難以符合那幾十年的解放思想。他們會再重拾地位。如同歷史學者H·W·布朗茲（H. W. Brands）在二〇〇三年寫道：「建國者的復興部分反映了自隆納·雷根（Ronald Reagan）開始並延續至今的反解放抗衡。」[18]從布朗茲的觀察又過了二十年，開國元勛的名聲再度瀕臨較批判的審視。

儘管如此，但二〇二〇年六月十八日至十九日晚上對華盛頓像的攻擊，不只關乎他曾經蓄奴，這是在向美國父權主義的假想成見宣戰。

據波特蘭警方所述，六月十八日夜間在市內分別發生數起抗議活動。傑佛遜高中有數百人的和平示威；另一群人聚集在地方法院，一面圍籬被割開，警方調查報告另嚴正揭露有人拋擲「如熱狗等物品」；第三群人則前往桑迪大道東北段的華盛頓像，在銅像頭部放火。[19]

銅像的身體與基座覆滿塗鴉：「滅絕種族的殖民者」、「他媽的警察」、「偉哉佛洛依德」（指喬治．佛洛依德）、「你在原住民的土地上」及「一六一九」（非洲奴隸首度被帶往美國殖民地的一年）。一待火勢熄滅，繩索就圍繞銅像頸間和身軀綁住，接著銅像被拉倒，連同大塊基座一同傾覆。智慧型手機錄的影片中聽得見群眾興奮喊叫，銅像上垂掛的星條旗也一同焚毀。[20]

華盛頓像上的塗鴉結合三項議題，其中兩項屬於歷史層面：美國原住民土地遭到殖民統治、非洲奴隸與當代對於警察暴力的關切。二〇二〇年的抗議期間，這些明顯分立的議題合流，因為它們全聚焦在同樣的目標：不公與白人優越主義。

華盛頓開始蓄奴時年僅十一歲（他在父親過世時繼承了幾位奴隸）。他成年後購買大批奴隸，妻子瑪莎在兩人婚後又帶來更多。證據顯示，華盛頓在獨立戰爭期間開始對蓄奴感到不安：一七七八年，華盛頓告訴一位表兄弟，自己不想再蓄奴。然而，在解放奴隸變得合法的一七八二年，他選擇不這麼做。他在遺囑中主張，希望當時擁有的一百二十三位奴隸在瑪莎死時獲得自由。實際上，她在華盛頓死後一年解放他們，考量到他們可能不願等到她自然死亡，而促使這件事提早發生。她無法解放自身名下的一百五十三位奴隸，因為他們是屬於她第一任丈夫家族的財產。

華盛頓對美國原住民的行為舉措也有爭議。華盛頓積極購置原住民的土地，歸入自己名下，必要時訴諸法院以強制執行他的要求。他支持讓開拓者擴大移居原住民土地的政策，不過他認為遷離的原住民應得到公道價錢。然而倘若原住民不離開，他會準備採取更嚴厲的行動。一七七九年，他寫信給拉法葉侯爵（Marquis de Lafayette）描述自己派蘇利文將軍（General Sullivan）去攻打薩斯魁哈那人（Susquehannock）：「我相信（他）將會摧毀他們的定居地，並使他們在這國家絕跡，這很可能透過他們逃亡來實現，因為對他們來說捲鋪蓋走路並非難事。」[21]

華盛頓人生的這些面向對歷史學者來說是舊聞，但是它們在灌輸給普羅大眾的「愛國」歷史中往往遭到噤聲。赴佛羅里達州奧蘭多（Orlando）造訪迪士尼樂園的遊客，或能在「總統殿堂」看見以機械人偶再現的歷任總統（這趟遊程不太需要排隊，「太空山」或「幽靈公館」的話，你可能得等候幾個小時）。從一九七一年落成以來，總統殿堂的腳本多次改寫，不過在最新的版本中，第一任總統依然以洛吉會稱許的用語來描述。「華盛頓成為美國理念的象徵，」旁白平鋪直敘說道，他的傳奇肖像同時閃現於環繞螢幕。「在第一次總統大選，華盛頓獲得壓倒性勝利。唯一的疑慮似乎來自他自己。他寫下，『正直與堅毅是我所能承諾的一切』。正直與堅毅正是我們需要的事物。他任職總統時所做的一切將為後繼者立下典範。」

在約莫二十分鐘的整段遊程中，未曾提及華盛頓或任何一位總統蓄奴，美國原住民只以華盛頓盟友的身分出現一次。至於奴隸制、擴展勢力進入原住民土地與內戰難以完全迴避，但描述這些議題的詞彙含糊至極：「在歷史進程把我們帶往前所未見的危機邊緣之前，我們選出了十五任總統。一個誕生於自由的國家依舊允許奴隸制。隨著國家往西擴展，新的州會是奴隸州或自由州？」在這段重述中，沒有人應該為美國歷史上的任何骯髒事負責任。歷史進程導致內戰。儘管擁有一切自由，但奴隸制匪夷所思地存續。國家自顧自地往西擴展，進入一片空無地帶。最後，外覆橡膠的華盛頓機器人從座椅起身，為外覆橡膠的現任總統機器人塗聖水：一座機械人像把美國的領導權傳給另一座機械人像。

自由派的大眾版本歷史也常仁慈對待華盛頓。林—馬紐爾·米朗達（Lin-Manuel Miranda）在轟動熱門的音樂劇《漢米爾頓》（*Hamilton*）中，把華盛頓描繪成一位傑出的英雄，只是會偶爾發發牢騷。這齣音樂劇採取「種族色盲」的選角策略：華盛頓的角色一開始由風采翩翩的黑人演員克里斯多福・傑克森（Christopher Jackson）扮演。「我花費了許多時間跟心思在這件事上，試著釐清我該如何安頓進這個人的膚色。」傑克森告訴《浮華世界》（*Vanity Fair*）。「身為黑人，我就是沒辦法兜起來。」在最末一首歌，伊莉莎・漢米爾頓（Eliza Hamilton）唱出表明反對奴隸制的台詞時，他選擇演出承認的姿態：暗示華盛頓未能解決這個問題。[22]

歷史學者莉拉・蒙泰洛（Lyra Monteiro）指出，這齣音樂劇強化傑佛遜的形象是個「蓄奴的可惡菁英渾球」，然而劇中從未提到華盛頓也蓄奴。「他是完美的父親形象，他跟奴隸制毫無瓜葛。即使他無疑深深涉入奴隸制，就跟傑佛遜一樣。」[23]這齣音樂劇完全沒有提到美國原住民。《漢米爾頓》是一齣具有開創性的音樂劇作品，可是劇中的華盛頓形象極其傳統。

華盛頓當然無法為佛洛依德的死，或是二十一世紀的警方執法過當負責，但是二〇二〇年六月十八日晚上拉倒華盛頓銅像的抗議者，不僅是在攻擊華盛頓這個人：抗議者攻擊的是華盛頓形象所象徵的不公不義，在他們看來這深植於美國歷史當中，他們的目的是引發震驚；讓人們質疑自己一直以來接受的歷史敘事。

華盛頓像被拉倒不久後，非營利組織區域藝術與文化委員會（Regional Arts and Culture

Council）的公共藝術總監走上街頭，混進目睹詭異景象的過路喧鬧人群：遭到褻瀆的華盛頓形體面朝下，倒在人行道上。她問一位男子覺得該怎麼處理銅像，對方建議把銅像運去博物館。「沒錯，他是創建這個國家的人，」他說，「但是三百位奴隸不是個小數目。」

另外兩位居民建議應該依照銅像倒置地面的模樣在博物館陳列：覆蓋塗鴉，倒臥於地。「這一刻讓我們思考自己想崇拜的人是誰。」一人說道。委員會保管華盛頓和傑佛遜的雕像，同時考量該拿它們怎麼辦。[24]拉倒傑佛遜像的一位參與者很高興華盛頓像也倒了。「我覺得我能理解人們會對它生氣，因為它是這麼一位代表美國的人物，我們把他看待成英雄。」他說，「但現在發生的也是好事。我們不想再讓那些事物就這麼擺明存在。」[25]

美國總統川普在奧克拉荷馬州的一場集會，利用雕像倒下煽動國族主義者的情緒。「兩天前，左翼激進分子拆掉一座華盛頓的銅像，」他告訴群眾，人們開始大聲喝倒采，「把一面美國國旗裹在銅像上，然後放火燒美國國旗。」他提議採取更嚴厲的手段：「我們應該立法，如果有人想燒美國國旗並踐踏它或只是燒，就讓他們坐牢一年。」[26]（最高法院在一九八九年的德州訴強生案〔Texas V. Johnson〕判決，燒國旗構成一種「象徵性的言論」，因此受到《憲法第一修正案》保護。）

四個月後的二〇二〇年十月十一日，在哥倫布日的前夜，波特蘭的抗議者發起原住民憤怒日（Indigenous People's Day of Rage），許多人身穿黑衣，拋繩索繫住羅斯福的雕像並使用噴火槍。雕像在晚間八點五十一分倒下。他們轉往附近的林肯像，僅僅八分鐘後，林肯像也倒下了。「達柯塔三十八」的字樣塗鴉在基座上：指涉林肯在一八六二年耶誕節隔天下令處決三十八位達柯塔（Dakot）原住民男子，這發生在同一年的美國─達柯塔戰爭後。有些抗議者砸碎奧勒岡歷史學會（Oregon Historical Society）的窗戶，不過並未毀損任何展品。他們揮舞一道橫幅標語，寫著「停止歌頌種族主義的殖民凶手」。[27]

二〇二〇年六月至十月間，科伊送給波特蘭的四座雕像倒了三座：華盛頓、羅斯福和林肯，只剩下聖女貞德依然屹立。奧勒岡大學的兩座開拓者雕像被抗議者拆離基座，其餘雕像遭政府機關移除。雕刻師羅蘭·辛頓·佩里（Roland Hinton Perry）的一尊可愛駝鹿雕像從大街（Main Street）消失。即使在美國的種族政治複雜環境下，駝鹿通常被視為無害生物。不過，這尊駝鹿的顯著位置使它成為抗議者的聚集點。儘管尚未遭到破壞，區域藝術與文化委員會擔心受損是遲早的事，於是移走妥善保管。

有些「黑人的命也是命」抗議者首度嘗試立起一座雕像作為回應，他們焊接金屬製作駝鹿的替代品並放上基座。當地對於這件作品的藝術價值看法分歧，一些人基於外觀嚇人稱它為「惡夢駝鹿」。黑駝鹿立起的時間不長：極右翼團體偷走它，並在社群媒體興奮張貼綁架照片。幾天後，當地人製作第三隻駝鹿，這一次使用木塊和布膠帶。[28]

撇開駝鹿不談，這件事點出連結回華盛頓像倒下的嚴肅議題。誰有權決定哪些故事得以在公共空間訴說？美國人如何看待自身的過往？它為誰服務？這表明了當今及明日美國的什麼特點？

推倒或改造一座雕像可能被看待成暴力或非暴力行為。沒有人受到傷害：只是看起來彷彿如此，因為雕像的外觀像人。推倒可能重達數噸的大型建物顯然具有風險，儘管在本書的雕像倒覆史上記載的受傷事件不多。就法律層面而言，在許多司法管轄權中，推倒一座雕像構成刑事損害，而在寫作本書的當下，二〇二〇年破除偶像風潮後有多起訴訟案件正在全世界進展，那些是法院的事務。從哲學的角度來看，有些人認為破壞所有物在本質上屬於暴力；另一些人則認為以雕像的案例而言，推倒雕像或許構成正當的象徵性抗議：甚至這項行為本身就是一場藝術表演。如同焚燒旗幟，推倒雕像可能是言論自由的一種形式。

美國的種族正義運動已然嘗試過和平抗議。二〇一六年，美式足球四分衛柯林·卡佩尼克（Colin Kaepernick）「單膝跪地」——在賽前照例演奏國歌時單膝跪地，抗議警察的殘忍行徑與種族歧視。卡佩尼克原本要坐下，不過他和隊友艾利克·瑞德（Eric Reid）決定單膝跪地是更能表達敬意的姿勢。「我記得當初心想，我們的姿勢就好像為了紀念悲劇而降半旗。」瑞德寫道。[29]

安靜、莊重、非暴力的單膝跪地引發憤怒反應，卡佩尼克持續遭受強烈的公眾謾罵，切切實實喪失他的職業生涯。儘管如此，這項抗議舉動擴散至其他的隊伍與運動比賽。國家美式足球聯盟（NFL）規定球員在演奏國歌時站立或待在休息室，美國總統川普的發言更過分：「你必須驕傲地站著聽國歌，否則你就不該打球，你不該在場上，也許你不應該身在這個國家。」[30]

「我愛我的國家應該說都不用說，而且我很驕傲身為一個美國人。」瑞德寫道，「但是，引述詹姆士・鮑德溫（James Baldwin）的話，『正是為了這個原因，我執意擁有永久批判她的權力。』」[31]

此後在全世界，單膝跪地成為與二〇二〇年種族主義受害者站在一起的表達方式。抗議者、公眾人物和政治人物參與，這既引發憤怒也得到支持回應。在南卡羅萊納州，一位抗議者在警察面前單膝跪地說：「我不是你們的敵人，你們全都是我的家人。」他們逮捕了他。[32]人們提出關於言論自由的重大問題。「當前政府公然漠視《憲法第一修正案》，身為國家執法官員首長的司法部長威廉・巴爾（William Barr）命令聯邦官員對白宮前的和平抗議清場，」一篇《紐約時報》社論描述，「警方使用催淚瓦斯、橡膠彈和抗暴盾牌驅離站立於聖約翰教堂（St. John's Church）私人門廊的抗議者、新聞記者及牧師，做這一切好讓川普先生能夠擺姿勢拍照。」這篇社論的標題是：「在美國，抗議是愛國行為」。[33]

值得關注的是，《紐約時報》、瑞德及鮑德溫（引述的文字寫於一九五〇年代），全都以愛國詞彙傳達異議。他們的異議並非基於仇視美國，而是因為熱愛美國：他們察覺美國走上錯誤的岔路，希望國家導正這件事以實現自身的遠大承諾。現今的抗議者要很大膽才敢焚燒憲法，如同蓋里森在一八五四年的作為。一如我們在導論中所知，總統川普指責雕像攻擊者企圖「摧毀美國政府體制」，或是著眼於「顛覆美國獨立革命」。這些論述者自我防衛並訴諸愛國主義，意圖是要反駁那項立論。

不過，無法忽視的是白人優越主義、殖民征服與威權執法一直是，也依然是美國敘事的基本元素，這就是川普和他的支持者能夠把對他們的批評描述為批評美國本身的原因。川普主義支持者相信攻擊國家神話會危及現狀——就這項特定議題而言，他們沒錯，想要改變現狀常是去拆除一座雕像的重點所在。

華盛頓會成為這些不滿情緒的焦點，不僅基於他個人的作為，還包括他代表的政治意義。對於十九世紀期盼重新凝聚美國的人而言，使華盛頓化身為美國神祇具有特定效用，並在很長一段時間內成效卓著。不過，成為一國的象徵或許既是祝福也是詛咒。攻擊華盛頓的雕像並非對於華盛頓此人的細緻批判，而是一聲抗議怒吼，反對破碎的承諾、衰敗的夢想與並非對每個人都成立的美國。

一向遭排除於美國國族敘事之外的族群感到沮喪，這是可以理解的事。至於將這股憤怒轉向華盛頓這般人物在許多人的眼中顯得危險，也同樣可以理解。圍繞著開國元勛與一個漸趨完美聯邦的歷史迷思，有助於在內戰後重新讓美國團結。如果你對此激烈批評，這個國家會不會變得衰弱，或甚至遭到摧毀？

川普的回應是承諾建造更多雕像，並成立「一七七六委員會」，用意是推廣他所謂的「愛國教育」。根據白宮的簡短聲明：「我們將完整陳述事實，不表示歉意：我們在此宣告，美利堅合眾國是地表上存在過最公正、最卓越的國家。」[34]

如同我們反覆見證的，你無法永遠持續打造更巨大的神話。「不表示歉意的完整事實」是華盛頓蓄奴、購置原住民的土地，最初的開國元勛制定一部憲法，限縮自由僅容白人男性擁有，多不勝數的不公不義皆由此起始。試圖遮掩或審查與這相關的任何資訊都是枉然，而這也無法「抵消」華盛頓的諸多傑出成就。不可能用有意義的方式量化贏得獨立的價值，再跟延續奴隸制的代價相互衡量：兩者皆無法抵消另一方。這些事並存在華盛頓的人生和美國的歷史中，歷史研究是要理解為何與如何發生。

「如果我們想幫助年輕人培養公民意識，他們要能夠並願意獨立思考。」歷史學者理查．J．伊凡斯（Richard J. Evans）寫道，「歷史研究可以做到這一點，它體認孩童並非等著填裝愛國迷思的空容器。歷史不是一門創造神話的學科，而是破除神話的學科，並且需要在我們的學校中依此傳授。」[35]伊凡斯教授談論的是英國教育，不過他的論點在美國及其他所有國家也同樣適用。

接下來幾年間，美國人看待自身歷史的觀點有何轉變，取決於現今美國發生的事。對於衷心期盼見證美國的嘗試成功者，無論他們位於政治光譜的哪個位置，目標應該不是制止重新衡量歷史。挑戰在於公平、公正地面對歷史：不基於政治宣傳、迴避與幻想去建立共同的未來，而是基於真相、和解與希望。對於我們在書中見證過該國敘事的每一個國家，這都是它們的挑戰。到目前為止，有些國家應對得比其他國家好。

二〇二一年之際，美國有了大批空基座。如果要填補，基座上該安置誰的問題勢必出現。二〇二〇年夏季期間，抗議者創造的公共藝術，包括喬治・佛洛依德和布里歐娜・泰勒的肖像壁畫，以及長得驚人的死者名單，迄今他們尚未鑄成雕像受人緬懷。或許對於沒那麼執迷於偉人的世代而言，街頭藝術恰好是更能引起共鳴的形式：少一些經典典故的負擔，沒那麼永恆，更具有動能，更加民主。

或許在未來，我們根本不想要雕像。

結語
塑造我們自己的歷史

我們縱橫近三百五十年的歷史與五大洲。我們遇見十二位據稱的偉人與他們的雕像。我們見證它們全都遭到拆除，有些重新立起，有些再次被拆除。我們目睹各種政治議題如何使歷史記憶受到操弄——但是我們也看見，這有可能也將會遭到挑戰。

接下來，再一次檢視導論中反對推倒雕像的四項論點：

1. 泯滅歷史

「雕像並非歷史；相對地，雕像是歷史的反面。」歷史學者西蒙．沙瑪（Simon Schama）寫道，「歷史是論證；雕像不容忍任何論證。」他主張，雕像藉由「介入公民空間……藉由引發崇敬去遏止辯論。」[1]

拆除這些雕像不會泯滅歷史：種種歷史依然存在。無論雕像立起或倒下，這不影響我們如何理解歷史。大眾對於歷史的認識取決於更加重大的因素，比如教育、穩固的歷史和遺產機構、檔案的保存和取得、批判性思考與言論自由。

2. 他那個時代的人

這項論點指出，以雕像紀念的歷史人物在他們自身的時代廣獲接納，唯有當代的道德觀無法容忍他們。這在每一樁案例都不真確，所有這些人物在他們自身的時代都受到批評。「他那個時代的人」論述本身即為一種泯滅歷史的方式。舉例來說，在辯論愛德華・柯爾斯頓時常援引的概念，指稱「當時所有人都有種族歧視」或「當時大多數人支持奴隸制」。這些假設沒有證據，一七〇〇年代並未進行民意調查，保存下來的文字記載大多出自富裕的白人男性：他們並非全部支持奴隸制，其中有些人表示公開反對。透露大多數人想法的資料稀缺，尤其是女性或勞工階級。

我們**確實**知道的是大部分遭奴役者不喜歡或不接受自身的處境：關於囚禁、管控、懲罰、反抗與奴隸回憶錄的全面歷史可以證明這一點。他們的意見應該受到重視，我們談論「所有人」或「大多數人」時必須納入他們。為什麼我們要認定，一部分白人菁英男性的觀點能夠代表他們時代的所有人？如果這麼做，我們可能陷入泯滅大半歷史的風險。

3. 法律秩序的重要

這項論點認為雕像應該由適當的政府機關拆除，而非被一群暴徒推倒。這常用來呼籲溫和派，因為看起來像折衷方案：沒說雕像根本不該移除，只是理應採用經過各方同意且非暴力的方式移除。

問題在於那些程序可能被阻撓數十年：無論出自公共機關的不作為，或特定利益團體的蓄意破壞。有時候，持續的壓力會得到合乎民主的移除，這常需要在法律詰問與回應方面耗費鉅資。有那麼多更迫切的需求之際，很難證明在雕像議題投注日益增加的大量公眾金錢與時間是合理行為。我們也能舉出，**設立**一座雕像常可以在缺乏或全無民主下輕易實現，那麼這類雕像有什麼權利占據公共空間？

如果雕像移除必須透過正當程序才能發生，這道程序就必須有效。失靈的程序並非和解，而是一種阻礙改變的方式。有時人們會對永無止盡的官僚延宕徹底失去耐心，自行把那東西拆掉，這並不讓人意外。

4. 滑坡效應

這項論點是在擔心會有「骨牌效應」：推倒一座雕像，接著有人會反對另一座，又另一座，很快我們就會完全失去雕像。在美國，破除偶像風潮攻擊開國元勛雕像引發憂慮；在英國，相仿的擔憂出自奧利弗・克倫威爾、羅柏特・克萊夫和邱吉爾的雕像遭到攻擊。有個問題時常提出：到哪裡才會停下來？

答案是永無休止，而那是好事。在一個自由、民主的社會，不應侷限哪一位歷史人物可以受到討論或重新衡量，熱烈辯論我們重視的事是一種健康態度。

雕像沒有權利，它們為了取悅在周圍生活的人而樹立。任何群體都有權一再反覆斟酌他們重視什麼，以及他們如何記憶歷史。我們不需擔憂人們「改寫」歷史——畢竟那是歷史學者一直在做的事，使歷史納入新的證據和新的闡述，我們該擔心的是人們不再對聽聞的故事提問。

我們該如何處理不再能夠代表我們的雕像？倘若有些雕像引發嚴重的傷害或分歧，就應該拆除它們，造成苦痛一點都不美好。儘管如此，遷行移除雕像不盡然是所有案例的答案。在世界各地，雕像受到改造或重新賦予脈絡以改變它們的意義。

新增一塊說明銘牌是最乏味且效益最低的方式。試著回想作家羅柏特・穆齊爾的那句玩笑話：「這世上沒有事物像紀念碑這麼不顯眼。」有一種東西還更不顯眼，那就是紀念碑上的銘牌。除了替雕像增添無足輕重的注腳，我們可以擁抱有創意的介入。在巴拉圭，藝術家卡洛斯・柯倫比諾（Carlos Colombino）敲碎一座獨裁者阿弗瑞多・史卓斯納（Alfredo Stroessner）的雕像；重新排列精選的部分碎片，好讓史卓斯納看似夾在上下水泥塊間受到壓迫，如今矗立的雕像用來紀念史卓斯納政權的受害者。藝術家曼弗瑞德・巴茲曼（Manfred Butzmann）提議在柏林的列寧紀念碑周圍種滿常春藤，好讓列寧像慢慢被大自然吞沒。

暫時改造雕像可以利用油漆、道具或光雕投影。一九九〇年，波蘭藝術家克利茲托夫・沃迪茲科（Krzysztof Wodiczko）用投影把柏林的巨大列寧像改造成一位波蘭觀光客，購物推車裡堆疊廉價電子商品。二〇一一年，藝術家潔西・海蒙斯（Jesse Hemmons）認為費城美術館（Philadelphia Museum of Art）外的虛構電影角色拳擊手洛基（Rocky Balboa）雕像太過觀光取向，於是她幫它編織一件粉紅色毛衣，並織入「去欣賞藝術品」的字眼。同一年，一位塗鴉藝術家把保加利亞首都索非亞（Sofia）的蘇聯軍隊紀念碑士兵浮雕改造成超人、聖誕老人和麥當勞叔叔。二〇二〇年和二〇二一年的嚴重特殊傳染性肺炎流行期間，全世界數百座雕像被戴上口罩，里約熱內盧的巨大救世基督像則藉由投影轉變成拿著聽診器的醫生。

倒下的雕像是一種強而有力的象徵，也有可能繼續維持原狀。法國觀念藝術家丹尼爾・比尤連（Daniel Buren）曾提問：「平躺的雕像（是不是）自動變成一件雕塑品——例如在革命期間被拆掉的雕像。」[2]推翻迦納首任總理夸梅・恩克魯瑪（Kwame Nkrumah）的一九九六年政變發生後，他的肖像與著作遭禁，他在首都阿克拉（Accra）的雕像遭到斬首。一位民眾取回並藏起那尊雕像的頭顱。在二〇〇九年的不同政治氛圍下，雕像頭顱返還。無頭的雕像如今在夸梅・恩克魯瑪紀念公園展示，頭顱擺在隔壁的另一個基座：呼請大眾記得恩克魯瑪，也記得逼迫他下台的暴行。

在紀念碑相關的辯論中，有一個時常出現的建議是把引發爭議的雕像搬進博物館。對此，館長集體發出嘆息。博物館不是垃圾場，而且多半沒有空間堆放龐大、缺乏特色的大批棄置雕像。

較好的解決方案是打造專用的戶外雕塑公園，這可能是英國殖民時期雕像與美國邦聯紀念碑的未來方向。若能證明這些公園受歡迎，雕像會比立在安全島或購物中心外的時候，遠遠得到更多關注與思索。假使公園門可羅雀，就讓雕像崩解吧！那將說出它們自身的故事。

應該用什麼替代這一切倒下的雕像？近年來，英國和美國興起運動，要為女性與有色人種樹立更多雕像。這些運動無疑立意良善，但它們未能處理雕像代表英雄史觀的基本問題，用幾位偉大女性來替換偉大男性，意味著我們如何思索歷史的表面改變，而非有意義的改變。有些人或許會主張，表面的改變總比什麼都不變來得好。事實並非如此，設立更多更多雕像是在合理化過時的想法，即歷史是由少數幾位品德高尚的個人推動，所以我們應該尊崇他們。

雕像本身就是問題所在，它說教、傲慢且疏離。在現代世界，雕像跟暴政和種族歧視歷史的連結強烈得令人遺憾。如同我們一次又一次見證，雕像被用來頌揚（往往受到質疑的）個人，並遮蔽更複雜的歷史。我們可以做得更好，透過節慶、博物館、展覽、書籍、紀錄片、公共活動、表演和所有的創作藝術，許多懷念方式遠遠更加務實有效。這些紀念形式有人們介入，騰出空間讓他們參與，並將歷史帶入生活中。

這並不代表紀念碑的時代已經過去，近年來許多案例證明，跳脫傳統雕像的紀念形式也能深刻動人。在布達佩斯，多瑙河畔的一排青銅鞋履標誌著法西斯民兵命令猶太人脫鞋的地點，隨後他們遭到射殺並扔進河中。在柏林，倍倍爾廣場（Bebelplatz）上納粹焚書的地點，可見圓石地面裝設一面玻璃板；低頭看，底下是令人心驚的成排空書架。格瑞那達（Grenada）近海的莫里尼爾雕塑公園（Molinere Sculpture Park）可以經由潛水和玻璃船到訪：奴隸人像靜靜立於海床，讓人回想起在中央航線被扔下船的那些奴隸。當你把個人從紀念場址移走時，觀者就變成主角，裝置藝術藉此促使我們將自身連結至它們紀念的事件。

也有能夠緬懷個人，同時保留較寬廣史觀的方式。阿拉巴馬州蒙哥馬利郡（Montgomery）的國家和平正義紀念館（National Memorial for Peace and Justice）由天花板懸吊的八百根鋼柱構成——每根代表美國曾發生種族主義恐怖私刑的一個郡。近看，每個郡的鋼柱上刻有受害者的姓名。紀念碑藉此設法同時展現令人震驚的暴行規模，以及每一位個體的故事感。另一系列實現這等成就的紀念碑是絆腳石（Stolpersteine），一九九二年由藝術家岡特・迪姆尼希（Gunter Demnig）在柏林發動。絆腳石是一塊小金屬牌，鑲嵌在納粹恐怖活動受害者最後一個自主選擇的住處外街道，上面列出每個人的名字、日期與命運。不可能完全不看見任何一塊絆腳石；然而一旦你注意到它們，會發覺一條街道上就有數十塊。這批數量龐大的小牌子，再度強化個人的逝去與納粹大屠殺撲天蓋地的恐怖。現在全歐洲約有七萬五千塊絆腳石。

作為一個群體，記得創傷、戰爭和種族滅絕縱然重要，但我們也可以紀念喜悅。最鼓舞人心的紀念碑之中，有些是在向解放、族群精神、重大科學進展和藝術成就致敬。紐約的自由女神像象徵自由；巴黎的艾菲爾鐵塔象徵科學、工程與工業的年代；布魯塞爾的尿尿小童象徵這座城市桀驁不馴的幽默感；阿格拉（Agra）的泰姬瑪哈陵成為愛情的象徵，但那是沙賈汗（Shah Jahan）為愛妻穆塔芝・瑪哈（Mumtaz Mahal）修築的陵墓。這一類型的現代傑出新作是雕塑家安東尼・高梅利（Anthony Gormley）的北方天使（Angel of the North），一九九八年設立在英國蓋茨黑德（Gateshead）郊外。土堆上的生鏽鋼鐵形體立在附近一處煤礦的頹圮澡堂外，展開雙翼彷彿要起飛。天使塑像深切根植於歷史，並且滿載對於未來的希望。這比另一座榮耀當地顯要人士的雕像更振奮人心與難忘許多，無論那個人的地位有多麼崇高。

就算雕像的全盛期或許已成過去，肖像雕塑的藝術並未絕跡。雕刻家以風趣機智和獨特創造力處理肖像，帶來一些饒富趣味的現代雕像。俄國新西伯利亞的實驗鼠紀念碑（The Monument to the Laboratory Mouse）頌揚（非自願）獻身科學研究的鼠群，把青銅像做成一隻戴眼鏡的實驗鼠在編織去氧核糖核酸雙螺旋。墨爾本樂卓博大學（La Trobe University）的查爾斯・樂卓博（Charles La Trobe）雕像上下顛倒，以頭部為支點，基座高立空中，因為雕塑師認為大學生應該翻轉他們腦中的想法。倫敦人少數放真感情的政治雕像是邱吉爾和羅斯福的塑像「盟友」（Allies），位於新龐德街（New Bond Street）的一張公共長椅。雕像大多深具威嚴，盟友塑像的人物則相當細緻，時常被路人誤認為真人。它吸引到訪者坐在邱吉爾和羅斯福之間，用自己想要的任何方式跟它們互動，和高高在上、難以觸及的多數雕像形成對比。所有這些雕像都魅力十足，**因為**它們顛覆了一種具有傲慢本質的形式。

我們當然可以保存並珍視自身鍾愛的雕像，它們振奮人心或觸動了我們。然而**現今**討論該如何緬懷我們的歷史時，我們有機會採取創造性思考：超越偉人與英雄，邁入擁有無限可能的過去與未來。

雖然拉倒雕像可能讓拆除者得到興奮的片刻，但它真能改變任何事物嗎？通常答案是否定的。在俄國，儘管沒有什麼人後悔在一九九一年拆除國安情報機關首長傑爾辛斯基等人的雕像，但有些人覺得舊政權時代的既有問題再度捲土重來。「向一個青銅男子宣戰沒辦法讓你的人生更道德或公正分毫，」慶賀傑爾辛斯基像遭毀的俄國記者瑪利亞・立普曼（Maria Lipman）在二〇二〇年告訴《紐約時報》，「事實上這完全沒有幫助。」[3]

象徵性時刻可能引發迴響，比如拉倒一座雕像。它做不到的是**真正改變任何事物**——至少不是藉由這個行動本身。拆除雕像不能創造解放，關聯性並非因果關係。

「羅茲必須倒下」和「黑人的命也是命」等著眼於雕像的現代運動有著廣泛的目標，它們挑戰殖民主義、種族主義和奴隸制的遺緒，廣納女性主義、多元性別認同與身心障礙者權利的行動主義。這些運動的關注焦點、手段與行動皆可受公評，也確實存在許多批評，從運動內部到外部皆然。儘管如此，它們的願景顯然並未止於雕像，真正的改變無法透過純屬象徵的行動實現。

總會有來自各方的政治操盤手，試圖將關於歷史記憶的辯論扭轉成一場「文化戰爭」：他們企圖把歷史簡化成光榮與恥辱、善與惡、英雄與壞蛋的二元論。他們不會停止嘗試這麼做，因為這對他們的政治宣傳有助益。當美國總統川普的一七七六委員會，選在二〇二一年一月十八日馬丁路德金恩紀念日發表一篇報告，我們得以瞥見「愛國歷史」所指為何。這篇報告主張開國元勛反對奴隸制，把進步主義跟法西斯主義相提並論，主張民權運動摒棄開國元勛的理想而去追求「認同政治」。報告指控美國的大學阻撓「愛國」歷史，並成為「反美主義的溫床」。

沒有一位專業的歷史學者為這篇報告撰稿，不過作者群裡倒是有一位歷史Podcast節目主持人。[4]歷史學者紛紛駁斥報告。「純粹就事論事，裡面的東西幾乎全錯。」加州大學戴維斯分校歷史學教授艾利克・洛奇威（Eric Rauchway）告訴《華盛頓郵報》（*Washington Post*）。「這是付錢給寫手編出來的，不算是歷史著作。」美國歷史學會（American Historical Association）執行董事詹姆士・格羅斯曼（James Grossman）說，「這是一部有爭議的政治作品，意在煽動文化戰爭。」[5]「這項文件有天可能會編入法西斯主義與威權主義的政治宣傳選輯。」耶魯大學歷史學教授大衛・W・布萊特（David W. Blight）表示。[6]

兩天後，拜登就任美國總統，他迅速發布行政命令解散一七七六委員會，飽受嘲弄的報告立刻從白宮的網站消失。至此結果或許令人滿意，若是認為歷史戰爭已然結束就太天真了。即使真相大白，仍然有群人會否認，或試圖再度掩蓋事實。有時他們會得逞——至少一段時間。

對於關心歷史與歷史記憶的我輩中人，此刻是一次機會。這些雕像引發的爭議闡明公眾的歷史記憶如何建構，又如何可能受到挑戰，它們把更多人帶進歷史層面的辯論。讓我們繼續開放討論，讓我們形塑並走告一種態度，以更寬廣、更成熟的方式參與過去。進行一場有根據的辯論，意味著使公眾歷史脫離某些人的掌控，他們企圖把歷史當成服務政治目的的武器。這代表摒棄當今人們情感所繫的二元論：光榮與恥辱、善與惡、英雄與壞蛋，這代表試圖理解歷史，而非利用歷史。

有憑有據的辯論開啟一幅動人的歷史全景圖，非關**我們**，而是關於**他們**——活過那段歷史的複雜、混亂、有趣人們。這是艱鉅而意義深遠的工作，眾多歷史學者、教師、博物館館長和紀錄片攝製者早已投身其中。媒體和政治人物也能幫上忙，避免在討論時把歷史簡化成斤斤計較的得分遊戲。他們有力量促進真正的歷史參與，並幫助真正的專業人士放大聲量，而非哪個偏頗權威能見度最高就向誰靠攏。值得稱讚的是有些人已經這麼做了，政治人物可以增加國家的歷史預算，用在學校、終身學習與博物館，也能支持有助於那些進程的倡議。二〇二〇年，美國的安德魯·W·美隆基金會（Andrew W. Mellon Foundation）致力於一項紀念碑專案，預計投入二億五千萬美元「重新想像」紀念碑與紀念館的方法，包括打造新的紀念碑、改造或搬遷現存的紀念碑，並設置紀念歷史的展覽和藝術裝置。[7]

無論作為社會、族群、家庭與個人，我們可以全都主動參與歷史。藉由閱讀本書，你已經讓自身涉入其中。或許你在某些事上不同意我的觀點，那沒問題。或許你受到原先不曉得的某些歷史故事吸引，那很棒。外面有一整個寬廣的歷史世界，在網際網路的年代，你擁有前所未見的力量去自行探索。

與此同時，如同史達林的靴子、海邊的領袖小徑或柯爾斯頓像的殘片，雕像常在倒下後告訴我們更動人、更有意義的歷史故事，遠勝它們依然站立之時。沒有一種版本的歷史能夠永遠亙古不變。表明此刻我們是誰的最有力聲明，或許是英雄偉人曾經矗立的一墩墩空基座。

謝辭

作者普遍將他們的研究助理藏在謝辭中間的某個地方。本書呼籲我們停止頌揚個人，所以在這裡若還如此行事便顯得偽善。首先要感謝你們，幫助我從事本書背景研究的傑出歷史人才團隊：Lewis Baston（坎伯蘭公爵威廉）、Thomas Ellis（列寧和羅柏特・E・李）、Dan Johnson（喬治三世和華盛頓）、Pauline Kulstad González（特魯希佑）、Abaigh McKee（海珊和羅茲）、Henri Ward（利奧波德二世）。少了他們，本書會更慘烈。一如往常，所有的錯誤都是我的責任。

非常感激優秀的出版工作者協助我讓想法成真：謝謝我的高明編輯，Headline出版社的Iain MacGregor和HarperCollins出版社的Jennifer Barth，以及他們的美好團隊。在Headline出版社：Mari Evans、Sarah Emsley、Feyi Oyesanya、Georgina Polhill、Jack Storey（設計師）、Anna Hervé（明察秋毫的文稿編輯）、Tara O'Sullivan（同樣明察秋毫的核實校對）。在HarperCollins出版社：Jonathan Burnham、Sarah Ried、書封設計師Milan Bozic。David Lawrence繪製原文書每章開頭的美麗雕像肖像。一如既往要感謝我的優異文學經紀，RCW的Natasha Fairweather和她的助理Matthew Marland。

很感激Jonathan Teplitzky把這個想法的種子植入我的腦袋；《今日歷史》的Paul Lay率先邀請我撰寫雕像的文章；倫敦博物館優秀的書籍外送服務，讓我即使在全球疫情流行與一再封城期間，還有可能繼續閱讀與研究。

許多學者和朋友慷慨至極，願意與我分享他們的想法和點子。謝謝David Andress、Kabund Arqabound、Manuel Barcia、Sara Barker、Alice Bell、Jill Burke、Simukai Chigudu、William Dalrymple、Lauren (Robin) Derby、Jean-Pierre Dikaka、Vicky Donnellan、Madge Dresser、Sasha Dugdale、Beata Fricke、Ian Garner、Adom Getachew、Madeleine Gray、Hannah Greig、Chris Hill、Huma Imtiaz、Greg Jenner、Faiza S. Khan、Keith Lowe、Nesrine Malik、Lucy Marten、Áron Máthé、Tom Menger、Clare Mulley、Hannah Murray、Dora Napolitano、Georges Nzongola-Ntalaja、Nick O'Connor、Matthew Parker、Timothy Phillips、Abigail Rieley、Imogen Robertson、Rana Safvi、Kamila Shamsie、Sanjay Sipahimalani、Meera Somji、Mehul Srivastava、Dóra Szkuklik、Ameya Tripathi、Davy Verbeke、Kim A. Wagner、Maddie West、Howard Williams、Fay Young。

一如往常，感謝我的母親 Carol Dyhouse 和姊妹 Eugénie von Tunzelmann，謝謝她們的建言與支持。這是我在少了父親 Nick von Tunzelmann 的智慧開導下撰寫的第一本書，他在二〇一九年過世，我非常想念他和他的意見。最後，致上愛與感謝給我的丈夫 Mike Witcombe。他一直跟作家一起生活從來不是一件容易的事，置身封城而無法逃離他們身邊就更糟糕。他一直相當有耐心，在其他許多事之外，我深深感激他渴求知識的心靈與明智的意見回饋。

注釋

導論

1 Jon Henley, ‘Copenhagen’s Little Mermaid branded “racist fish” in graffiti attack’, *Guardian*, 3 July 2020.

2 Executive order on protecting American monuments, memorials and statues and combating recent criminal violence, 26 June 2020, https://trumpwhitehouse.archives.gov/presidential-actions/executive-order-protecting-american-monuments-memorials-statues-combating-recent-criminal-violence/.

3 Kristi Noem，引述自Chris Cillizza, ‘Yes, of course Donald Trump wants his face added to Mount Rushmore’, CNN, 10 August 2020.

4 @realdonaldtrump(verified account), Twitter, 10 August 2020, 9.07 p.m. EST.

5 @BorisJohnson (verified account), Twitter, 12 June 2020, 11:25 a.m.; Greg Heffer, ‘Labour to support 10-year jail sentences for war memorial vandals’, Sky News, 14 June 2020.

6 Taitimu Maipi，引述自Charles Anderson, ‘City of Hamilton in New Zealand removes statue of British naval captain’, *Guardian*, 12 June 2020.

7 引述自‘British Museum “won’t remove controversial objects” from display’, BBC News, 28 September 2020.

8 Remarks by President Trump at the White House Conference on American History, 17 September 2020, at https://www.whitehouse.gov/briefings-statements/remarks-president-trump-white-house-conference-american-history/.

9 Robert Musil, ‘Monuments’, *Posthumous Papers of a Living Author* (Hanover, NH: Steerforth Press, 2012), p. 64.

10 作者訪談金・華格納，二〇二〇年十月五日。

11 引述自*Mount Rushmore National Memorial* (Mount Rushmore National Memorial Society of Black Hills, 1948), available at Project Gutenberg: https://www.gutenberg.org/files/61106/61106-h/61106-h.htm.

12 Robert Bevan, *The Destruction of Memory: Architecture at War* (London: Reaktion Books, 2006), p. 8.

13 Rudolf Wittkower, *Gian Lorenzo Bernini: The Sculptor of the Roman Baroque* (London: Phaidon, 1955), pp. 17–18.

14 Brad Downey，引述自Elian Peltier, 'A Melania Trump statue is set on fire. Its patron gets inspired', *The New York Times*, 9 July 2020.

15 John Ma, *Statues and Cities: Honorific Portraits and Civic Identity in the Hellenistic World* (Oxford: Oxford University Press, 2013), pp. 2, 294–7.

16 Christopher H. Hallett, *The Roman Nude: Heroic Portrait Statuary 200 BC–AD 300* (Oxford: Oxford University Press, 2005), pp. 5–19.

17 Julia Vaughan-Morgan, *Equestrian Monuments* (Oxford: Oxford Polytechnic, 1979), pp. 1–2.

18 Sarah E. Bond, 'Why we need to start seeing the classical world in color', *Hyperallergic*, 7 June 2017; Sarah E. Bond, 'Whitewashing ancient statues: whiteness, racism and color in the ancient world', *Forbes*, 27 April 2017; Margaret Talbot, 'The myth of whiteness in classical', *New Yorker*, 22 October 2018; Lyra D. Monteiro, 'Power Structures: white columns, white marble, white supremacy', *Medium*, 27 October 2020.

19 引述自Dario Gamboni, *The Destruction of Art: Iconoclasm and Vandalism since the French Revolution* (1997; London: Reaktion Books, 2012), p. 226; 另見pp 225–6 on 'statuemania'.

20 'China has around 180 outdoor Mao statues left after political shift', *Global Times*, 25 December 2016.

21 '$16 million gold Mao statue unveiled in China', Agence France Presse, 13 December 2013; Tom Phillips, '"Mega Mao" no more as ridiculed golden statue destroyed', *Guardian*, 8 January 2016.

22 Italo Calvino, 'Il Duce's Portraits', *New Yorker*, 6 January 2003.

23 Alex von Tunzelmann, 'The shameful legacy of the Olympic Games', *Guardian*, 14 June 2012.

24 Ruth Ben-Ghiat, 'Why are so many Fascist monuments still standing in Italy?', *New Yorker*, 5 October 2017; Susan Neiman, 'There are no nostalgic Nazi memorials', *The Atlantic*, 14 September 2019.

25 East End Women's Museum, @EEWomensMuseum: 'A SHORT THREAD CONCERNING STATUES: There are more statues of goats than of Black women in the UK. (1/7)', Twitter, 12 June 2020, 5:11 p.m. 配圖有三座山羊雕像的照片。下一則推特發文配圖是署名為瑪麗・希科爾（Mary Seacole）和弗洛艾拉・班傑明（Floella Benjamin）的雕像。

26 Tim Stanley, 'Tearing down Confederate statues won't wipe out past evils', *Daily Mail*, 18 August 2017.

27 @Boris Johnson (verified account), Twitter, 12 June 2020, 11:25 a.m.

28 華萊士在福斯新聞台的發言，二〇二〇年六月十一日，見https://www.mediamatters.org/chris-wallace/chris-wallace-compares-removal-confederate-statues-mao-zedongs-cultural-revolution.

29 布魯斯在福斯新聞台的發言，二〇二〇年六月二十三日，見https://video.foxnews.com/v/6166637768001sp=show-clips.

30 Andrew Roberts, 'Stop this trashing of monuments – and of our past', *Mail on Sunday*, 13 June 2020.

31 @Boris Johnson (verified account), Twitter, 12 June 2020, 11:25 a.m..

32 同前注。

33 Sarah Vine, 'I fear for Britain's future if we erase the past (good and bad)', *Daily Mail*, 9 June 2020.

34 Robert Jenrick, 'We will save our history from woke militants who want to censor our past', *Daily Telegraph*, 16 January 2021.

35 川普在福斯新聞台的發言，二〇二〇年六月二十三日，影片見https://www.foxnews.com/media/trump-blasts-weak-states-for-allowing-targeting-of-statues-to-happen.

第一章

1 Remarks by President Trump at the 2020 Salute to America, 5 July 2020, https://www.whitehouse.gov/briefings-statements/remarks-president-trump-2020-salute-america/.

2 Ruth Kenny, 'Joseph Wilton's equestrian statue of George III, Bowling Green, New York', in Tabitha Barber and Stacy Boldrick, eds, *Art Under Attack: Histories of British Iconoclasm* (London: Tate Publishing, 2013), p. 106; Arthur S. Marks, 'The Statue of King George III in New York and the Iconology of Regicide', *The American Art Journal*, vol. 13, no. 3 (Summer 1981): pp. 61–2.

3 Krystal D'Costa, 'The History behind the King George III Statue Meme', *Scientific American*, 23 August 2017, https://blogs.scientificamerican.com/anthropology-in-practice/the-history-behind-the-king-george-iii-statue-meme/; Ruth Kenny, Barber and Boldrick, eds, *Art Under Attack*, p. 106.

4 Arthur S. Marks, 'The Statue of King George III in New York and the Iconology of Regicide', p. 61.

5 Ruth Kenny, Barber and Boldrick, eds, *Art Under Attack*, p. 106.

6 Ron Chernow, *Washington: A Life* (London: Allen Lane,2010), pp.229–37.

7 Arthur S. Marks, 'The Statue of King George III in New York and the Iconology of Regicide', p. 65; David W. Dunlap, 'Long-Toppled Statue of King George III to Ride Again, From a Brooklyn Studio', *The New York Times*, 20 October 2016; Valerie Paley, 'A Spirit of Patriotism: John Rodgers and New York City's First Presbyterian Church in the American Revolution', *The Journal of Presbyterian History (1997–)*, vol. 94, no. 2 (2016), pp. 52–63, 61; Erika Doss, 'Augustus Saint-Gaudens's *The Puritan*: Founders' Statues, Indian Wars, Contested Public Spaces, and Anger's Memory in Springfield, Massachusetts', *Winterthur Portfolio*, vol. 46, no. 4 (2012), pp. 237–70, 239; Bob Rupert, 'The

Statue of George III', *Journal of the American Revolution*, 8 September 2014.

8 'General Orders, 10 July 1776', *Founders Online*, National Archives, https://founders.archives.gov/documents/Washington/03-05-02-0185. [原始出處：*The Papers of George Washington*, Revolutionary War Series, vol. 5, 16 June 1776–12 August 1776, Philander D. Chase, ed. (Charlottesville: University Press of Virginia, 1993), pp. 256–257.]

9 引述自Ruth Kenny, Barber and Boldrick, eds, *Art Under Attack*, p.107.

10 'Journals of Capt. John Montresor, 1757–1778', *Collections of the New-York Historical Society for the Year 1881*, vol. XIV (Printed for the Society, New York, 1882), pp. 123–24.

11 引述自Ruth Kenny, Barber and Boldrick, eds, *Art Under Attack*, p. 106.

12 Skinner: Historic Arms & Militia, 3305M, lot 204, 4 November 2019, https://www.skinnerinc.com/auctions/3305M/lots/204.

13 Collection highlights, New-York Historical Society Museum & Library: https://www.nyhistory.org/exhibit/william-pitt-elder-first-earl-chatham-1708-1778.

14 引述自Arthur S. Marks, 'The Statue of King George III in New York and the Iconology of Regicide', p. 74.

15 Arthur S. Marks, 'The Statue of King George III in New York and the Iconology of Regicide', p. 78.

16 Randy's Random, 'Down With the Losers', 18 August 2017, https://randysrandom.com/down-with-the-losers/.

17 Patricia Renaud, 'American Colonists Destroy Statue of King George III', imgflip.com, https://imgflip.com/meme/111352538/American-Colonists-Destroy-Statue-of-King-George-III.

第11章

1 '"Worst" historical Britons named', BBC, 27 December 2005, http://news.bbc.co.uk/1/hi/uk/4560716.stm.

2 引述自Murray Pittock, *Culloden* (Oxford: Oxford University Press, 2016), pp. 99–101, 107, and Stephen Conway, *War, State and Society in Mid-Eighteenth-Century Britain and Ireland* (Oxford: Oxford University Press, 2006), p. 87, n. 21.

3 Murray Pittock, *Culloden*, p. 104.

4 Geoffrey Plank, *Rebellion and Savagery: The Jacobite Rising of 1745 and the British Empire* (Philadelphia, PA: University of Pennsylvania Press, 2006), p. 93.

5 'This is the Butcher Beware of Your Sheep' engraving, from the collection of Walter Biggar Blaikie, National Library of Scotland'.

6 Murray Pittock, *Culloden*, pp. 121–5.
7 引述自 W. A. Speck, 'William Augustus, Prince, Duke of Cumberland', *ODNB*, 3 January 2008.
8 John Stewart, *Critical Observations on the Buildings and Improvements of London*, 1771, 引述自 'Cavendish Square 5: the Duke of Cumberland's statue', Survey of London, UCL, 19 August 2016: https://blogs.ucl.ac.uk/survey-of-london/2016/08/19/cavendish-square-5-the-duke-of-cumberlands-statue/.
9 John R. Gold and Margaret M. Gold, '"The Graves of the Gallant Highlanders": Memory, Interpretation and Narratives of Culloden', *History and Memory*, vol. 19, no. 1 (Spring/Summer 2007), pp. 16, 22.
10 Lytton Strachey, *Queen Victoria* (1921; London: Penguin, 2000), p. 157.
11 Theo Aronson, *Heart of a Queen: Queen Victoria's Romantic Attachments* (London: John Murray, 1991), pp. 150–9.
12 Houghton Townley, *English Woodlands and their story* (London: Methuen & Co, 1910), p. 266.
13 Murray Pittock, *Culloden*, p. 143.
14 Charles MacFarlane and Thomas Thomson, *The Comprehensive History of England* (London: Blackie & Son, 1861), vol. 3, p. 312.
15 作者與巴斯頓的通信，二〇二〇年十一月。
16 Howley Hayes Architects, 'The Cumberland Column, Birr, Co. Offaly: Conservation Report', February 2009, available at https://www.offaly.ie/eng/Services/Heritage/Documents/Birr_Column_Report_2009.pdf.
17 Meekyoung Shin, 'Written in Soap: A Plinth Project', 2012, https://www.meekyoungshin.com/2012-cavendish.
18 全部引述自 Stephen McGinty, 'Perfumed effigy of "Butcher" Duke raises a stink in the Highlands', *Scotsman*, 8 July 2012.

第三章

1 Robert Conquest, *Stalin: Breaker of Nations* (London: Weidenfeld & Nicolson, 1991), pp. 1–2, 52.
2 引述自 Robert Service, *Stalin: A Biography* (London: Macmillan, 2004), p. 209.
3 Robert Service, *Stalin*, pp. 343, 345.
4 引述自 Lee Hockstader, 'From a ruler's embrace to a life in disgrace', *Washington Post*, 10 March 1995.
5 Robert Conquest, *Stalin*, p. 325.

6 Robert Service, *Stalin*, p. 548. 有一張這場慶典（略遭變動的）照片，可見於《星火》（*Ogoniok*）第五十二期雜誌封面，一九四九年十二月；重製於 Robert Conquest, *Stalin*, between pp. 174–5.

7 引述自 Robert Conquest, *Stalin*, p. 12.

8 同前注，p. 37.

9 Dario Gamboni, *The Destruction of Art*, pp. 59–60.

10 引述自 Katalin Sinkó, 'Political rituals: The raising and demolition of monuments', in *Art and Society in the Age of Stalin*, Péter György and Hedvig Turai, eds (Budapest: Corvina, 1992), p. 81.

11 Sándor Kopácsi, *In the Name of the Working Class*, translated by Daniel and Judy Stoffman (1979; London: Fontana, 1989), p. 82.

12 關於一九五六年匈牙利革命的更完整敘述，見 Alex von Tunzelmann, *Blood and Sand: Suez, Hungary and the Crisis that Shook the World* (London: Simon & Schuster, 2016).

13 Nikita Sergeivich Khrushchev, *Memoirs of Nikita Khrushchev Vol 2: Reformer 1945–1964*, edited by Sergei Khrushchev, translated by George Shriver (Pennsylvania, PA: The Pennsylvania University Press, 2006), p. 217.

14 引述自 Victor Sebestyen, *Twelve Days: The Story of the 1956 Hungarian Revolution* (New York: Pantheon Books, 2006), pp. 117–18.

15 Dario Gamboni, *The Destruction of Art*, p. 60.

16 引述自 Reuben Fowkes, 'Public sculpture and the Hungarian revolution of 1956', conference paper, Liverpool University, 2002, available at https://ungarn1956.zeitgeschichte-online.de/?q=node/95.

17 Géza Bánkuty, 引述自 Örs Csete, *1956 Budapest: arcok és sorsok/Faces and Stories* (Budapest: Magyar Napló Kiadó, 2001), p. 18.

18 Sándor Kopácsi, *In the Name of the Working Class*, p. 128.

19 引述自 Reuben Fowkes, 'Public sculpture and the Hungarian revolution of 1956'.

20 同前注。

21 引述自 Victor Sebestyen, *Twelve Days*, p. 119.

22 這段敘述的許多元素擷取自 Alex von Tunzelmann, *Blood and Sand*, pp. 89–90, Victor Sebestyen, *Twelve Days*, pp. 117–18; Örs Csete, *1956 Budapest*, p. 196; Noel Barber, *Seven Days of Freedom: The Hungarian Uprising 1956* (London: Macmillan, 1974), pp. 25–7; Tibor Meray, *Thirteen Days That Shook The Kremlin*, translated by Howard L. Katzander (London: Thames & Hudson, 1959), p. 88.

23 Alex von Tunzelmann, *Blood and Sand*, p. 372.
24 Sándor Kopácsi, *In the Name of the Working Class*, p. 129.
25 作者訪談茲庫利克，二〇二〇年八月：http://www.mementopark.hu/pages/conception/.
26 Walter Laqueur, *Stalin: The Glasnost Revelations* (London: Unwin Hyman, 1990), p. 201.
27 Andrei Kolesnikov, 'Facing a dim present, Putin turns back to glorious Stalin', *Washington Post*, 8 May 2020.
28 Oleksander Lavrynovich，引述自 Mykhailo Yelchev, 'New Stalin statue fuels tension in Ukraine', Reuters, 5 May 2010.
29 'Ukraine says blowing up Stalin statue was terrorism', Reuters, 5 January 2011.
30 Kathryn Watson, 'Stalin bust has Virginia town red-faced', *Washington Times*, 7 June 2010; Josh Rogin, 'Stalin statue in Virginia a huge bust', *Foreign Policy*, 7 June 2010; Tina Korbe, 'D-Day Memorial Board to relocate Stalin sculpture', *Daily Signal*, 29 September 2010.
31 Eva Hartog, 'Is Stalin making a comeback in Russia?', *The Atlantic*, 28 May 2019.

第四章

1 本章的許多資訊來自 Alex von Tunzelmann, *Red Heat: Conspiracy, Murder, and the Cold War in the Caribbean* (London: Simon & Schuster, 2011).
2 少有人能超越特魯希佑的雕像密度，不過北韓的金日成是罕見例外。據估計，金日成一度有四萬座雕像、胸像與浮雕：每三平方公里就有一座。Victor Cha, *The Impossible State: North Korea, Past and Future* (2012; London: Vintage Books, 2013), p. 71, 截至一九九二年估計有四萬座金日成紀念碑；另見 '23 things you probably didn't know about North Korea', Telegraph, 8 January 2019. 部落格 AccessDPRK 分析 Google Earth 二〇一七年與二〇一八年的北韓影像，估算國內的紀念碑數量是一萬一千一百七十座。這項研究看不見室內的雕像，所以總數很可能高出許多。見 Jacob Bogle, 'The monuments of North Korea', 27 February 2019, https://mynorthkorea.blogspot.com/2019/02/the-monuments-of-north-korea.html.
3 Pauline Kulstad González 對 Barón Antonio González Santana 做的口述歷史訪談，二〇二一年一月十四日。
4 Lauren Derby, *The Dictator's Seduction: Politics and the Popular Imagination in the Era of Trujillo* (Durham and London: Duke University Press, 2009), p. 174.
5 引述自 Lauren Derby, *The Dictator's Seduction*, p. 119.
6 引述自 Castilia Vargas, 'Edwin Espinal', *Listín Diario*, 11 September 2007; 另見 Víctor A. Mármol, 'Mármoladas', *Hoy*, 28 August 2007.

7 Lauren Derby, *The Dictator's Seduction*, p. 109.

8 'El escultor de Trujillo', *El Socialista* (Spain), 27 July 1961; 'Estatua en mármol, de 7 metros de alto, se levanta a Trujillo', *El Tiempo* (Colombia), 17 January 1960.

9 引述自Robert D. Crassweller, *Trujillo: The Life and Times of a Caribbean Dictator* (New York: Macmillan, 1966), p. 346.

10 Edwin N. Clark to Dwight D. Eisenhower, re: 'U.S. Plan for Trujillo's Retirement', 13 April 1960, USNA: RG 59, Entry 3148, Box 4, Dominican Republic: Gen. Edwin N. Clark.

11 National Security Council meeting, 25 July 1960, in David F. Schmitz, *Thank God They're On Our Side: The United States and Right-Wing Dictatorships, 1921-1965* (Chapel Hill and London: University of North Carolina Press, 1999), p. 231; *Foreign Relations of the United States, 1958–60*, vol. v, pp 807–8.

12 米涅娃女兒Minou Tavárez Mirabal的訪談，EFE, 'Violencia y discriminación de la mujer, un problema muy grave en R. Dominicana', MSN Colombia, 27 August 2011, available at https://web.archive.org/web/20131203034941/http://noticias.latam.msn.com/co/internacional/articulo_efe.aspx?cp-documentid=30300013.

13 Henry Dearborn, 22 March 1961, 引述自 Stephen G. Rabe, *The Most Dangerous Area in the World: John F. Kennedy Confronts Communist Revolution in Latin America* (Chapel Hill and London: University of North Carolina Press, 1999), p. 38.

14 John F. Kennedy in Rabe, *The Most Dangerous Area in the World*, p. 39.

15 Robert D. Crassweller, *Trujillo*, pp. 437–9; Arturo R. Espaillat, *Trujillo: The Last Caesar* (Chicago: Henry Regnery Company, 1963), p .19.

16 'Ciudad de Santiago vuelve normalidad', *La Nación*, 20 November 1961; 'Six Trujillo foes reported killed', *The New York Times*, 21 November 1961.

17 'Numerosas personas destruyen monumento memoria Trujillo', *La Nación*, 27 November 1961.

18 'Derriban estatua erigida a Trujillo en San Cristóbal', *El Caribe*, 19 December 1961.

19 Comment in *the Imágenes de Nuestra Historia Facebook group*, 15 October 2017.

20 Michael J. Kryzanek, 'The Dominican Intervention Revisited: An Attitudinal and Operational Analysis', in John D. Martz, ed., *United States Policy in Latin America: A Quarter Century of Crisis and Challenge, 1961-1986* (Lincoln and London: University of Nebraska Press, 1988), pp. 145–6.

21 '11,000 víctimas en Doce Años de JB', *Listín Diario*, 10 March 2013.

22 Roberto Cassá, 'Algunos componentes del legado de Trujillo', *Iberoamericana*, vol. I, no. 3 (2001), p. 123.

23 同前注。

24 引述自Randal C. Archibold, 'A museum of repression aims to shock the conscience', *The New York Times*, 12 September 2011.

25 'La vida de Ramfis Trujillo, el nieto del dictador que aspira a presidente de la República', *Listín Diario*, 25 February 2020.

26 Larry Rohter, 'The three sisters, avenged: a Dominican drama', *The New York Times*, 15 February 1997.

第五章

1 Mary Ann Steggles and Richard Barnes, *British Sculpture in India: New Views and Old Memories* (Kirstead: Frontier Publishing, 2011), p. 60; Mary Ann Steggles, *Statues of the Raj* (London: BACSA, 2000), pp. 22–3.

2 引述自'The Imperial Crown of India', Royal Collection Trust, https://www.rct.uk/collection/31706/the-imperial-crown-of-india.

3 HRH The Prince Edward, Duke of Windsor, *A king's story* (1951; London: Prion Books, 1998), p. 163.

4 Mary Ann Steggles, *Statues of the Raj*, pp. 1–10.

5 同前注，pp.178–80.

6 David Cannadine, *Ornamentalism: How The British Saw Their Empire* (London: Allen Lane, 2001), pp. 55–6.

7 'Ça sera la plus magnifique de toutes ces ruines', 引述自Malcolm Muggeridge, *The Thirties* (London: Hamish Hamilton, 1940), p. 76.

8 寇松侯爵寫給維多利亞女王的信，一九〇〇年九月十二日，引述自P. N. Chopra, Prabha Chopra and Padmsha Jha, *Secret Papers from the British Royal Archives* (Delhi: Kornak Publishers, 1998), p. 89.

9 Ann Compton, *The Sculpture of Charles Sargeant Jagger* (The Henry Moore Foundation in association with Lund Humphries, 2004), pp. 90–92, 131.

10 British Pathé, 'An unfinished symphony in stone', 1935, available at https://www.britishpathe.com/video/an-unfinished-symphony-in-stone; 'Delhi statue of King George', *The Times of London*, 21 February 1936.

11 Mary Ann Steggles and Richard Barnes, *British Sculpture in India*, p. 287.

12 關於英屬印度與印度獨立的更詳細描述，見Alex von Tunzelmann, *Indian Summer: The Secret History of the End of an Empire* (London: Simon & Schuster, 2007).

13 Mary Ann Steggles, *Statues of the Raj*, pp. 36–8; Paul M. McGarr, '"The viceroys are disappearing from the roundabouts in Delhi": British symbols of power in post-colonial India', *Modern Asian Studies* 49, 3 (2015), pp. 797–8.

14 引述自Paul M. McGarr, '"The viceroys are disappearing from the roundabouts in Delhi": British symbols of power in post-colonial India', *Modern Asian Studies*, vol. 49, issue 3 (May 2015), pp. 800–1.

15 引述自Sushmita Pati, '"A nation set in stone": Insight into the politics of statuary in Delhi (1950–65)', *Economic and Political Weekly*, 28 July 2012, p. 234.

16 一位英國外交官的發言，引述自Paul M. McGarr, 'The viceroys are disappearing', p. 797.

17 引述自Sushmita Pati, '"A nation set in stone"', p. 235.

18 Dwight D. Eisenhower, *The White House Years: Waging Peace, 1956–1961* (New York: Doubleday & Co, 1965), pp. 501–2.

19 Alex von Tunzelmann, 'Who is to blame for partition? Above all, imperial Britain', *The New York Times*, 18 August 2017.

20 Sushmita Pati, '"A nation set in stone": Insight into the politics of statuary in Delhi (1950-65)', *Economic and Political Weekly*, 28 July 2012, p. 235.

21 引述自'Statue of George V and other British figures trouble Indians', *The New York Times*, 31 July 1966.

22 同前注。

23 引述自McGarr, '"The viceroys are disappearing"', p. 825.

24 引述自'Statue of George V and other British figures trouble Indians', *The New York Times*.

25 引述自Sanjoy Hazarika, 'Delhi cupola waits twenty years for the Mahatma', *The New York Times*, 29 May 1988.

26 作者訪談薩菲，二〇二一年一月一日。

27 Sameet Yasir, 'Gandhi's killer evokes admiration as never before', *The New York Times*, 4 February 2020.

28 Debika Ray, 'The rise of the monumental statue in modern-day India', *Apollo*, 11 March 2019.

29 Corey Flintoff, 'In India, once marginalized now memorialized', NPR, 28 October 2011; 'Is India's poverty line of 65 US cents a day fair?', BBC News, 5 November 2011.

30 'Mayawati should reimburse public money spent on building statues, observes Supreme Court', *Scroll.in*, 8 Feb 2019, https://scroll.in/latest/912521/mayawati-should-reimburse-public-money-spent-on- building-statues-observes-supreme-court.

31 Krishnadas Rajagopal, 'Why no questions raised on 182-m high Sardar Patel statue, Mayawati asks in SC', *The Hindu*, 2 April 2019.

第六章

1 Daniel Boffey, 'New find reveals grim truth of colonial Belgium's "human zoos"', *Guardian*, 4 October 2020.

2 引述自Isam Shihada, 'Historicizing Joseph Conrad's Heart of Darkness: A Critique of King Leopold II's Colonial Rule' in *English Language and Literature Studies*, vol. 5, no. 1; 2015.

3 Valérie Rosoux, 'The Two Faces of Belgium in the Congo: Perpetrator and Rescuer', *European Review of International Studies*, vol. 1, no. 3 (Winter 2014), pp. 20–1.

4 George Washington Williams, 'An Open Letter to His Serene Majesty Leopold II, King of the Belgians and Sovereign of the Independent State of Congo By Colonel, The Honorable Geo. W. Williams, of the United States of America', 18 July 1890.

5 引述自J. D. Whelphey, 'The Real King Leopold', *The New York Times*, 27 January 1907.

6 'Art notes', *The New York Times*, 4 January 1903.

7 引述自'King Leopold Denies Charges Against Him', *The New York Times*, 11 December 1906.

8 Georges Nzongola-Ntalaja, 'Reversing a bloody legacy', *Wilson Quarterly*, Fall 2020.

9 British Pathé newsreel, 22 November 1926, film ID 656.16, media URN 26436.

10 'Het ruiterstandbeeld was van bij het begin een rehabilitatie van een verbrand figuur. Als een mooi, proper deksel boven een stinkend riool.' Davy Verbeke, 'De koning in Kinshasa die nooit in Congo was [Deel I]' *MO**, 30 August 2015, https://www.mo.be/wereldblog/de-koning-kinshasa-die-nooit-congo-was.

11 'Marred: M. Lumumba's offensive speech in the king's presence', *Guardian*, 1 July 1960.

12 Patrice Lumumba, Speech at the ceremony of the Proclamation of the Congo's Independence, 30 June 1960, available at https://www.marxists.org/subject/africa/lumumba/1960/06/independence.htm.

13 引述自Ian Black, 'Belgium blamed for icon's murder', *Guardian*, 17 November 2001.

14 'DR Congo's Leopold statue removed', BBC News, 4 February 2005.

15 同前注。

16 Joseph Ibongo and Jacob Sabakinu Kivilu，引述自Davy Verbeke, 'De koning in Kinshasa die nooit in Congo was [Deel II]' *MO**, 18 October 2015, https://www.mo.be/wereldblog/de-koning-kinshasa-die-nooit-congo-was-deel-ii.

17 David Boffey, 'Reappearance of statue's missing hand reignites colonial row', *Guardian*, 22 February 2019.

18 'La statue de Léopold II "attaquée"', *DHnet*, https://www.dhnet.be/archive/la-statue-de-leopold-ii-attaquee-51b7ecc5e4b0de6db9991425.

19 影片見https://www.youtube.com/watch?v=xG6GbBoZGNg&ab_channel=Th%C3%A9ophiledeGiraud.

20 Robyn Boyle, 'Brussels cancels homage to Leopold II amid protest', *The Bulletin*, 16 December 2015, https://www.thebulletin.be/brussels-cancels-homage-leopold-ii-amid-protest.

21 Scott McLean, 'Belgium's King Leopold II has a 21st century nemesis. He's 14 years old', CNN, 25 June 2020, https://edition.cnn.com/2020/06/25/europe/belgium-king-leopold-statue-petition-colonialism-intl/index.html.

22 Godfrey Olukya, 'Belgian royal asks nation to apologize to DRC for past', *Andalou Agency*, 15 June 2020, https://www.aa.com.tr/en/africa/belgian-royal-asks-nation-to-apologize-to-drc-for-past/1877073; Marie-Esmeralda speaking to BBC Newsnight on Twitter, 1 July 2020, https://twitter.com/BBCNewsnight/status/1278456811834814466 .

23 Daniela De Lorenzo, 'Belgian's Congolese mark 60 years since DRC's independence', Al Jazeera, 30 June 2020.

24 作者訪談阿卡邦，由亨利．沃德（Henri Ward）主持，二〇二一年三月七日。

25 Jack Parrock and Alice Tidey, 'Leopold II: Quick decision needed over whether to remove statues to ex-king, says minister', Euro News, 10 June 2020, https://www.euronews.com/2020/06/09/leopold-ii-quick-decision-needed-over-whether-to-remove-statues-to-belgium-s-ex-king-says.

26 Davy Verbeke, 'Verlegde Sisyfus een steen? Gecontesteerd Belgisch koloniaal erfgoed en de herdenking van de herdenking (2004-2020)', *Brood & Rozen*, September 2020.

27 作者訪談阿卡邦，由沃德主持，二〇二一年三月七日。

28 Georges Nzongola-Ntalaja, 'Reversing a bloody legacy'.

第七章

1 Wesley T. Huntress and Mikhail Ya. Marov, *Soviet Robots in the Solar System: Mission Technologies and Discoveries* (Chichester: Springer Praxis, 2015), p. 166.

2 Richard S. Wortman, 'Statues of the Tsars and the Redefinition of Russia's Past' in Donald Martin Reynolds, ed., *Remove not the Ancient Landmarks: Public Monuments and Moral Values* (London: Routledge, 1996), p. 122; Nicholas V. Riasanovsky, *The Image of Peter the Great in Russian History and Thought* (Oxford: Oxford University Press, 1985), pp. 87–92.

3 Orlando Figes, *A People's Tragedy: The Russian Revolution 1891–1924* (London: The Bodley Head, 1996; London: The Bodley Head, 2017), pp. 15, 209.

4 引述自 Victoria E. Bonnell, 'The Leader's Two Bodies: A Study in the Iconography of the "Vozhd"', *Russian History*, 23, vol nos. 1–4, (Spring-Summer-Fall-Winter 1996), p. 114.

5 伊果・格拉巴爾（Igor Grabar）憶述盧納察爾斯基的話，引述自Christina Lodder, 'Lenin's Plan for Monumental Propaganda' in Matthew Cullerne Bown and Brandon Talor, eds., *Art of the Soviets: Painting, Sculpture and Architecture in a One-Party State, 1917–1992* (Manchester: Manchester University Press, 1993), p. 19.

6 引述自James Rann, 'Maiakovskii and the Mobile Monument: Alternatives to Iconoclasm in Russian Culture', *Slavic Review*, vol. 71, no. 4 (Winter 2012), p. 771.

7 Christina Lodder, 'Lenin's Plan for Monumental Propaganda', pp.18–21.

8 Frederick C. Corney, *Telling October: Memory and the Making of the Bolshevik Revolution* (London: Cornell University Press, 2004), p. 202. 另見Nina Tumarkhin, *Lenin Lives! The Lenin Cult in Soviet Russia* (Cambridge, MA: Harvard University Press, 1997), pp. 25–7.

9 James von Gelden, *Bolshevik Festivals, 1917–1920* (London: University of California Press, 1993), pp. 83–4.

10 Victoria E. Bonnell, 'The Leader's Two Bodies', pp. 115–6.

11 引述自Alexei Yurchak, 'Bodies of Lenin: The Hidden Science of Communist Sovereignty', *Representations*, vol. 129, no.1 Winter 2015, p. 120.

12 依俄國人類學者尤查克引述德國歷史學者貝諾・安克爾（Benno Ennker）的話：「黨領導階層如今將『列寧』積極建構成『一個政壇偶像崇拜的獨特對象，在任何方面都跟真正活著的列寧無關』」，Alexei Yurchak, 'Bodies of Lenin', p. 121.

13 Robert Conquest, *Stalin*, p. 110.

14 Alexei Yurchak, 'Bodies of Lenin', pp. 124–7.

15 Sergiusz Michalski, *Public Monuments: Art in Political Bondage 1870–1997* (London: Reaktion Books, 1998), p.115; Victoria E. Bonnell, 'The Leader's Two Bodies', pp. 121, 124.

16 Victoria E. Bonnell, 'The Leader's Two Bodies', pp. 125, 128–9, 141.

17 Sona Stephan Hoisington, '"Ever Higher": The Evolution of the Project for the Palace of Soviets', *Slavic Review*, Spring, 2003, vol. 62, no. 1, p. 62.

18 Sergei Kruk, 'Profit rather than politics: the production of Lenin monuments in Soviet Latvia', *Social Semiotics* 20:3 (2010), pp. 263, 266, 271; Dario Gamboni, *The Destruction of Art*, p. 57.

19 Nina Tumarkhin, *Lenin Lives!*, p. 264.

20 Sergei Kruk, 'Profit rather than politics', pp. 246, 260; Trevor J. Smith, 'The Collapse of the Lenin Personality Cult in Soviet Russia 1985–1995', *The Historian*, vol. 60, no. 2 (Winter 1998), p. 327.

21 引述自Trevor J. Smith, 'The Collapse of the Lenin Personality Cult in Soviet Russia 1985–1995', p. 331–2.

22 Nina Tumarkhin, *Lenin Lives!*, pp. 279–82; Kathleen E. Smith, 'Conflict over Designing a Monument to Stalin's Victims: Public Art and Political Ideology in Russia, 1987–1996' in James Cracraft and Daniel Rowland, eds., *Architectures of Russian Identity, 1500 to the Present* (Ithaca, NY: Cornell University Press, 2003), pp. 193–4, 199–200.

23 Joe Segal, *Art and Politics: Between Purity and Propaganda* (Amsterdam: Amsterdam University Press, 2016), pp. 112–4; Elizabeth Grenier, 'Head start: Lenin's bust returns to Berlin despite red tape', *Deutsche Welle*, 10 September 2015.

24 引述自Svetlana Alexeivich, *Second-hand Time*, translated by Bela Shayevich (London: Fitzcaraldo Editions, 2017), p. 109. 另見Trevor J. Smith, 'The Collapse of the Lenin Personality Cult in Soviet Russia 1985–1995', p. 341.

25 Charlotte Edwardes, 'Lord Heseltine talks gardens, politics and his mother's dog Kim', *Tatler*, 1 November 2016.

26 Trevor J. Smith, 'The Collapse of the Lenin Personality Cult in Soviet Russia 1985–1995', pp. 333–4; 'Lenin monument removed from Kremlin', Associated Press, 16 August 1995.

27 引述自Benjamin Forest and Juliet Johnson, 'Unravelling the Threads of History: Soviet-Era Monuments and Post-Soviet National Identity in Moscow', *Annals of the Association of American Geographers*, vol. 92, no. 3 (September 2002), p. 536.

28 Johannes von Moltke, 'Ruin Cinema', in Julia Hell and Andreas Schönle, eds., *Ruins of Modernity* (London: Duke University Press, 2010), p. 406.

29 引述自Benjamin Forest and Juliet Johnson, 'Unravelling the Threads of History', p. 537.

30 Ksenia Isaeva, 'Who lives under the sea? Lenin monument in the most unusual museum ever', rbth.com, 26 September 2016, https://www.

rbth.com/multimedia/pictures/2016/09/26/underwater-museum_633329; 'Crimea's Sunken Collection of Soviet Affection', themoscowtimes.com, 23 September 2016, https://www.themoscowtimes.com/2016/09/23/crimeas-sunken-collection-of-soviet-affection- a55470.

31 引述自'Bomb damages Lenin statue in St Petersburg suburb', BBC News, 7 December 2010. 另見Natalya Krainova, 'Small bomb explosion damages Lenin statue', *Moscow Times*, 7 December 2010.

32 Lenin Falls, Digital Atlas of Ukraine, Ukrainian Research Institute Harvard University, http://gis.huri.harvard.edu/lenin-falls.

33 Andriy Shevchenko，引述自Eyder Peralta, 'In Kiev, protesters topple statue of Vladimir Lenin', NPR, 8 December 2013.

34 Stanislav Holubec, 'Lenin, Marx and Local Heroes: Socialist and Post-Socialist Memorial Landscapes in Eastern Germany and Czechoslovakia – The Case Study of Jena and Hradec Králóve in Agnieszka Mrozik and Stanislav Holubec, eds., *Historical Memory of Central and East European Communism* (London: Routledge 2018); Lenin Falls, op cit. Lenin Statues website, http:///www.leninstatues.ru; Anastasia Pshenychnykh, 'Leninfall: The Spectacle of Forgetting', *European Journal of Cultural Studies*, 2020, vol. 23, no. 3, pp. 395–406; 'Crowds defends Lenin statue in eastern Ukraine city', BBC News, 23 February 2014，影片見https://www.bbc.co.uk/news/av/world-europe-26313792.

35 引述自Kim Kelly, 'Decapitating Lenin Statues is the Hottest New Trend in Ukraine', VICE.com, 25 May 2017.

36 Malcolm Borthwick, 'Revisiting Chernobyl: "It is a huge cemetery of dreams"', *Guardian*, 28 February 2019.

37 Alexei Yurchak, 'Bodies of Lenin', pp. 145, 148; Andrew Osborn, 'Goodbye Lenin? Russian lawmakers try to tweak law to get him buried', Reuters.com, 20 April 2017; 'Poll shows two-thirds of Russians want Lenin to be buried', TASS, 21 April 2017.

第八章

1 George W. Bush, Presidential Radio Address: 'President Discusses Beginning of Operation Iraqi Freedom', White House Archives, available at https://georgewbush-whitehouse.archives.gov/news/releases/2003/03/20030322.html.

2 M. Roy, 'Saddam's Arms: Nationalist and Orientalist Tendencies in Iraqi Monuments', *Public*, vol. 28 (2004), p. 68.

3 Stefan Heidemann, 'Memory and Ideology: Images of Saladin in Syria and in Iraq', *Visual Culture in the Modern Middle East: Rhetoric of the Image*, Christiane Gruber and Sune Haugbolle, eds (Bloomington: Indiana University Press, 2013), p. 64; Florian Göttke, *Toppled* (Rotterdam: Post Editions, 2010), pp. 14–15, 83.

4 M. Roy, 'Saddam's Arms: Nationalist and Orientalist Tendencies in Iraqi Monuments', pp. 58–9.

5 Jason Farago and Tim Arango, 'These Artists Refuse to Forget the Wars in Iraq', *The New York Times*, 14 November 2019.

6 Robert Windrem, 'Saddam's palaces triple in 10 years', NBC News, 24 October 2003, http://www.nbcnews.com/id/3340771/t/saddams-palaces-triple-years/.X427li9Q2u4; Brendan Koerner, 'How Many Palaces Hath Saddam?', *Slate*, 3 October 2002, https://slate.com/news-and-politics/2002/10/how-many-palaces-hath-saddam.html./.

7 James Meek, 'The sculptor', *Guardian*, 19 March 2004; Andrew Buncombe, 'Mayawati Kumari: Untouchable and unstoppable', *Independent*, 4 February 2008; Lalmani Verma and Chinki Sinha, 'The men and women at work', *Indian Express*, 5 July 2009; Swati Mathur, 'Indian idols', *Times of India*, 3 April 2010.

8 Jean Baudrillard, *The Gulf War Did Not Take Place*, translated by Paul Patton (Bloomington, IN: Indiana University Press, 1995), pp. 53, 24, 64. 另見Samuel Strehle, 'A poetic anthropology of war: Jean Baudrillard and the 1991 Gulf War', *International Journal of Baudrillard Studies*, vol. 11, no. 2, May 2014.

9 引述自Nicholas Watt, 'Baghdad is safe, the infidels are committing suicide', *Guardian*, 8 April 2003.

10 Colonel Chris Vernon, transcribed in 'British Military Update', CNN, 29 March 2003, available at http://transcripts.cnn.com/TRANSCRIPTS/0303/29/se.14.html.

11 Peter Maass, 'The Toppling: How the media inflated a minor moment in a long war', *New Yorker*, 3 January 2011.

12 Florian Göttke, *Toppled*, pp. 58–65.

13 Peter Maass, 'The Toppling'; 'I toppled Saddam's statue, now I want him back', BBC News, 5 July 2016, https://www.bbc.co.uk/news/av/world-36712233; 'Iraqi who toppled Saddam Hussein's statue 15 years ago regrets his action', NPR, 9 April 2018; 'Saddam Hussein statue toppled in Baghdad, April 2003 – video', *Guardian*, 9 March 2013, https://www.theguardian.com/world/video/2013/mar/09/saddam-hussein-statue-toppled-bagdhad-april-2003-video; Florian Göttke, *Toppled*, pp. 21–40.

14 Patrick Baz, 'A tale of two statues', AFP Correspondent, 9 April 2018, https://correspondent.afp.com/tale-two-statues.

15 引述自Peter Maass, 'The Toppling'; Dhiaa Kareem, '"The Butcher of Baghdad": US Press Hyper-personalization of the US-led Invasion of Iraq', *Annual Review of Education, Communication & Language Sciences*, vol. 16, p. 124; Anton Antonowicz, 'What was it like in Baghdad when Saddam Hussein's statue was toppled? Defining moment vividly retold', *Mirror*, 9 April 2018; 'Bush compares fall of Saddam's statue to fall of Berlin Wall', *Los Angeles Times*, 13 April 2005.

16 引述自Peter Maass, 'The Toppling'.

17 Sean Aday, John Cluverius and Steven Livingston, 'As Goes the Statue, So Goes the War: The Emergence of the Victory Frame in Television Coverage of the Iraq War', *Journal of Broadcasting & Electronic Media*, vol. 49, no. 3, September 2005, pp. 314–31.

18 Göttke, *Toppled*, insert between pp. 16–17.

19 Peter Maass, 'The Toppling'; Sean Aday, John Cluverius and Steven Livingston, 'As Goes the Statue, So Goes the War', pp. 314–31.

20 'Text of Bush Speech', CBS News, 1 May 2003, https://web.archive.org/web/20060525022143/http://www.cbsnews.com/stories/2003/05/01/iraq/main551946.shtml.

21 Matthew Pressman and James J. Kimble, 'The famous Iwo Jima flag-raising photo captured an authentic moment – but gave many Americans a false impression', *Time*, 21 February 2020.

22 'I toppled Saddam's statue, now I want him back', BBC News, 5 July 2016.

第九章

1 引述自Paul Maylam, *The Cult of Rhodes: Remembering an Imperialist in Africa* (Claremont: David Philip/New Africa Books, 2005), p. 12.

2 引述自Brenda Schmahmann, 'The Fall of Rhodes: The Removal of a Sculpture from the University of Cape Town', *Public Art Dialogue*, Vol. 6, No. 1 (2016), p. 94.

3 引述自Paul Maylam, *The Cult of Rhodes*, p. 41.

4 Duncan Bell, *Dreamworlds of Race: Empire and the Utopian Destiny of Anglo-America* (Princeton, NJ: Princeton University Press, 2020), p. 133.

5 Cecil Rhodes, 'Confession of Faith', 2 June 1877, available at https://pages.uoregon.edu/kimball/Rhodes-Confession.htm.

6 這項參考資料要感激湯姆・孟傑（Tom Menger）。Diary entry of H. Adams-Acton on the dynamiting of Manyepera's caves, Mashonaland, October 1896. 引述自Richard Hodder-Williams, 'Marandellas and the Mashona rebellion', *Rhodesiana*, vol. 16, p. 48.

7 'Death of Mr. Cecil Rhodes', *Manchester Guardian*, 27 March 1902.

8 Cecil Rhodes to Cape Colony Parliament, 30 July 1894, available at https://www.sahistory.org.za/sites/default/files/glen_grey_speech.pdf. 見Robert I. Rotberg, *The Founder: Cecil Rhodes and the Pursuit of Power* (Oxford: Oxford University Press, 1988); A. Thomas, *Rhodes: The Race for Africa* (London: BBC Books, 1996).

9 Robert I. Rotberg, 'Reviewed Work: *The Cult of Rhodes: Remembering an Imperialist in Africa* by Paul Maylam', *Kronos*, vol. 32 (2006), p. 272.

10 W. T. Stead (ed), *The Last Will and Testament of Cecil Rhodes, With Elucidatory Notes* (London: Review of Reviews, 1902), p. 177.

11 G. P. Gooch, 'Imperialism', in C. F. G. Masterman, ed., *The Heart of the Empire* (1901; 2nd edition, London: T. Fisher Unwin, 1907),p. 362.

12 W. T. Stead, *The Last Will and Testament of Cecil Rhodes*, p. 51.

13 Robert I. Rotberg, *The Founder: Cecil Rhodes and the Pursuit of Power*, p. 408.

14 Paul Maylam, *The Cult of Rhodes*, pp. 13–15.

15 Olive Schreiner to John X. Merriman, 3 April 1897, available at https://www.oliveschreiner.org/vre?view=personae&entry=82.

16 Paul Maylam, *The Cult of Rhodes*, pp. 33–4.

17 W. T. Stead, *The Last Will and Testament of Cecil Rhodes*, pp. 64–66. 另見Duncan Bell, *Dreamworlds of Race*, pp. 138–41.

18 完整遺囑見W. T. Stead, *The Last Will and Testament of Cecil Rhodes*, pp. 3–50.

19 Anthony Kirk-Greene, 'Doubly elite: African Rhodes Scholars, 1960-90', *Immigrants & Minorities*, vol. 12, no. 3 (1993), pp. 220–35.

20 見'#BlackLivesMatter Racism and Legacy', Rhodes Trust, 14 June 2020, https://www.rhodeshouse.ox.ac.uk/blm-covid-impact/blacklivesmatter-racism-and-legacy/.

21 引述自Paul Maylam, *The Cult of Rhodes*, p. 12.

22 S. H. Scott to Provost Phelps, 10 May 1906, Oriel College Archives, 引述自'Cecil John Rhodes', Oriel College, Oxford, https://www.oriel.ox.ac.uk/cecil-john-rhodes-1853-1902.

23 見John M. MacKenzie, *Propaganda and Empire: The Manipulation of British Public Opinion, 1880–1960* (Manchester: Manchester University Press, 1984), pp. 77, 111.

24 HRH The Prince Edward, Prince of Wales, 26 March 1920, *Letters from a Prince: Edward, Prince of Wales, to Mrs Freda Dudley Ward, March 1918–January 1921*, Rupert Godfrey, ed. (1998; Warner Books, London, 1999), p. 323.

25 Britta Timm Knudsen and Casper Andersen, 'Affective politics and colonial heritage, Rhodes Must Fall at UCT and Oxford', *International Journal of Heritage Studies*, vol. 25, no. 3 (2019), p. 253.

26 Anon., 'Students Daub UCT statue', *The Argus*, 14 Sep. 1979, 引述自Brenda Schmahmann, 'The Fall of Rhodes', p. 96.

27 引述自Paul Maylam, *The Cult of Rhodes*, p. 39.

28 作者訪談席穆凱・齊古度，二〇二一年一月。

29 Paul Maylam, 'Monuments, memorials and the mystique of empire: the immortalisation of Cecil Rhodes in the twentieth century: The Rhodes Commemoration Lecture delivered on the occasion of the centenary of Rhodes' death, 26 March 2002', *African Sociological Review*, vol. 6, no. 1 (2002), p. 143.

30 Isabel Wilkerson, 'Apartheid is Demolished. Must Its Monuments Be?', *The New York Times*, 25 September 1994.

31 'Our story: Nelson Mandela and the Rhodes Trust', Mandela Rhodes Foundation, https://www.mandelarhodes.org/about/story/.

32 Nelson Mandela, remarks at the Mandela Rhodes Banquet, 2003, available at the Nelson Mandela Foundation Archive, https://atom.nelsonmandela.org/index.php/za-com-mr-s-993.

33 引述自Nita Bhalla, 'South Africa's #RhodesMustFall Founder Speaks Out on Statues That Glorify Racism', *Global Citizen*, 17 June 2020, available at https://www.globalcitizen.org/en/content/rhodes-must-fall-founder-racist-statues/.

34 引述自 Mphutlane Wa Bofelo, 'Fallism and the dialectics of spontaneity and organization: Disrupting tradition to reconstruct tradition', *Pambazuka News*, 11 May 2017, available at https://www.pambazuka.org/democracy-governance/fallism-and-dialectics-spontaneity-and-organization-disrupting-tradition.

35 Andrew Harding, 'Cecil Rhodes Monument: A Necessary Anger?', BBC News, 11 April 2015, http://www.bbc.com/news/world-africa-32248605.

36 Ramabina Mahapa, 'Press Release on UCT Student Protest', 11 March 2015, available at http://www.scribd.com/doc/258502122/UCT-SRC-Press-Release-on-UCT-Student-Protest, accessed 22 December 2020.

37 引述自Amanda Castro and Angela Tate, 'Rhodes Fallen: Student Activism in Post-Apartheid South Africa', *History in the Making*, vol. 10 (2017), pp. 207–8.

38 Kim Cloete, 'Dignifying Sarah Baartman', *University of Cape Town News*, 21 September 2018, https://www.news.uct.ac.za/article/-2018-09-21-dignifying-sarah-baartman.

39 憶述於Zethu Matebeni, '#RhodesMustFall – It was Never Just About the Statue', *Heinrich Böll Stiftung* (German Green Political Foundation, Cape Town), 19 February 2018, available at https://za.boell.org/en/2018/02/19/rhodesmustfall-it-was-never-just-about-statue.

40 作者訪談齊古度，二〇二一年一月。

41 引述自Ntokozo Qwabe, 'Protesting the Rhodes statue at Oriel College', in R. Chantiluke, B. Kwoba and A. Nkopo, eds, *Rhodes Must Fall: The Struggle to Decolonise the Racist Heart of Empire* (London: Zed Books, 2018), 無頁數。

42 見Javier Espinoza, 'Oxford student who wants Rhodes statue down branded "hypocrite" for taking money from trust', 2 December 2015, https://www.telegraph.co.uk/education/educationnews/12060780/Oxford-student-who-wants-Rhodes-statue-down-branded-hypocrite-for-taking-money-from-trust.html?WT.mc_id=tmgoff_pq_tw_20150423.

43 Rupert Fitzsimmons, 'Rhodes Must Not Fall', *History Today*, 22 December 2015, https://www.historytoday.com/rhodes-must-not-fall.

44 Amelia Jenne, 'Mary Beard says drive to remove Cecil Rhodes statue from Oxford University is a "dangerous attempt to erase the past"', *Independent*, 22 December 2015, https://www.independent.co.uk/news/education/education-news/mary-beard-says-drive-remove-cecil-rhodes-statue-oxford-university-dangerous-attempt-erase-past-a6783306.html.

45 引述自Ailbhe Rea, '"It was intensely painful": The Story of Rhodes Must Fall in Oxford', *New Statesman*, 11 June 2020, available at https://www.newstatesman.com/politics/uk/2020/06/rhodes-must-fall-oxford-slavery-statue-oxford-university-oriel-black-lives-matter.

46 *Oxford History*, 'Oxford Inscriptions: Cecil Rhodes statue on Rhodes Building', http://www.oxfordhistory.org.uk/streets/inscriptions/central/rhodes_oriel.html.

47 Javier Espinoza, 'Cecil Rhodes statue to remain at Oxford University after alumni threaten to withdraw millions', *Telegraph*, 29 January 2016.

48 Will Dahlgreen, 'Rhodes Must Not Fall', YouGov, 18 January 2016, https://yougov.co.uk/topics/politics/articles-reports/2016/01/18/rhodes-must-not-fall.

49 Anuradha Henriques, 'Conversation between Anuradha Henriques and Athinangamso Nkopo, Tadiwa Madenga and Roseanne Chantiluke', in R. Chantiluke, B. Kwoba and A. Nkopo, eds, *Rhodes Must Fall,* 無頁數。

50 Simukai Chigudu, '"Colonialism had never really ended": my life in the shadow of Cecil Rhodes', *Guardian*, 14 January 2021.

51 引述自Ailbhe Rea, '"It was intensely painful": The Story of Rhodes Must Fall in Oxford'.

52 引述自Anna McKie, 'Universities minister: removing statue of Rhodes would be "short-sighted"', *Times Higher Education*, 17 June 2020.

53 引述自Bill Gardner, 'Mandela "would not want to topple Rhodes"', *Daily Telegraph*, 11 June 2020.

54 引述自'Oxford vice-chancellor condemned by dons', *Daily Telegraph*, 17 June 2020.

55 'Lessons from Nelson Mandela on reconciliation, reparation, and the path to prosperity', Mandela Rhodes Foundation, 15 June 2020, https://

www.mandelarhodes.org/ideas/mandela-rhodes-foundation-statement/.

56 引述自Michael Race, 'Cecil Rhodes: Oxford scholarship "needs reform"', BBC News, 11 June 2020.

第十章

1 R. A. Brock, ed., Historical Sketch of the R. E. Lee Monumental Association, in 'Ceremonies Connected with the Unveiling of the Statue of General Robert E. Lee at Lee Circle, New Orleans, February 22, 1884', *Southern Historical Society Papers*, vol. 14, Southern Historical Society, p. 98.

2 'Ceremonies at Unveiling of Statue of General Lee' in *Southern Historical Society Papers*, vol. 14. Charles Fenner's speech, pp. 64–96; Mayor Behan's speech, pp. 99–101.

3 Georgia secession declaration, 29 January 1861; 'A Declaration of the Immediate Causes which Induce and Justify the Secession of the State of Mississippi from the Federal Union', 9 January 1861; 'A Declaration of the Causes which Impel the State of Texas to Secede from the Federal Union', 2 February 1861.

4 Alexander H. Stephens, Cornerstone speech, 21 March 1861, in Stanley Harrold, ed., *The Civil War and Reconstruction: A Documentary Reader* (Malden, MA: Blackwell, 2008), pp. 60–1.

5 Testimony of Wesley Norris, 1866, in John W. Blassingame, ed., *Slave Testimony: Two Centuries of Letters, Speeches, and Interviews, and Autobiographies* (Baton Rough, LO: Louisiana State University Press, 1977), pp. 467–468.

6 這一切的完整證據見Michael Fellman, 'Robert E. Lee: Postwar Southern Nationalist', *Civil War History*, vol. 46, no. 3, September 2000, pp. 185–204.

7 羅柏特・E・李寫給傑佛遜的信，一八六六年二月，引述自Michael Fellman, 'Robert E. Lee: Postwar Southern Nationalist', p. 193.

8 Patsy Sims, *The Klan* (Lexington, KY: University Press of Kentucky, 1996), pp. 16, 85.

9 Eric Foner, *Reconstruction: America's Unfinished Revolution, 1863–1877* (New York: HarperCollins, 1988), p. xxv; John Michael Giggie, 'Rethinking Reconstruction', *Reviews in American History*, vol. 35, no. 4, December 2007, pp. 545–555.

10 Emily Suzanne Clark, *A Luminous Brotherhood: Afro-Creole Spiritualism in Nineteenth-Century New Orleans* (Chapel Hill, NC: University of North Carolina Press, 2016), pp. 55–7.

11 例如Mark Grimsley, 'Wars for the American South: The First and Second Reconstructions Considered as Insurgencies', *Civil War History*, vol. 58, no. 1, March 2012, pp. 8–9.

12 James G. Dauphine, 'The Knights of the White Camelia and the Election of 1868: Louisiana's White Terrorists; A Benighting Legacy', *Louisiana History: The Journal of the Louisiana Historical Association*, vol. 30, no. 2, Spring 1989, pp. 174–6.

13 Michael A. Ross, 'The Commemoration of Robert E. Lee's Death and the Obstruction of Reconstruction in New Orleans', *Civil War History*, vol. 51, no. 2, June 2005, pp. 135, 138.

14 Lawrence Powell, 'Reinventing tradition: Liberty place, historical memory, and silk-stocking vigilantism in New Orleans politics', *Slavery & Abolition*, vol. 20, no. 1, 1999, pp. 129–31; James Keith Hogue, *Uncivil War: Five New Orleans Street Battles and the Rise and Fall of Reconstruction* (New Orleans: Louisiana State University Press, 2006), pp.136–8, 143–4.

15 Lawrence Powell, 'Reinventing tradition', pp. 132–3.

16 一九七二年的一本敗局命定論書籍主張芬納也是白人聯盟的一員：「在內戰後的那段時期，黑人的存在變得使白人深感受到冒犯，白人聯盟籌組新月城志願部隊，授命芬納法官擔任上校。」這項說法難以證實，但不無可能。芬納身為南方上流階級、邦聯退伍軍人及終生的白人優越主義者，完全符合白人聯盟的背景特徵。見Herman Boehm de Bachellé Seebold, *Old Louisiana Plantation Homes and Family Trees*, vol. 2 (Gretna, LA: Pelican Publishing, 1971), p. 356.

17 House of Representatives, Report 261, 43rd Congress, 2nd Session, Report of the Select Committee on that Portion of the President's Message Relating to the Condition of the South (Washington, DC: US Government Printing Office, 1875), pp. 34–5, 692–3.

18 'Ceremonies Connected with the Unveiling of the Statue of General Robert E. Lee at Lee Circle, New Orleans, February 22, 1884', *Southern Historical Society Papers*, vol. 14, Southern Historical Society, pp.96–7; 'The Lee Monument. An Account of the Labors, etc.', New Orleans, LA: *The Daily Picayune*, 22 February 1884; Robert Jeanfreau, *The Story Behind the Stone* (Gretna, LA: Pelican Publishing, 2012), p. 43.

19 W. E. B. Du Bois, *Black Reconstruction in America 1860–1880* (New York: Simon and Schuster, 1999), p. 30.

20 Charles A. Lofgren, *The Plessy Case: a Legal-Historical Interpretation* (Oxford: Oxford University Press, 1989), pp. 3, 52–3.

21 Richard D. Starnes, 'Forever Faithful: The Southern Historical Society and Confederate Historical Memory', *Southern Cultures*, vol. 2, no. 2, Winter 1996, pp. 174–8.

22 Charles Reagan Wilson, 'The Religion of the Lost Cause: Ritual and Organization of the Southern Civil Religion', *The Journal of Southern*

History, vol. 46, no. 2 (May, 1980), p. 229; Deborah C. Pollack, *Visual Art and the Urban Evolution of the New South* (Colombia, SC: University of South Carolina Press, 2015), pp. 145–7.

23 John Bardes, '"Defend with True Hearts unto Death": Finding Historical Meaning in Confederate Memorial Hall', *Southern Cultures*, vol. 23, no. 4, Winter 2017, p. 39; Dell Upton, *What Can and Can't be Said: Race, Uplift and Monument Building in the Contemporary South* (New Haven, CT, and London: Yale University Press, 2015).

24 引述自James Karst, 'The Leaning Tower of Lee: Statue of Confederate General was Encircled in Controversy in 1953', *The New Orleans Times Picayune*, 14 May 2017.

25 引述自Patsy Sims, *The Klan*, pp. 152–3. 在某些線上資料中，這起事件跟日後涉及某任三 K 黨大巫師大衛・杜克的事件混為一談。事件當時及紙本的資料來源皆未在一九七二年事件提及杜克，而是在一九七八年自由之戰紀念碑事件提到他。一九七八年的事件詳述於下文。

26 Llewelyn J. Soniati, 引述自'Removal of a Marker Linked to Klan urged', *The New York Times*, 12 September 1976.

27 'New Orleans Klan Rallies Early, Missing Irate Blacks: National Director Present', *The New York Times*, 27 November 1978.

28 'Racism is Issue in Clash Over New Orleans Monument', *The New York Times*, 18 Jan 1981.

29 Ryan Erik McGeough, *The American Counter-Monumental Tradition: Renegotiating Memory and the evolution of American Sacred Space*, unpublished Doctoral Disseration, Louisiana State University (2011), via https://core.ac.uk/download/pdf/217398051.pdf, pp. 100.

30 James Gill, *Lords of Misrule: Mardi Gras and the Politics of Race in New Orleans* (Jacksonville, MS: University of Mississippi Press, 1997), pp. 262–4.

31 Katy Reckdahl, '3 defaced New Orleans monuments are cleaned by volunteers', *New Orleans Times-Picayune*, 30 March 2012.

32 Ken Daley, 'Ferguson-related protest march through New Orleans affirms value of lives', *New Orleans Times-Picayune*, 1 December 2014.

33 TEDN, 'Leaving Them Up is Not an Option', 25 August 2015, via http://takeemdownnola.org/updates.

34 Mayor's Office: Landrieu Outlines Process to Relocate Prominent Confederate Monuments, 9 July 2015, NOLA.gov, https://www.nola.gov/mayor/news/archive/2015/20150709-pr-monuments/.

35 Stacy Head and Jason Williams, 引述自'New Orleans Council Votes to Remove Confederate Monuments', NBC News, 18 December 2015.

36 '1/12/16 Press Release: Take Em Down Nola Legal Team Files Brief In Support Of Taking Down Confederate Monuments In New Orleans', 2 February 2016, http://takeemdownnola.org/updates.

37 這位參議員是貝絲・米澤爾（Beth Mizell）。Jessica Williams, 'Bill filed in Legislature to prevent takedowns of Confederate monuments', *New Orleans Times-Picayune*, 8 March 2016; Megan Trimble, 'Bill to block removal of Confederate monuments rejected', Associated Press, 6 April 2016, APNews.com; Megan Trimble, 'Tie vote stalls bill to protect Confederate monuments', SunHerald.com, 14 April 2016.

38 Jessica Williams, '"Death Threats", "Threatening Calls" prompt firm tasked with removing Confederate monuments to quit', *New Orleans Times-Picayune*, 15 January 2016; David Lohr, 'Man hired to Remove Confederate Monuments in New Orleans Has $200,000 Lamborghini torched', HuffingtonPost.com, 20 January 2016.

39 Rob Krieger, 'Monument supporters hope legislation halts removal', 27 March 2017, Fox8Live.com, https://www.fox8live.com/story/35001019/monument-supporters-hope-legislation-halts-removal/.

40 Jenny Jarvie, 'New Orleans removes a statue of Confederate Gen. Robert E. Lee from its perch of 133 years', *Los Angeles Times*, 19 May 2017.

41 'New Orleans Mayor Mitch Landrieu's Address on the Removal of Confederate Monuments in new Orleans', BlackPast, 12 August 2017, https://www.blackpast.org/african-american-history/2017-new-orleans-mayor-mitch-landrieus-address-removal-confederate-monuments-new-orleans/.

42 A Scribe Called Quess, 'What I told Mayor Mitch Landrieu about Co-Opting Black Activist's [sic] work', *Medium*, 24 April 2018, https://medium.com/@ascribecalledquess/what-i-told-mayor-mitch-landrieu-about-co-opting-black-activists-work-74c0749a2145.

43 川普的評論文字紀錄，見Politifact at https://www.politifact.com/article/2019/apr/26/context-trumps-very-fine-people-both-sides-remarks/. 集會相關報導，見Matt Pearce, 'Chanting "blood and soil!" white nationalists with torches march on the University of Virginia', *Los Angeles Times*, 11 August 2017; Sheryl Gay Stolberg and Brian M. Rosenthal, 'Man charged after white nationalist rally in Charlottesville ends in deadly violence', *The New York Times*, 12 August 2017.

44 Thomas J. Brown, *Civil War Monuments and the Militarization of America* (Chapel Hill, NC: University of North Carolina Press, 2019), p. 293.

第十一章

1 Manny Fernandez and Audra D. S. Burch, 'George Floyd, From "I Want to Touch the World" to "I Can't Breathe"', *The New York Times*, 18

June 2020; 'Before his deadly encounter with police, George Floyd had begun a new life in Minnesota', *Los Angeles Times*, 28 May 2020.

2 Dalton Bennett, Joyce Sohyun Lee and Sarah Cahlan, 'The death of George Floyd: What video and other records show about his final minutes', *Washington Post*, 30 May 2020.

3 Frank Kitson, *Prince Rupert: Portrait of a Soldier* (London: Constable, 1994), pp. 132–7, 257–63; George Malcolm Thomson, *Warrior Prince: Prince Rupert of the Rhine* (London: Secker & Warburg, 1976), pp. 76–81, 134–7.「蝴蝶」的真名是瑪麗．維利爾斯（Mary Villiers），她是白金漢公爵的獨生女。這段跟魯珀特的關係沒能開花結果，最終她嫁給里奇蒙公爵。

4 Eliot Warburton, *Memoirs of Prince Rupert and the Cavaliers* (London: Richard Bentley, 1849), vol. III, pp. 361–425.

5 Frank Kitson, *Prince Rupert: Admiral and General-at-Sea* (London: Constable, 1998), p. 137.

6 Matthew Parker, *The Sugar Barons: Family, Corruption, Empire and War* (London: Hutchinson, 2011), p. 56; Peter Linebaugh and Marcus Rediker, *The Many-Headed Hydra: The Hidden History of the Revolutionary Atlantic* (2000; revised edition, London: Verso, 2012), p. 78.

7 Marcus Rediker, *The Slave Ship: A Human History* (London: John Murray, 2007), p. 5; Adam Hochschild, *Bury the Chains: The British Struggle to Abolish Slavery* (London: Macmillan, 2005), pp. 19–20, 32. 中央航線最著名的第一人稱敘述可能出自歐勞達．伊奎亞諾（Olaudah Equiano）的回憶錄 *The Interesting Narrative of the Life of Olaudah Equiano, or Gustavus Vassa, the African* (London, c. 1789), pp. 69–75; 其他版本見第二章。伊奎亞諾寫在魯珀特的一個世紀後，然而他的經歷在前人眼中再熟悉不過。

8 Molly Hennessy-Fiske, 'The many chapters marked by racism in George Floyd's family history', *Los Angeles Times*, 3 June 2020; Toluse Olorunnipa and Griff Witte, 'Born with two strikes', *Washington Post*, 8 October 2020.

9 Carrie Gibson, *Empire's Crossroads: A History of the Caribbean from Columbus to the Present Day* (London: Macmillan, 2014), p. 97.

10 Letter from the Providence Island Company to Governor Hunt; Governor Butler's diary, 27 March 1639. 皆引述自 Karen Ordahl Kupperman, *Providence Island, 1630–1641: The Other Puritan Colony* (Cambridge: Cambridge University Press, 1993), pp. 170–1.

11 見 John Hope Franklin and Loren Schweninger, *Runaway Slaves: Rebels on the Plantation* (Oxford: Oxford University Press, 1999).

12 Sir Ralph Freeman, *Imperiale, A Tragedy*, 引述自 A. R. Bossert, 'Slavery and Anti-Republicanism in Sir Ralph Freeman's "Imperiale: a tragedy" (1639)', *Early Theatre*, vol. 13, no. 1 (2010), p. 88. 波薩特（Bossert）的文章是一篇絕佳的歷史與文學分析，讓這段小節獲益良多。

13 當時的一張匿名傳單指控他是詹姆士黨人且道德淪喪：「C先生（指柯爾斯頓）展現出他有多麼偏好善行，而非純潔生活，撒幣好幾千英鎊在這裡蓋醫院，而他自己卻非常自在地跟一個托利黨人同居，跟一個異性在M地（指摩特雷克〔Mortlake〕）。」Dated 26 November 1714, reproduced in H. J. Wilkins, *Edward Colston [1636–1721 A.D.]: Supplement to a Chronological Account of His Life and Work* (Bristol: J W Arrowsmith, 1925), p. 21.

14 Kenneth Morgan, 'Edward Colston, 1636–1721', *ODNB*, 9 July 2020.

15 Hannah Rose Woods, 'The destruction of Edward Colston's statue is an act of living history', *New Statesman*, 8 June 2020.

16 John R. Turner, 'James Williams Arrowsmith, 1839–1913', *ODNB*, 23 September 2004.

17 *Western Daily Press*, 14 November 1868, 引述自Spencer Jordan, *The development and implementation of authority in a regional capital: A study of Bristol's elites, 1835–1939* (PhD thesis, University of the West of England, 1999), p. 322.

18 Spencer Jordan, *The development and implementation of authority in a regional capital*, pp. 324–6.

19 Madge Dresser, 'Good People, Hate Groups, And History', TEDx Bristol talk, 19 December 2017.

20 引述自Richard Huzzey, *Freedom Burning: Anti-Slavery and Empire in Victorian Britain* (Ithaca, NJ: Cornell Press, 2012), pp. 145–6.

21 引述自Roger Ball, 'Myths within myths: Edward Colston and that statue', published by the Bristol Radical History Group, https://www.brh.org.uk/site/articles/myths-within-myths/.

22 同前注。

23 Spencer Jordan, *The development and implementation of authority in a regional capital*, pp. 330–2.

24 H. J. Wilkins, *Edward Colston: A chronological account of his life and work* (Bristol: J. W. Arrowsmith, 1920).

25 Madge Dresser, 'Obliteration, contextualisation or "guerrilla memorialisation"? Edward Colston's statue reconsidered', *Open Democracy*, 29 August 2016; Ellie Pipe, 'New Plaque on Colston statue declares Bristol slavery capital', *Bristol 24/7*, 17 August 2017; Martin Booth, 'Colston statue given ball and chain', *Bristol 24/7*, 6 May 2018; Tristan Cork, '100 human figures placed in front of Colston statue in city centre', *Bristol Live*, 18 October 2018.

26 引述自Tristan Cork, 'Theft or vandalism of second Colston statue plaque "may be justified" – Tory councillor', *Bristol Live*, 23 July 2018; 黑臉布娃娃的故事，見David Ward, 'Golliwog stunt leaves Tory in a jam', *Guardian*, 6 September 2001.

27 這件事的更多討論，見Roger Ball, 'The Edward Colston "corrective" plaque: Sanitising an uncomfortable history', published by the Bristol Radical History Group, n.d. [2019], https://www.brh.org.uk/site/articles/the-edward-colston-corrective-plaque/.

28 Tristan Cork, 'Second Colston statue plaque not axed and will happen but mayor steps in to order a re-write', *Bristol Live*, 25 March 2019.

29 Catherine Shoard, 'John Boyega's rousing Black Lives Matter speech wins praise and support', *Guardian*, 4 June 2020.

30 Twitter: @beardedjourno: 'Historic scenes in Bristol as protesters kneel on the neck of the toppled statue of Edward Colston for eight minutes. blacklivesmatter', 7 June 2020, 3:13 p.m. 推文內亦張貼照片。另見Luke O'Reilly, 'Black Lives Matter protesters in Bristol topple statue of slave trader Edward Colston', *Evening Standard*, 7 June 2020.

31 Twitter: @icecube, 7 June 2020, 5:09 p.m.; @MomentumBristol, 7 June 2020, 16:05 p. m.; TikTok: rhianna_jay, 'bristol really ran up on edward colston'; Twitter; @DrFuck_, 8 June 2020, 9:22 a.m.

32 Twitter: @sajidjavid, 7 June 2020, 5:36 p.m.; 英國首相的聲明引述自'Edward Colston: Bristol slave trader statue was "an affront"', BBC News, 8 June 2020; statement by the Society of Merchant Venturers, 12 June 2020, https://www.merchantventurers.com/news/statement-from-the-society-of-merchant-venturers/.

33 Councillor Richard Eddy, 引述自Tristan Cork, 'Edward Colston was "a hero" for Bristol says outraged Tory councillor', *Bristol Live*, 9 June 2020; Robinson, 引述自Joel Golby, 'A bat signal has gone out to Britain's proud patriots: save our statues', *Guardian*, 10 June 2020; Will Heaven, 'Why Edward Colston's statue should have stayed up', *The Spectator*, 7 June 2020.

34 David Olusoga, 'The toppling of Colston's statue is not an attack on history. It is history', *Guardian*, 8 June 2020.

35 引述自'Edward Colston statue pulled out of Bristol harbour', BBC News, 11 June 2020.

36 Thomas J. Price and Bernardine Evaristo, 引述自Lanre Bakare, 'Allyship or stunt? Marc Quinn's BLM statue divides art world', *Guardian*, 15 July 2020; Jen Reid, 引述自Aindrea Emelife, '"Hope flows through this statue": Marc Quinn on replacing Colston with Jen Reid, a Black Lives Matter protester', *Guardian*, 15 July 2020.

37 Twitter: @MarvinJRees, 15 July 2020, 2:27 p.m.

第十二章

1 'General Orders, 10 July 1776', *Founders Online*, National Archives, https://founders.archives.gov/documents/Washington/03-05-02-0185.

2 引述自Gillian Brockell, 'Everyone loved George Washington, until he became president', *Washington Post*, 17 February 2020.

3 Donald Yacovone, '"A covenant with death and an agreement with hell"', Massachusetts Historical Society, July 2005, https://www.masshist.org/object-of-the-month/objects/a-covenant-with-death-and-an-agreement-with-hell-2005-07-01.

4 Abraham Lincoln, speech at Peoria, Illinois, 16 October 1854, https://www.nps.gov/liho/learn/historyculture/peoriaspeech.htm.

5 Henry Cabot Lodge, ‘The Real George Washington’, from *George Washington – American Statesman Series*, 1889, available at https://www.bartleby.com/400/prose/2288.html.

6 ‘Cheerful Americans in Mexico’, *The New York Times*, 13 February 1912.

7 ‘Our Envoy Now Safe On Board the Minnesota’, *The New York Times*, 25 April 1914.

8 Carlos Villasana y Ruth Gómez, ‘Washington en la capital, símbolo de amistad’, *El Universal*, 26 July 2019.

9 The S. J. Clarke Publishing Company, ‘Multnomah County OR Archives Biographies: Coe, M. D., Henry Waldo, November 4 1857 – February 15, 1927’, usgwarchives.net, http://files.usgwarchives.net/or/multnomah/bios/coemd359gbs.txt.

10 ‘Ahmaud Arbery: What do we know about the case?’, BBC News, 5 June 2020, https://www.bbc.co.uk/news/world-us-canada-52623151; BBC News, ‘Breonna Taylor: Police officer charged but not over death’, BBC News, 23 September 2020, https://www.bbc.co.uk/news/ world-us-canada-54273317.

11 Derrick Bryson Taylor, ‘George Floyd protests: a timeline’, *The New York Times*, 10 July 2020; @realDonaldTrump (verified account), Twitter, 29 May 2020.

12 引述自Erik Ortiz, ‘“I chose my city”: Birmingham, Alabama, removes Confederate monument, faces state lawsuit’, NBC News, 3 June 2020.

13 Andrew Buncombe, ‘“We’re not going anywhere”: Why Portland is still protesting 100 days after George Floyd’s killing’, *Independent*, 4 September 2020.

14 ‘George Washington Bush’, National Park Service, https://www.nps.gov/people/georgewashingtonbush.htm.

15 Greg Nokes, ‘Black Exclusion Laws in Oregon’, Oregon Historical Society, Oregon Encyclopedia, https://www.oregonencyclopedia.org/articles/exclusion_laws/.

16 引述自Latisha Jensen, ‘Portland man describes tearing down Thomas Jefferson statue: “It’s not vandalism”’, *Willamette Week*, 20 June 2020.

17 Henry Wiencek, ‘The dark side of Thomas Jefferson’, *Smithsonian Magazine*, October 2012; Britni Danielle, ‘Sally Hemings wasn’t Thomas Jefferson’s mistress. She was his property’, *Washington Post*, 7 July 2017.

18 H. W. Brands, ‘Founders Chic’, *The Atlantic*, September 2003.

19 Portland Police Bureau, ‘Demonstrations in Portland June 18–19, 2020’, https://www.portlandoregon.gov/police/news/read.cfm?id=250900.

20 David Williams, ‘Protesters tore down a George Washington statue and set a fire on its head’, CNN, 19 June 2020.

21 'From George Washington to Major General Lafayette, 4 July 1779', *Founders Online*, National Archives, https://founders.archives.gov/documents/Washington/03-21-02-0286.

22 Katey Rich, 'George Washington never mentions slavery in *Hamilton*, but the actor who plays him does', *Vanity Fair*, 29 April 2016.

23 引述自Rebecca Onion, 'A Hamilton skeptic on why the show isn't as revolutionary as it seems', *Slate*, 5 April 2016.

24 Rebecca Ellis, 'George Washington statue toppled in Portland', *OPB*, 19 June 2020.

25 引述自Latisha Jensen, 'Portland man describes tearing down Thomas Jefferson statue: "It's not vandalism"'.

26 引述自Lizzy Acker, 'Trump invokes Portland protests, removal of George Washington statue during Tulsa rally', *The Oregonian*, 21 June 2020.

27 Shane Dixon Kavanaugh, 'Portland protesters topple statues of Theodore Roosevelt, Abraham Lincoln in "Day of Rage"; police declare riot', *The Oregonian*, 11 October 2020.

28 Shannon Gormley, 'Protesters have built another elk statue downtown after the previous one was taken by Patriot Prayer', *Willamette Week*, 13 October 2020.

29 Eric Reid, 'Why Colin Kaepernick and I decided to take a knee', *The New York Times*, 25 September 2017.

30 引述自Adam Edelman, 'Trump says NFL players who kneel during National Anthem "maybe shouldn't be in the country"', NBC News, 24 May 2018.

31 Eric Reid, 'Why Colin Kaepernick and I decided to take a knee'.

32 Joseph Cranney, 'He told Charleston police, "I am not your enemy." Then he was handcuffed', *Post and Courier*, 1 June 2020.

33 'In America, protest is patriotic', *The New York Times*, 2 June 2020.

34 'President Donald J. Trump is protecting America's founding ideals by promoting patriotic education', White House fact sheet, 2 November 2020, https://trumpwhitehouse.archives.gov/briefings-statements/president-donald-j-trump-protecting-americas-founding-ideals-promoting-patriotic-education/.

35 Richard J. Evans, 'Michael Gove's history wars', *Guardian*, 13 July 2013.

結語

1 Simon Schama, 'History is better served by putting the Men in Stone in museums', *Financial Times*, 12 June 2020.

2 引述自 Dario Gamboni, *The Destruction of Art*, pp. 51–2.

3 引述自 Andrew Higgins, 'In Russia, they tore down lots of statues, but little changed', *The New York Times*, 7 July 2020.

4 *The 1776 Report*, January 2021, https://trumpwhitehouse.archives.gov/wp-content/uploads/2021/01/The-Presidents-Advisory-1776-Commission-Final-Report.pdf.

5 皆引述自 Gillian Brockell, '"A hack job," "outright lies": Trump commission's "1776 Report" outrages historians', *Washington Post*, 20 January 2021.

6 @davidwblight1, Twitter, 18 January 2021, 10:44 p.m.

7 Jennifer Schuessler, 'Mellon Foundation to spend $250 million to reimagine monuments', *The New York Times*, 5 October 2020.

歷史大講堂

被推倒的偶像：十二座塑造歷史的雕像

2025年2月初版 定價：新臺幣470元

有著作權・翻印必究

Printed in Taiwan.

著者 Alex von Tunzelmann
譯者 楊芩雯
叢書編輯 陳胤慧
校對 蘇淑君
內文排版 林婕瀅
封面設計 劉耘桑

出版者	聯經出版事業股份有限公司	編務總監	陳逸華
地址	新北市汐止區大同路一段369號1樓	副總經理	王聰威
叢書編輯電話	(02)86925588轉5317	總經理	陳芝宇
台北聯經書房	台北市新生南路三段94號	社長	羅國俊
電話	(02)23620308	發行人	林載爵
郵政劃撥帳戶	第0100559-3號		
郵撥電話	(02)23620308		
印刷者	文聯彩色製版有限公司		
總經銷	聯合發行股份有限公司		
發行所	新北市新店區寶橋路235巷6弄6號2樓		
電話	(02)29178022		

行政院新聞局出版事業登記證局版臺業字第0130號

本書如有缺頁，破損，倒裝請寄回台北聯經書房更換。 ISBN 978-957-08-7600-0 (平裝)
聯經網址：www.linkingbooks.com.tw
電子信箱：linking@udngroup.com

本書封面圖片由Getty授權提供

國家圖書館出版品預行編目資料

被推倒的偶像：十二座塑造歷史的雕像/Alex von Tunzelmann著．
楊芩雯譯．初版．新北市．聯經．2025年2月．328面．14.8×21公分
（歷史大講堂）
譯自：Fallen idols: twelve statues that made history
ISBN 978-957-08-7600-0（平裝）

1.CST：世界傳記　2.CST：世界史　3.CST：塑像

781　　114000356